나는 거인에게
억만장자가
되는 법을 배웠다

NEVER ENOUGH

Copyright © 2024 by Andrew Wilkinson.
Korean Translation Copyright © 2025 by Woongjin Think Big Co., Ltd.
Published by arrangement with BenBella Books, Inc., Folio Literary Management, LLC, and Danny Hong Agency.

이 책의 한국어판 저작권은 대니홍 에이전시를 통한 저작권사와의 독점 계약으로 ㈜웅진씽크빅에 있습니다. 저작권법에 의해 한국 내에서 보호를 받는 저작물이므로 무단 전재와 복제를 금합니다.

찰리 멍거 덕질하다가
진짜 부자가 된 한 남자의 인생 역전

나는 거인에게 억만장자가 되는 법을 배웠다

엔드루 윌킨슨 지음 | 조용빈 옮김

NEVER ENOUGH

일러두기

1. 이 책은 국립국어원 표준국어대사전의 외래어 표기법을 따랐으나, 일부 용어의 경우 통상의 발음을 따른 경우가 있다.
2. 본문 중 각주는 모두 옮긴이 주다.
3. 국내 번역 출간된 책은 한국어판 제목으로 표기했으며, 미출간 도서는 원어를 병기했다.
4. 본문 내에서 1달러는 1,400원의 환율을 적용했다.

추천의 말

매우 중요한 주제를 직접 경험한 사람이 쓴 책으로, 모든 사람이 읽어야 할 필독서다.

_모건 하우절, 『불변의 법칙』, 『돈의 심리학』 저자

위대한 젊은 투자가의 지극히 솔직하고 사적인 이야기로, 지금까지의 성공과 실패에서 얻은 교훈을 담고 있다. 한번에 다 읽었고 정말 좋았다. 꼭 읽어야 할 책이다.

_빌 애크먼, 퍼싱 스퀘어 캐피털 매니지먼트 CEO

이 책 한 권만 읽어도 경영대학원 수업과 심리 치료를 동시에 받는 효과가 있다.

_제임스 클리어, 『아주 작은 습관의 힘』 저자

우리가 진정으로 원하는 것이 무엇인지, 그리고 그것을 바랄 때 얼마나 신중해야 하는지 흥미진진하게 일깨워 준다.

_셰인 패리시, 파남 스트리트의 창업자, 『클리어 씽킹』 저자

흥미진진하고 독특한 이야기. 별 볼 일 없던 청년이 무일푼에서 억만장자가 되고 다시 놀라운 결말로 이어진다. 그 과정에서 그의 선택은 부러움과 거부감을 동시에 느끼게 한다. 당신에게 이런 일이 일어난다면 어떤 선택을 할 것인가?

_데릭 시버스, CD베이비의 창업자, 『진짜 좋아하는 일만 하고 사는 법』 저자

이 책은 돈 버는 법을 다룬 책 중 최고다. 돈이 행복을 가져다주지 않는다는 것을 알면서도 점점 더 많은 것을 바라는 딜레마를 다루며, 그로 인해 발생하는 무의미하고 부조리한 행동들을 보여준다. 앤드루 윌킨슨은 이러한 쾌락의 쳇바퀴에서 벗어나 기업가이자 투자가로서 자신의 독특한 여정에 대한 개인적인 이야기를 생생하게 들려준다. 부자들이 쉽게 드러내기 어려워하는 주제에 대해 놀랍도록 솔직하게 털어놓았다.

_제이콥 와이스버그, 작가 겸 팟캐스트, 푸시킨 인더스트리의 공동 창업자

기업가 정신의 어두운 면을 있는 그대로 보여주며, 화려함을 벗겨내고 진실을 드러낸다. 기업가가 겪는 과정을 진정으로 알고 싶다면 반드시 읽어야 한다.

_소피아 아모루소, 투자가, 기업가, 『걸보스(Girlboss)』 저자

앤드루는 마치 억만장자와 선불교가 만났을 때 탄생한 존재 같다. 돈과 행복을 동시에 원한다면(우리 모두 그렇지 않은가?) 그의 모든 글을 읽어라. 하지만 내가 당신이라면 이 책부터 시작할 것이다.

_코디 산체스, 컨트래리언 씽킹의 창업자

앤드루는 고난으로 가득한 기업가적 여정을 놀랍도록 솔직하게 묘사한다. 이 점이 이 책을 매력적으로 만든다. 그는 결점까지도 있는 그대로 들려준다. 이 책을 읽으면 엄청난 사실을 깨달을 수 있을 것이다.

_모니시 파브라이, 사업가, 투자가 겸 자선사업가

앤드루 윌킨슨은 놀라운 실화를 들려준다. 최첨단 디지털 노마드가 워런 버핏, 찰리 멍거, 그리고 버크셔 해서웨이의 전통적인 세계와 마주친다. 전통적인 가치 투자가와 최신 디지털 유목민 모두에게 바치는 필독서!

_가이 스파이어, 투자가, 『워런 버핏과의 점심식사』 저자

인생을 바꿀 만한 가장 뛰어난 비즈니스 책은, 조용히 수십 년 동안 한결같이 대기업을 키우는 데 헌신해 온 사람들이 쓴다. 그리고 오랫동안 주변의 간청을 받은 끝에 마침내 그들의 이야기를 들려줄 때 탄생한다. 앤드루와 이 책이 바로 그렇다.

_샘 파, 팟캐스트 〈마이 퍼스트 밀리온〉 공동 진행자

앤드루 윌킨슨은 의심할 여지 없이 우리 시대의 위대한 젊은 창업자 중 한 명이다. 이 책은 그의 삶과 사업에 대해 뛰어난 통찰을 제공한다.

_데이비드 센라, 팟캐스트 〈파운더스〉 진행자

아들에게
이 책을 보고 아버지의 인생을
더 잘 이해했으면 좋겠구나.

차례

추천의 말　　　　　　　　　　　　　　　　　　　　　　　5

1장　찰리 멍거의 집에 초대받다
잔고는 바닥, 꿈은 억만장자　　　　　　　　　　　　　20
우리의 영웅, 멍거와의 만남　　　　　　　　　　　　　30
멍거가 내놓은 놀라운 제안　　　　　　　　　　　　　36

2장　아버지가 몰랐던 부의 비밀
모든 문제는 결국 돈이었다　　　　　　　　　　　　　52
컴퓨터에 대한 집착이 만든 기회　　　　　　　　　　　63
요청하는 데는 돈이 들지 않는다　　　　　　　　　　　69

3장　성공과 실패의 롤러코스터
빈털터리에서 바리스타로　　　　　　　　　　　　　　83
사장의 눈으로 비즈니스를 바라보다　　　　　　　　　92
올라가면 내려갈 때도 있는 법　　　　　　　　　　　106

4장　긁고 파괴하라
고양이 가구 사업에서 배운 것　　　　　　　　　　　119
내가 원하던 삶　　　　　　　　　　　　　　　　　　124

5장　금광을 찾아서
끊임없이 부딪쳐라　　　　　　　　　　　　　　　　137
나는 가속페달, 사업 파트너는 브레이크　　　　　　146

6장　나를 백만장자로 만들어줄 위험한 거래
대부분의 문제는 해결할 수 있다　　　　　　　　　　155
700만 달러가 걸린 매각　　　　　　　　　　　　　　158

7장　쾌락의 쳇바퀴에 오르다

더 큰 비행기, 더 비싼 집, 더 빠른 차　　171
사업은 기생충과 같다　　178

8장　세상에서 가장 지루하면서도 놀라운 투자

워런 버핏의 성공 비법　　187

9장　속고 속이는 관계

비즈니스의 세계는 냉혹하다　　201
절대 진실을 외면하지 마라　　207

10장　세상에 공짜는 없다

두 번째 매각 결정　　217

11장　상어가 남긴 상처

은밀하게 반격하라　　227
인생은 칠전팔기　　241

12장　반대목표 획득 전략

투자회사 타이니의 시작　　254
실패까지 이용하라　　257

13장　빌 애크먼의 투자 레슨

억만장자와의 점심 식사　　　　　　　　　　　　264
가구처럼 오래도록 안정적인 기업을 찾아라　　　268
좋아하는 것에서 찾는 투자 기회　　　　　　　　274

14장　상처는 깊어도 치명상은 아니다

실수할 자유를 허하라　　　　　　　　　　　　　287
성장하는 회사를 만드는 기술　　　　　　　　　　290

15장　허영심이 만든 돈의 모닥불

가질수록 빼앗기는 것들　　　　　　　　　　　　298
성공과 뒤바꾼 일상　　　　　　　　　　　　　　307

16장　작은 멍거 되기

'누가 더 많이 가졌나' 게임 속 사람들　　　　　　316
아무도 말하지 않은 부자의 삶　　　　　　　　　323

17장　억만장자를 혐오하는 그녀

비영리단체에서 일하는 웨이트리스　　　　　　　332
억만장자는 다 악당일까　　　　　　　　　　　　337

18장　왜 우리는 억만장자를 꿈꾸는가

욕망에 지지 않기 위해　　　　　　　　　　　　　350
돈이 해결하지 못하는 끝없는 불안감　　　　　　354

19장 부자로 살아남기
5억 달러짜리 호화 요트와 11만 명의 목숨   364
중독에서 벗어나려면 배를 태워라   369

20장 재수 없는 놈
핑계는 필요 없다   380
금 수저는 결코 모를 감정   385

21장 워런 버핏의 제안
잠깐은 좋아도 공허함이 찾아온다   392
새로운 인생 목표 세우기   398

감사의 말   406

자신의 실수로부터 배우면 좋은 일이다.
다른 사람의 실수로부터 배우면 더욱 좋다.

_찰리 멍거(1924~2023)

1장
찰리 멍거의
집에 초대받다

NEVER ENOUGH

가난하다는 사실은 나를 괴롭혔다.
나는 오래전부터 중요한 사람이 되고 싶었다.
충분히 많은 것을 가진 사람,
스티브 잡스나 월트 디즈니, 워런 버핏,
찰리 멍거 같은 사람들처럼 말이다.

새벽 5시. 잠이 깨자마자 벌떡 일어났다. 내 입가엔 환한 미소가 지어졌다. 오늘은 내 인생에서 가장 중요한 날이기 때문이다. 이날이 오기를 10년이 넘도록 기다려왔다. 꿈인지 생시인지 믿기지 않는 날이었다. 어떻게 해도 잘못될 일이 없는 그런 날이었다.

서둘러 샤워를 마치고 옷을 갈아입은 다음 두 아들놈이 깨지 않도록 살금살금 집을 나왔다. 집 앞에서 나를 기다리는 SUV 차량의 공회전 소리와 자갈길 위로 덜컹덜컹 내 가방 끄는 소리만이 새벽의 적막을 깨고 들려왔다.

차가 공항으로 가는 26번 길로 접어들 때쯤 난 흥분으로 들떠 있었다. 이메일 확인을 위해 휴대전화를 쳐다보지 않았다면 아마 계속 들뜬 상태로 있었을 것이다. 내가 고용한 CEO와 투자 전문가, 변호사 들이 보내온 수백 개의 이메일 가운데 내 이름 '앤드루 윌킨슨'이 적힌 간단한 구글Google 알림이 하나 있었다. 그걸 클릭하니 기사 하나가 떴다. 기사 제목에 여태 한 번도 본 적 없는 단어가 내 이름 다음에 붙어 있었다.

그 단어를 보자마자 메스꺼움과 황홀감이 동시에 몰려왔다. 그건 전 세계 단 3,000명에게만 붙여지는 단어다. 여왕에게서 작위를 받을 수도 있고, 유명 연예인과 데이트를 할 수도 있으며, 집 앞에 폭력 시위가 벌어지게 만들 수도 있는 단어다. 말하는 사람에 따라서 칭찬일 수도 있고, 때로는 악의적 비난으로 들리기도 한다. 이 단어는 심야 뉴스 시간을 장식하기도 하고, 의회의 안건이 되기도 하며, 트위터Twitter에서 종종 비난 댓글의 대상이 되기도 한다. 이 단어를 말하는 거의 모든 사람에게서 비난 아니면 칭찬, 둘 중 하나를 듣는다.

내 이름 다음에 있던 그 단어는 바로 '억만장자'였다. 그 순간 발가벗겨진 느낌이 들었다. 마치 군중 사이에 서 있는데 누군가 진홍색 페인트를 양동이째 내게 들이부어 사람들 전부가 날 쳐다보면서 도대체 어떤 사람이기에, 또 무슨 짓을 했기에 이런 일을 당하는지 궁금해하는 그런 기분이었다.

몇 년 전, 내가 20대 초반일 때 누군가가 나를 조금은 덜 강렬한 단어인 '백만장자'라고 불렀을 때도 같은 불안감을 느꼈다. 하지만 지금 내 자산은 그때보다 약 750배 늘어났고 어떤 기자가 대충 계산해 보고 백만장자가 아닌 억만장자라고 불렀던 것 같다.

'앤드루 윌킨슨, 억만장자'

차에서 내려 봄바르디에 챌린저 605 제트기에 탑승하는 동안에도 그 단어가 계속 머릿속에서 맴돌았다. 비행기는 최고급 베이지색 가죽 좌석과 화려한 나무 장식으로 꾸며져 하늘에 뜬 작은 거실 같았다. 사업 파트너인 크리스Chris Sparling가 맞은편 좌석에 몸을 구겨 넣으면서 물었다.

"잘 지냈어? 신나는 거야 아니면 스트레스받은 거야? 겁나는 건 아니고?"

"괜찮아." 나는 애써 미소 지으며 대답했다.

"정말 괜찮아?" 그가 이상한 낌새를 느끼고 다시 물었다.

"누군가 나를 인터넷에서 억만장자라고 불러서 조금 당황했을 뿐이야."

"에이, 그게 뭐 대수야?" 그가 웃으며 말했다. "더 나쁜 소리도 많이 들었잖아."

서로 쳐다보며 웃는 사이에 비행기는 활주로 위를 움직이기 시작했다. 사실 나는 아직 억만장자가 아니었지만 그것에 가까워지고 있었다. 내 목덜미에는 그 단어의 뜨거운 숨결이 느껴졌다. 이제는 실현 가능성이 아니라 시기의 문제였다. 억만장자라는 꼬리표가 다가오고 있었다. 물론 나는 그 단어에 따라잡히고 싶었다. 그 단어의 의미가 무엇이든 업계에서 최고의 성공을 거두고 싶었다.

비행기가 이륙하니 창밖으로 밴쿠버섬의 황홀한 해안이 보였다. 작은 점 같은 사람들이 무리 지어 돌아다니고 있었다. 빙하가 훑고 지나가면서 생긴 좁은 만 사이로 조미료 색깔의 작은 카약 두 대가 떠다니는 게 보였고 한 무리의 자전거는 아마빌리스 전나무와 검은 미루나무 사이의 해안을 따라 달리고 있었다. 위에서 내려다보니 우리는 모두 지구를 싸돌아다니며 각자 맡은 일을 하는 작은 점에 불과했다. 누구는 희곡을 쓰기도 하고 누구는 사업을 시작하거나 가족을 꾸리는 등 다양한 시도를 한다. 고도가 계속 올라가 2,000, 3,000, 4,000피트가 되자 나는 섬의 해안가에 보이는 사람들이 그 순간 무슨 생각을 하고 있을지 궁금해졌다. 누군가는 빨리 승진해서 더 높은 지위에 올라가고 싶어 하고, 누군가는 크고 좋은 집으로 이사하지 못해 안달한다. 또 다른 사람은 카페의 장부를 작성하면서 올해 수익이 팍팍 늘기를 바랄 것이다. 내가 고용한 사람들 역시 저 밑 어딘가에서 걱정하며 살고 있다는 것을 안다. 내가 소유한 소프트웨어 회사의 프로그래머, 내 지분이 들어간 온라인 뉴스 매체의 기자, 내가 투자한 레스토랑의 요리사 모두.

그들 중 누구라도 진정으로 행복한 사람이 있는지 불현듯 궁금했다.

잔고는 바닥, 꿈은 억만장자

사실 나는 돈이 많았지만 행복하지는 않았다. 지난 몇 년 동안 만난 사람 가운데 "계좌에 얼마가 있어야 충분하다고 느낄 것 같나요?"라고 질문하는 사람들이 있었다. 분명히 속물 같은 질문이었지만 나는 흥미롭다고 생각했다. 얼마나 성공했는지와 상관없이 모든 사람, 정말로 모든 사람이 거의 비슷한 대답을 했기 때문이다. 그들은 현재 가지고 있는 금액이 단지 '두 배'가 된다면 행복할 것이라고 대답했다. 은행에 50만 달러가 있는 사람은 100만 달러가 있으면 안심할 것이고, 저축액이 100만 달러인 사람은 그 두 배만 있으면 만족할 것이다. 다시 200만 달러인 사람은 400만 달러가 필요하며, 이런 식으로 계속하다 보면 결국 숫자 끝에 0이 하나 더 붙어 1,000만 달러(한화로 약 140억 원)를 원할 것이다.

인정하고 싶지 않지만, 나도 그랬었다. 언제부터인지 기억은 안 나지만 나는 억만장자가 되기를 꿈꾸었다. 딱히 뚜렷한 이유는 없었다. 가난하다는 것이 어떤 것인지 잘 알기에 본능적으로 부자가 되고 싶었다. 신용카드로 커피 한 잔을 계산하려고 할 때 숨을 죽이고 '한도 초과입니다'라는 소리가 들리지 않기를 기도하며 심장이 쫄깃해지던 그 초조함을 잊을 수 없다. 실제로는 수도 없이 그 소리를 들었다.

나는 항상 충분하지 않을까 봐 두려웠다. 마치 궤양처럼 내 위장 속에서 타올라 이를 악물게 했던 그 느낌이 두려웠다. 오랫동안 나는 그 긴장감을 진정시킬 수 없었다. 너무 어려 감정을 어떻게 조절하는지도 몰랐다. 내 안에는 끊임없이 불안감이 소용돌이쳤다.

내가 처음으로 이 감정이 누그러지는 것을 느낀 순간은 심리 치료나 클로노핀 같은 항불안제를 복용했을 때가 아니었다. 오히려 가족과 함께 밴쿠버 해안의 외딴섬인 사배리섬으로 여름휴가를 갔을 때였다. 섬에는 차도 없고 전기도 없었으므로 배를 타고 도착한 관광객들은 가파르고 구불구불한 길로 가방을 끌어 호텔이나 오두막까지 걸어가야 했다. 지금도 또렷이 기억난다. 어떤 다섯 명의 식구가 가쁜 숨을 몰아쉬며 흙길로 가방을 끌고 가던 중이었다. 아버지가 가방을 내려놓고 잠시 쉬는 사이에 아이가 아버지에게 달려가는 게 보였다. 그 순간 좋은 아이디어가 떠올랐다. 내 동생들과 사촌들을 불러 모은 다음 가방을 하나씩 운반할 때마다 사탕 다섯 개를 주겠다고 약속했다. 새로운 보트가 들어오자 나는 부두에 나가 지친 여행객들에게 이렇게 제안했다.

"우리가 가방을 나르는 동안 느긋하게 산책을 즐기세요. 10달러에 부두에서 호텔 문 앞까지 배달해 드립니다."

마치 해변의 셰르파처럼 우리는 짐을 잔뜩 짊어지고 사탕을 먹겠다는 일념으로 앞으로 나아갔다. 그러고 나서 짐을 내려놓자마자 즉시 가게로 달려가서 복숭아 사탕과 감초 사탕을 사 먹었다. 그러고도 나는 몇 달러의 수익을 남겼다. 비록 얼마 안 되는 돈이었지만 내게는 진통제나 마찬가지였다.

그렇게 나는 사업의 세계로 뛰어들었다. 조금 더 나이를 먹은 후에는 아이를 돌보는 아르바이트를 시작했다. 햄버거 가게에서 일하기도 하고 컴퓨터를 팔기도 했다. 돈을 벌 수 있는 일이라면 가리지 않고 닥치는 대로 했다.

중학교 시절에는 학교에서 돌아오자마자 책가방을 문 앞에 팽개치고 VCR 앞으로 달려가 영화 〈실리콘밸리의 신화 Pirates of Silicon Valley〉를 거의 300번은 본 것 같다. 스티브 잡스 Steve Jobs에 관한 매우 유치한 TV용 영화였는데, 여기서 나는 스티브 잡스와 빌 게이츠 Bill Gates, 스티브 워즈니악 Steve Wozniak의 모든 행동을 하나하나 관찰하곤 했다. 잘 때는 늘 잡스의 초기 경력을 다룬 책 『스티브 잡스: 여정은 그 자체로 보상이다 Steve Jobs: The Journey Is the Reward』(1987)를 옆에 끼고 잘 정도였다. 또한 수업 시간에 타임캡슐을 만들었을 때 나는 미래의 나에게 보내는 편지에 "나는 2035년이면 애플 Apple 컴퓨터를 운영하고 있을 것이다. 그리고 4학년 때의 첫사랑, 린제이 핀치와 결혼할 것이다."라고 썼다. 심지어 나는 애플을 운영하는 방법도 상세히 적어두었다.

그것은 돈을 벌겠다는 평생에 걸친 집착의 시작이었다. 20대 초반 내 회사를 운영할 때쯤 나는 사무실 구석에 흩어져 있는 책의 여백이나 메모지에 비즈니스 아이디어를 적어두고는 했다. 운전을 하다가도 좋은 아이디어가 떠오르면 애플의 인공지능 비서 시리Siri를 이용해 녹음했다. 물론 나중에 들어보면 무슨 말인지 분명하지 않을 때도 있었다. 그렇게 모든 아이디어를 꼼꼼히 데이터베이스화했다. 할 일, 다음 단계의 행동 계획, 투자 대상, 거래 착수 대상, 비즈니스를 할 사람들, 읽을 책들, 시작할 사업들 등으로 분류했다. 나는 내 자신을 마치 경주마처럼 혹독하게 채찍질했고 불안감을 이용하여 끝없이 할 일을 확인했다. 그렇게 오랫동안 나 자신을 단련시키자 광기 속에서 방법이 떠올랐고 효과가 나타나기 시작했다. 은행 직원들은 나를 '윌킨슨 선생님'이라고 부르며 신용카드를 발급해 주었다. 그 멋진 카드가 테이블 위에 떨어지면서 내는 딸그랑 소리는 듣기에 정말 좋았다.

계속해서 돈이 들어왔다. 들어오고 또 들어왔다. 그러나 은행 잔고와 상관없이 내 마음속에는 여전히 추운 겨울을 대비하여 굶어 죽지 않으려고 아등바등 애쓰는 헐벗은 농부가 있었다. 가족을 먹여 살리기 위해 구황작물을 파종하고, 지하 창고에는 맛없는 뿌리채소를 재워놓는 농부였다. 나는 더 많은 사업, 더 많은 직원, 더 많은 주식, 더 많은 현금 흐름이 필요했다. 항상 더욱 많은 걸 원했다. 풍요롭고 충분하다는 느낌을 받지 못했다. 지금에 와서 가끔 걱정이 많았던 과거의 그때를 되돌아보며 왜 그렇게 돈 때문에 스트레스를 받았는지 자문하곤 한다. 심지어 형편이 훨씬 좋아진 지금도 내 재정 상황을 걱정한다. 나는 단지 현재가 너무 불안해서 풍족한 미래를 상상할 수 없었다.

높은 하늘에 둥실 떠 있는 그 순간 뱃속의 울렁증을 해소할 방법은 9개의 0이 달린 그 숫자(10억 달러, 약 1.4조 원)를 달성하는 것뿐이었다. 셀 수 없을 만큼 너무나 큰 숫자여서 울렁거림조차 사라지게 할 그런 숫자 말이다. 하지만 그 순간에도 아직 나는 몰랐다. 크리스와 같이하는 이 여행에서 결론짓게 될 비즈니스 거래가 그 숫자를 공식화하고 마침내 내 속을 편안하게 해준다는 것을 말이다.

내 고향 빅토리아가 서서히 구름 아래로 사라지자 나는 이 따분한 도시에서 나고 자라 서른다섯 살이 될 때까지 내 삶이 얼마나 많이 변했는지 생각해 보았다. 나는 삼 형제의 맏이지만 키는 190센티미터로 가장 작았다. 우리 형제는 모두 부드럽고 진한 갈색 머리였고, 광대처럼 톡톡 튀는 걸음걸이가 특징이었다. 마치 불안감을 잠재우려고 목적지를 향해 부지런히 움직이는 그런 모습이었다. 선천적인 척추측만증 때문에 내 몸은 약간 굽었고, 그로 인해 내 머리는 약간 왼쪽으로 기울어져 있다. 그 탓에 누군가가 나에게 말을 걸면 그에게 매료되어 그런 자세를 취하는 것 같은 인상을 준다. 심지어 아주 지루한 사람을 만나도 내 머리는 항상 그 사람 쪽으로 기울어진다.

나는 캐나다 벤쿠버에서 태어나 어린 시절을 보냈고 나중에는 그곳에서 약 80킬로미터 떨어진 빅토리아에 정착했다. 내가 자란 부유한 동네는 너무나 인적이 드물어 문을 잠글 필요가 없을 정도였다. 밴쿠버의 서쪽에 있는 거대한 공원에서 조금만 더 벗어나면 참나무가 늘어선 길가에 새들이 지절댔다. 공원에는 자유롭게 돌아다니며 필드하키를 하거나, 요새를 짓고, 무리 지어 자전거를 타는 아이들로 가득했다. 장난감 가게보다도 장난감이 많고 평면 TV가 있는 유복한 이웃집과 달리 우리 집에서는 항상 쪼들리는 돈이 문제였다. 은행 잔고는 거의 다섯 자리를 넘긴 적이 없었고 때로는 세 자리까지 줄어들기도 했다.

가난은 나만의 비밀이었다. 따라서 내 임무는 이 부유한 외계인들과 어떻게든 잘 어울리는 것이었다. 나는 영화배우 조너선 테일러 토머스Jonathan Taylor Thomas의 헤어스타일을 하고, 에트니스Etnies 스케이트 슈즈skate shoes와 헐렁한 토미 힐피거Tommy Hilfiger 청바지를 가지고 싶었다. 하지만 그럴 형편이 안 되니 위너스Winners 같은 의류 할인 매장에서 철 지난 옷들만 모아놓은 박스를 뒤져가며 입을 옷을 골랐다. 얼핏 보면 부자 같았지만 사실은 흉내만 낸 것이었다. 이런 비교가 맞는지 모르겠지만 엄청나게 부유한 친구들을 보면서 나는 마치 거지처럼 느껴졌다.

가난하다는 사실은 나를 괴롭혔다. 나는 그들에게서 금 수저를 빼앗아 그 돈으로 우리 가족의 삶을 바꾸고 싶었다. 멀리 디즈니랜드의 성을 배경으로 찍은 가족사진, 햇볕에 검게 그을린 피부, 조개껍데기 목걸이, 하와이 마우이섬에서 돌고래와 수영하기 등 상상할 수 있는 모든 즐거움을 누리고 싶었다.

하지만 솔직히 내 어린 시절이 찰스 디킨스Charles Dickens의 소설 같은 이야기는 아니었다. 나는 중산층 가정에서 자랐다. 우리는 정부에서 주는 푸드 스탬프food stamp[1]에 의존해서 살 만큼 가난하지도 않았고, 월세가 밀린 적도 없었다. 내게는 사랑하는 가족이 있었고 식탁에는 언제나 음식이 놓여 있었다. 단지 풍요롭고 안정적인 느낌이 없었을 따름이다. 부모님은 단돈 1달러도 아까워했다. 그 결과 친구가 무엇을 샀다고 이야기하면 부모님은 늘 "우리는 그럴 형편이 안 돼."라고 말하며 불안감을 부추겼다. 그 말은 내게 뼛속까지 심리적인 영향을 미쳤다. 그 결과 나는 항상 더 많은 것을 원하는 욕망으로 가득 차 있었고 그 욕망은 마치 프로이트가 말한 '파충류의 뇌lizard brain[2]'와 같은 충동처럼 끊임없이 반복되었다. 그리고 부모님이 목소리를 낮춘 채 돈 문제로 다투던 일도 기억난다.

다행히도 그것은 모두 지나간 일이다. 적어도 나는 그렇게 생각했다. 그건 100만 년 전의 일이라고 나 자신을 안심시켰다. 지금은 내 삶에서 가장 중요한 비즈니스 거래를 하기 위해 로스앤젤레스로 향하는 전용기에 안전하게 앉아 있으니 말이다.

비행기에서 나는 크리스를 바라보았다. 그는 《월스트리트 저널》을 펼쳐 얼굴을 가린 채 앉아 있었고 팔걸이에 탄산수가 담긴 잔이 놓여 있었다.

"그 사람 어떨 것 같아?" 내가 물었다.

"글쎄, 행복한 삶의 비결은 기대감을 낮추는 데 있다고 하잖아? 그러니까 그냥 아주 별로라고 생각하자고." 낄낄거리며 그가 농담했다.

---

1   저소득층 가구의 식생활을 지원하기 위해 제공되는 정부 지원 프로그램.
2   생존과 번식 등 인간의 뇌에서 가장 원시적이고 본능적인 부분.

우리가 이야기하던 '그 사람'은 바로 찰리 멍거Charlie Munger[3]였다. 그는 10년 넘게 내 비즈니스의 우상이었고, 흥미로우면서도 두려운 이번 여행을 하는 이유이기도 했다.

나는 그에 대한 모든 것을 알고 있었다. 그는 네브래스카주 오마하Omaha에서 성장했는데 불과 다섯 블록 떨어진 곳에는 그보다 훨씬 더 유명한 동업자 워런 버핏Warren Buffett이 살았다. 어렸을 때 그는 버핏의 할아버지가 운영하는 동네 식료품 가게에서 일하기도 했다. 몇 년 후인 1959년 이 둘은 한 파티에서 만나 빠르게 친구가 되었고, 결국 버크셔 해서웨이Berkshire Hathaway라는 투자회사를 설립했다. 오늘날 이 회사는 미국에서 가장 큰 기업들인 《포춘》 500대 기업 목록 중 상위 10위권에 있으며 지난 12년 동안 줄곧 그 자리를 차지하고 있다. 멍거의 재산은 수십억 달러로 추정되며, 버핏은 버크셔 해서웨이의 CEO로서 멍거보다 재산이 10배 더 많다. 이 둘은 21세기의 가장 위대한 투자가로 추앙받는다.

크리스와 내가 타이니Tiny라는 투자회사를 시작했을 때 우리가 가장 만나고 싶은 사람을 꼽으라면 아마 찰리 멍거였을 것이다. 우리는 심지어 멍거와 버핏의 동상을 제작하여 사무실 벽난로 위에 올려놓기도 했다. 사무실을 방문한 사람 중 이들을 잘 모르는 사람은 동상이 내 할아버지인지 묻기도 했다. 그러나 대부분은 우리의 영웅들을 즉시 알아보고 그 동상에 매료되어 자기들에게도 동상을 만들

---

3 본명은 Charles Thomas Munger, 워런 버핏의 오랜 투자 파트너로 찰리 멍거라는 애칭으로 불렸다. 2023년 11월 작고했다.

어줄 수 있는지 물었다(나는 모든 것을 잠재적인 비즈니스 아이디어로 생각했기 때문에 많은 사람이 멍거와 버핏의 동상을 원하는 것을 보고, 이를 부업화하여 매년 수만 달러의 수익을 내고 있다).

나는 멍거와 버핏이 인수한 회사를 매출 순위, 산업 분야, 알파벳 순서 등 그 어떤 기준으로도 줄줄 외울 수 있다. 건축자재 회사인 에크미 브릭 컴퍼니Acme Brick Company, 페인트 회사 벤저민 무어Benjamin Moore, 철도 회사 BNSF 레일웨이BNSF Railway, 유가공 업체인 데어리 퀸Dairy Queen, 건전지 회사 듀라셀Duracell, 의류 업체인 프루트 오브 더 룸Fruit of the Loom, 보험 회사 가이코GEICO 등 마음만 먹으면 얼마든지 계속 말할 수 있지만, 내가 말하려는 요점은 전해졌을 테니 이쯤에서 멈추겠다. 만약 멍거와 버핏의 재산에 관해 물어보는 〈제퍼디Jeopardy!〉 같은 퀴즈 프로그램이 있다면 분명 내가 켄 제닝스Ken Jennings처럼 역대 최다 우승자가 될 것이다.

"버크셔 해서웨이가 지분 5.6퍼센트를 소유한 회사는?"

"정답은 애플입니다."

"버크셔 해서웨이가 지분 26퍼센트를……?"

"정답! 크래프트 하인즈Kraft Heinz입니다."

나는 이 거인들에 대한 책을 모두 읽었고, 마치 마약 중독자가 마약을 흡수하듯 그들의 투자 지혜를 나 자신에게 주입했다(예를 들어 '큰돈을 벌려면 사고팔기를 하지 말고 기다려라'). 또한 뮤지컬을 좋아하는 사람이 뮤지컬 〈해밀턴Hamilton〉에 나오는 대사와 억양 등을 그대로 흉내 내듯, 나는 그들의 명언을 따라 할 수 있다.

> "평균적인 회사를 싼 가격에 사는 것보다 뛰어난 회사를 적정 가에 사는 것이 훨씬 낫다."

나는 심지어 월드 시리즈 경기의 마지막 이닝을 자세히 기억하는 스포츠 팬처럼 기업별로 그들의 투자 수익률을 외울 수 있다(버크셔 해서웨이의 주가는 1964년부터 2014년까지 무려 180만 퍼센트 상승했다). 그러나 나는 단지 그 회사의 역사를 줄줄 꿰는 관중으로 끝나고 싶지 않았다. 직접 게임을 하고 싶었다. 언젠가는 누군가가 내 회사의 역사를 처음부터 끝까지 외우는 날이 오기를 원했다.

나는 오래전부터 중요한 사람이 되고 싶었다. 충분히 많은 것을 가진 사람, 스티브 잡스나 월트 디즈니, 워런 버핏, 찰리 멍거 같은 사람들처럼 말이다.

나는 이 거인들의 발끝에도 못 미치지만, 다른 사람이 보기에는 그래도 성공한 축에 속했다. 맨땅에서 시작한 우리 회사는 30개 이상의 다른 사업체를 소유하고 있고, 1,000명이 넘는 직원과 매년 수억 달러의 매출액을 자랑하고 있다. 우리의 작은 제국은 지난 20년간 우리가 관심을 가졌던 각기 다른 분야의 다양한 규모를 가진 사업체들로 이루어져 있다.

그러던 중에 어떤 친구가 멍거에게 우리 이야기를 한 것 같았다. 그가 말하길, 멍거가 어쩌면 자신이 보유한 기술 기업에 우리의 도움을 원할지 모른다고 했다. 우리는 이 기회를 놓치지 않고, 즉시 방문 계획을 세웠다. 마침내 일생일대의 순간이 왔고, 나는 기회를 잡기로 했다.

우리의 영웅, 멍거와의 만남

　로스앤젤레스 공항에 착륙하니 검은색 대형 SUV가 활주로에서 우리를 기다렸다. 우리는 그 차를 타고 호텔로 가서 잠시 쉬었다. 비행 중 우리의 복장은 거의 '유니폼'이나 마찬가지인 청바지와 티셔츠였지만, 호텔로 와서는 아흔의 위대한 노인을 만나기 위해 카키색 바지와 옥스퍼드 셔츠로 갈아입고, 신발은 밑창이 두툼하고 벨크로가 달린 편안한 구두로 갈아 신었다.
　멍거의 집으로 저녁을 먹으러 가면서 크리스와 나는 계획을 세웠다. 그는 10년 이상 나와 같이 일했기 때문에 우리는 마치 멍거와 버핏처럼 눈빛만 봐도 무슨 생각을 하는지 훤히 꿰뚫었다. 처음 크리스를 만난 곳은 내가 거래하던 TD은행의 한 지점에서였다. 그때는 내 첫 번째 회사인 메타랩Meta Lab이 실리콘밸리의 스타트업을 위한 앱을 설계하고 대박을 터트린 직후였다.
　2009년 당시, 나는 더글러스 거리에 있는 내 거래 은행 지점에 들러 새로운 법인 카드를 발급받았는데 은행 직원이 '스팔링 선생님Mr. Sparling'이라는 재무 상담사가 인사를 하고 싶어 한다고 전했다. 그를 소개받았는데 나이가 너무나 어려 매우 놀랐다. 그는 스팔링 선생님의 아들처럼 보였다. 마치 소년처럼 얼굴에 수염이 거의 없었으며 작은 체격에 어울리지 않게 품이 낙낙한 옷을 입고 있었다. 그는 천성적으로 붙임성이 있었고 지나칠 정도로 친절했다. 그의 사무실 벽에 최우수 직원 명패가 여럿 붙어 있는 것이 보였다. 나는 거의 직감적으로 이 사람이라는 생각에 이렇게 말했다.

"혹시 이 자리 그만둘 생각 있어요? 우리 회사에 CFO^{Chief Financial Officer}가 필요한데······."

그로부터 10년이 지난 지금 우리는 10억 달러짜리 회사를 운영하며, 우리의 우상 중 한 명인 찰리 멍거와 저녁 식사를 앞두고 있었던 것이다. 나는 멍거의 집 모퉁이를 돌면서 말했다.

"그가 무슨 생각을 하든 우리는 그냥 침착하게 행동하면 돼."

"그래. 그의 말을 들어보고 평가하자고." 크리스가 대답했다.

그를 존경하지만 아첨할 필요는 없다고 생각했다. 나는 과거에 내가 매매했던 사업체의 투자자나 거래 당사자들과 회의하러 가서 억만장자들의 집을 본 적이 있었다. 그들의 집은 거대했으며 박물관에서나 볼 법한 예술 작품과 조각상이 즐비했다. 집 안에는 일하는 사람들이 분주히 움직였고, 한 블록만큼이나 길게 뻗은 진입로에는 거의 항상 25만~50만 달러(약 3.5억~7억 원) 상당의 반짝이는 차들이 줄지어 서 있었으며, 일부는 헬리콥터 이착륙장도 보유했다. 하지만 재산이 모나코 전체 GDP보다 많다고 알려진 멍거의 집은 그저 별로 유명하지 않은 영화 제작자나 부유한 치과 의사의 집 같았다.

그 집은 로스앤젤레스의 가장 배타적인 동네 중 하나인 핸콕 파크^{Hancock Park}의 조용한 이면도로에 마치 숨은 듯 자리 잡고 있었다. 이 거리에 있는 집들은 보통 수백만 달러씩 하지만 그의 집은 면적이 280제곱미터(약 84평)에 불과한 아담한 단층 단독주택으로 그렇게 비싸 보이지 않았다. 그 집은 이 지역에서 흔히 볼 수 있는 테라코타 타일 지붕에 회칠한 스투코 벽면으로 마감되었다. 보도에서 현관까지 단순한 형태의 돌계단이 깔렸고 현관문은 이중 구조로 밝은 노란색을 띠고 구식 황동 문고리가 달려 있었다. 앞마당은 작아서 장미 덤불 몇 그루와 바람에 가볍게 흩날리는 야자수 한 그루만으로도 꽉 찬 느낌이었다. 오래된 흰색 피켓 울타리로 둘러싸여 있었다. 분명히 멍거는 모든 걸 단순하게 유지하기를 좋아하는 사람 같았다.

우리가 차에서 내린 것은 거의 해 질 녘이었다. 벽돌길을 따라 현관에 가까워지면서 가슴이 두근거렸다. 우리는 초인종을 누르고 잠시 기다렸다. 나는 마치 처음으로 유명 인사와 데이트하는 기분을 느꼈다. 온몸에 땀이 흘렀고 머릿속으로 연신 인사말을 연습했으며 오늘 밤 무슨 일이 생길까 하는 기대감에 압도되었다. 하지만 포근한 여름 공기를 깊게 들이마시고 그 순간을 받아들이려고 노력했다. 마당에는 보랏빛 자카란다 나무에서 꿀꿀 향기가 퍼져왔고 저 멀리에서는 로스앤젤레스의 도시 소음이 들려왔다. 주변을 둘러보니 우리 얼굴을 향해 있는 보안 카메라에 깜박이는 빨간 불빛이 들어왔고 잠시 후 마치 극장 무대의 웅장한 막이 오르듯 문이 열리더니 40대 중반의 남자가 따뜻한 미소로 우리를 맞았다.

"어서 오십시오. 저는 멍거 씨의 비서인 오스카입니다. 안으로 들어오세요."

그는 우리를 멍거가 기다리는 연구실로 안내했다. 복도를 따라 걸어가면서 주변의 모든 것을 흡수하려고 노력했다. 식당의 벽에는 새 책과 오래된 책이 꽉꽉 채워져 있었고 베이지색 커튼과 편안한 의자로 차분한 색상이었다. 멍거가 소장한 미술품은 그가 마음만 먹으면 쉽게 살 수 있는 피카소Pablo Picasso나 렘브란트Rembrandt

Harmensz가 아니라 작고 예쁜 유화와 판화였다. 곳곳에 신중하게 선택한 기념품들이 보였다. 거실에는 도자기 오리가 두 개 놓여 있었고, 책장에는 동양식 그릇 그리고 식당에는 스털링 실버 티 세트가 있었다. 그리고 오랫동안 여러 경험을 하면서 얻은 다양한 선물과 사진들이 보였다. 이 모두가 그저 부유한 할아버지와 할머니가 사는 집과 비슷했다. 그곳에 억만장자가 살고 있다는 유일한 증거는 마치 새처럼 줄지어 앉은 여러 대의 보안 카메라가 정문을 향해 배치되어 있다는 것 정도였다.

책이 가득한 서재에 들어가니 멍거는 레이지보이La-Z-Boy 의자에 다리를 꼬고 앉아 있었다. 그의 옆에는 책이 산더미만큼 쌓여 있었으며, 두 개의 대형 할로겐 조명이 마치 미술관의 조각품처럼 그를 비추었다. 나중에 안 사실이지만 그는 수년 전 백내장 수술이 잘못되어 한쪽 시력을 잃었고, 그 할로겐 조명은 그가 책을 읽는 데 도움이 된다고 한다.

그는 우리를 소개해 준 친구인 앤드루 마크스Andrew Marks와 마주 보고 앉아 있었다. 마크스가 공손하게 입을 열었다.

"멍거 씨. 이 사람들은 제 친구 앤드루와 크리스입니다. 캐나다에서 테크 기업을 중심으로 하는, 마치 미니 버크셔 해서웨이 같은 투자회사를 운영하고 있습니다."

"반가워요." 멍거는 우리를 올려다보며 말했다.

그는 내 사무실 벽난로에 놓여 있는 그의 흉상과 너무나 닮아 놀랄 정도였다. 거의 완벽하게 동그란 얼굴과 듬성듬성한 백발 그리고 두꺼운 금속 테 안경 등 모든 것이 똑같았다.

"만나서 반갑습니다, 멍거 씨. 우리는 진심으로 선생님 팬입니다."
내 가슴이 쿵쾅거렸다. 크리스 역시 흥분해서 나와 똑같이 말했다.

"진심 팬입니다. 만나서 반갑습니다, 멍거 씨."

우리는 마치 중요한 회문[4]의 공동 창작자처럼 느껴졌다.

당시 찰리 멍거는 아흔일곱 살이었지만 아직 정신이 멀쩡하다는 것을 바로 알 수 있었다. 우리는 서재에서 간단히 이야기를 나눈 다음 녹색과 분홍색 꽃으로 장식된 태피스트리 무늬 벽지가 있는 식당으로 안내되었다. 식탁에 앉으면서 우리는 적절하게 예의를 갖춘 옷을 입어 다행이라는 생각이 들었다. 그가 회색 정장 바지에 녹색 체크 셔츠를 입었고 밑창이 두터운 덱스터Dexter 신발을 신고 있었기 때문이다. 이 덱스터라는 회사는 1993년에 버크셔 해서웨이가 4억 3,300만 달러에 인수한 회사다.

그 자리에서 멍거는 좌중을 압도했고 내가 상상했던 것과 거의 정확히 똑같았다. 똑똑하고 재밌으면서도 날카로웠다. 그는 TV 드라마의 대본팀이나 생각해 낼 만한 재치 있고 짤막한 말을 많이 했는데 분명 그의 머리에서 나온 것들이었다. 그는 스테이크를 한 조각 먹으면서 "수익성이 안 좋은 기업을 보유하는 것은 누군가의 배드민턴 게임에서 셔틀콕이 되는 것과 같습니다."라고 말했고, 포크로 콩을 집으면서는 "문제가 얼마나 어려운지 이해하면, 절반은 해결된 것입니다."라고 이야기했다. 그린 샐러드를 먹으면서는 "한 번만 투자에 성공하면 큰 부자가 될 수 있습니다."라고 나와 크리스에

---

4 '다시 합창합시다'처럼 앞에서 읽으나 뒤에서 읽으나 같은 문장.

게 외쳤다.

이 모두가 아무 의미 없이 내뱉는 말이 아니라 꾸준히 180만 퍼센트의 복리 수익을 올릴 수 있는 원칙과 지침, 그리고 준수해야 할 가치였다. 그는 단순히 부자가 되는 방법뿐만 아니라, 시스템이 어떻게 작동하는지 그리고 어떻게 하면 재산 축적 정도에 상관없이 이 시스템으로부터 고품질의 제품과 서비스를 얻을 수 있는지를 설명하는 살아 있는 백과사전이었다. 그는 엄청나게 부자였지만, 부자 티를 안 내고 살기를 원했다.

수십 년 전 첫 100만 달러(약 14억 원)를 벌었을 때 그는 한 푼도 쓰지 않고 월급으로 생활하며 모든 돈을 재투자했다고 말했다. 그 이후로도 그가 사는 모습은 그다지 바뀌지 않았다. 최근까지도 코스트코Costco의 여러 이사회 회의에 참석할 때는 알래스카 항공의 이코노미석을 타고 다녔다고 말했다. 물론 그는 넷젯NetJets이라는 전용기 회사를 통해 수천 대의 개인 제트기를 소유하고 있다. 내가 지나가는 말로 그의 녹색 셔츠를 언급하며 좋아 보인다고 하자 그는 갑자기 반색하며 이렇게 말했다.

"나는 오래전부터 아웃도어 의류업체 엘엘빈L.L.Bean에서 이런 플란넬 셔츠를 구입했죠. 최근에 보니 가격이 59.95달러더군요! 코스트코에서 괜찮은 플란넬 셔츠는 49.99달러예요. 그런데 조카가 알리익스프레스AliExpress를 보여주었고 가격을 비교해 보니 플란넬 셔츠 두 벌을 34.99달러에 살 수 있다는 것을 알게 되었습니다!" (나중에 우리는 그가 착용한 커다란 금장 시계가 실제 금시계가 아니라 자랑스럽게도 온라인에서 찾아낸 30달러짜리 '특가 제품'임을 알게 되었다.)

멍거가 내놓은 놀라운 제안

지난 몇 년 동안 나는 부에 대해 무심한 척하는 사람들을 많이 만나왔다. 그들은 검소해 보이는 흰색 무지 셔츠를 입었지만 실은 1,000달러짜리였으며, 20년 된 혼다 핏 자동차를 타고 다니면서 사실은 전용기를 가지고 있는 사람도 있었다. 하지만 멍거는 그러한 사치품 중 어떤 것에도 진정으로 신경 쓰지 않는 것 같았다. 그는 그저 배우는 걸 좋아했고, 배운 지식을 활용해 가능성이 보이면 대담하게 베팅했다. 전용 제트기보다 지식 추구에 더 관심이 많았다.

오랫동안 비즈니스 거물들, 특히 실리콘밸리의 거물들을 관찰해 본 결과 중 하나는 그들 모두 나름대로 똑똑하긴 하지만, 마치 모든 것을 다 아는 듯이 행동하는 사람도 많았다는 점이다. 전기 자동차와 로켓에 관해서는 천재인 일론 머스크Elon Musk는 글로벌 통화정책(분명히 그가 잘 아는 분야는 아니다)부터 전염병학 및 바이러스의 작동 방식(더더욱 잘 모르는 분야다)에 이르기까지 다양한 주제와 관련해 전문 지식을 소셜 미디어에 자랑했다. 나를 포함하여 우리 세대의 모든 기업가가 거의 우상처럼 여겼던 스티브 잡스는 가전제품과 마케팅에 관해서는 지구상의 누구보다 잘 알았다. 하지만 자신의 천재성을 너무 과신한 나머지, 의사보다 암에 대해 더 잘 안다고 생각하여 과일 위주의 식단으로 췌장암을 치료하려다 실패했다.

그러나 멍거는 놀라울 정도로 달랐다. 그는 투자와 자본주의, 그리고 과학과 심리학 같은 그의 관심 분야에 있어서는 분명히 대가였지만, 다른 주제에 대해서는 단호하게 주장하지도 고집을 피우지도 않았다. 그는 심지어 투자에 대해서도 모든 걸 알지 못한다고 겸손해하며 자신이 투자하기 어려운 분야가 있다고 말했다. 복잡한 주제에 대해 토론할 때 가장 자주 하던 말은 어깨를 으쓱하며 "어렵군!"이라고 내뱉는 것이었다. 마치 토론에서 항복을 인정하듯 이 말을 한 후 다음 주제로 넘어갔다.

그는 모든 것에 대한 답을 알아야 한다고 생각하지 않았으며 단지 자신이 '능력 범위circle of competence'라고 부르는 전문 분야에만 집중했다. 사실 그는 지적인 사람이 되기보다는 어리석은 사람이 되지 말라고 조언했다. 오늘날 소셜 미디어와 위키피디아의 시대에 많은 사람이 거의 모든 것에 대한 답을 알고 있는 것처럼 행동한다. 그러나 멍거는 정치를 깊이 이해하려면 일생을 바쳐야 할 정도로 어렵다면서 확고한 의견을 제시하지 않았다. 대신 이렇게 말했다.

"어떤 이념이든 완전히 믿는 것은 좋지 않습니다. 의구심을 갖는 것이 더 낫습니다."

물론 그의 지식이 폭넓지 못했다는 뜻이 아니다. 특히 사업에 관해서는 더욱 그랬다. 한참 저녁 식사가 진행되던 중간에 내 또래 남자가 뒷문을 통해 집으로 뛰어들어 왔다. 그는 마치 레드불을 다섯 캔 정도 마신 사람처럼 엄청난 속도로 말을 쏟아냈다. 그는 우리한테 건성으로 고개를 끄덕여 인사하더니 소리쳤다.

"멍거 씨! 우리가 먼저 제안서를 제출해야 합니다!"

그는 멍거에게 어떤 부동산 거래와 관련된 계산을 설명했고 멍거는 침착하게 그가 나열하는 숫자를 들었는데 나는 들어도 무슨 말인지 이해가 되지 않았다.

"위치는?"

"입구는 몇 개?"

"임대료는?"

"됐네, 진행하게." 잠시 후에 멍거가 말했다.

그 젊은 남자는 전화기에 대고 뭐라고 소리를 지르며 걸어 나갔는데 등장할 때의 속도만큼이나 빠르게 사라졌다. 이 모든 상황은 아마 60초밖에 걸리지 않았을 것이다.

우리가 혼란스러운 표정을 짓자 멍거는 그 젊은 남자는 자신의 사업 파트너 에비 메이어Avi Mayer이며, 방금 건물을 사기 위해 수백만 달러의 거래를 승인했고, 그들은 공동으로 아파트 건물을 소유하고 있다고 설명했다. 메이어에 관한 이야기는 놀라웠다. 2000년대 초반에 그는 동네에 사는 10대 소년이었는데 멍거를 유대교로 개종시키기 위해 히브리어 성경을 들고 멍거의 집에 나타났다고 한다. 비록 멍거를 개종시키는 데는 실패했지만, 둘은 금세 친해졌고 멍거는 그의 멘토가 되어주었다. 시간이 지나면서 그들은 함께 건물을 매입하기 시작했다. 몇 년이 지난 현재 그들은 10억 달러가 넘는 수천 채의 아파트를 소유하고 있다. 이웃집 아이와 90대에 시작한 부업으로는 나쁘지 않았다.

잠시 후 우리는 거실로 옮겨 디저트로 딸기 케이크를 먹었고 화제는 자연스럽게 사업 이야기로 넘어갔다. 멍거가 나와 크리스를 바라보며 말했다.

"그러니까 당신들의 사업 이야기를 들려줘 봐요. 앤드루 마크스는 당신들이 매우 똑똑하다고 합디다."

어쩌다 보니 크리스가 멍거와 마주 앉게 되었고, 그래서 크리스가 주로 나서서 이야기했다. 그는 비즈니스 거래에 항상 자신감이 있었지만, 상대가 상대인 만큼 일어서서 우리의 비즈니스 전략과 우리가 인수하고 싶은 회사의 유형을 자세히 설명했다. 크리스가 엄청난 수익과 성장 수치를 설명하는 동안 멍거는 거의 움직이지 않았다. 그건 마치 석상에 대고 말하는 것처럼 보였다. 크리스가 설명을 마치고 자리에 앉자 멍거는 한마디만 했다.

"수고했습니다."

이제는 분명히 내 차례였다. 나는 고등학교 시절, 내 방에 앉아 애플 뉴스 웹사이트를 운영하며 주당 수천 달러를 벌었던 경험과 항상 도전 정신을 갖고 있었다는 이야기를 멍거에게 들려주었다. 대학에 입학한 지 3개월 만에 그만두고 시간당 6.5달러를 받고 바리스타로 일하면서 앱을 디자인하는 메타랩을 창업했으며, 불과 몇 년 만에 수백만 달러의 수익을 올리게 된 과정을 상세히 이야기했다.

"그리고 우리는 당신과 워런을 알게 되었으며, 당신들의 투자 철학을 발견했고, 그로 인해 우리 삶의 궤적이 바뀌었습니다."

마치 무대에서 마술을 보여주는 마술사 콤비처럼 이번에는 크리스가 바통을 이어받았다.

"얼마 지나지 않아 우리는 테크 기업을 사들이기 시작했습니다. 벤처캐피털이 선호하는 기업이 아니라 어떤 사람들은 지루하다고 생각할 수 있는 그런 회사들이죠. 우리는 인터넷으로 세탁소와 자동차 대리점을 소유하고 있다고 농담합니다. 단순하지만 세상에 필요한 일을 하는 수익성 있는 기업을 공정한 가격에 구매하는 거죠. 창업자는 남아 있을 수도 있고, 아니면 새로운 CEO를 찾을 수도 있습니다. 그런 다음 회사 경영은 간섭하지 않은 채 영원히 소유하는 겁니다. 당신이 버크셔에서 하는 것과 비슷하죠."

우리가 이야기하는 동안 멍거는 여전히 석상처럼 움직이지 않았다. 감동한 건지, 지루해하는 건지 알 수 없었다. 그 어떤 것도 그를 놀라게 할 리 없어 보였다. 그는 팔짱을 낀 채 머리를 숙이고, 우리에게서 시선을 돌려 다른 곳을 바라보았다. 마치 우리의 난해한 춤을 보고 어떻게 이해해야 하나 고민하는 듯한 모습이었다. 그는 아무런 표정도 없었다. 그래서 난 그의 관심을 끌 만한 말을 던졌다.

"저희 캐나다인들은 조용하고 사적인 삶을 정말 좋아합니다."

이 말에 멍거는 귀를 기울였다.

"우리는 인터뷰를 많이 하지 않습니다. 그리고 우리는 회사를 상장할 생각이 전혀 없습니다."

지금껏 멍거는 눈도 깜빡이지 않았으나 이 말은 그의 관심을 끈 듯했다. 멍거가 우리 쪽으로 몸을 기울이며 말했다.

"여러분은 꽤 똑똑해 보이지만, 상장에는 나름대로 장점이 많습니다."

"무슨 장점이요? 그러면 여러 문제가 생기지 않나요?" 크리스가 물었다.

"아니요, 절대 아닙니다. 오히려 기회가 많이 생깁니다."

그는 상장회사가 이상적일 수 있는 여러 이유를 나열하기 시작했다. 워런 버핏의 투자 스승인 컬럼비아대학교의 벤저민 그레이엄 Benjamin Graham 교수는 주식시장을 뉴스와 날씨 등 모든 것에 영향을 받는 '미스터 마켓Mr. Market'으로 묘사했다고 설명했다.

"미스터 마켓은 때때로 공포에 휩싸여 회사의 가치를 과소평가합니다. 또 어떤 때는 들뜬 분위기에 휩싸여 당신의 주식을 말도 안 되는 가격까지 끌어올리죠. 이런 변동성은 투자자들에게 기회를 줍니다. 주가가 낮을 때는 저렴한 가격에 자사주를 매입할 수 있고, 주가가 높을 때는 이를 활용해 다른 회사를 인수할 수도 있죠. 상장은 제대로만 한다면 훌륭한 정책입니다. 핵심은 너무 시장에 집착하지 않는 것, 정직하고 성실하게 경영하는 것, 그리고 올바른 결정을 쌓아가며 신뢰를 구축하는 것입니다."

나는 버크셔 해서웨이와 관련된 책을 많이 읽어서 대부분 다 아는 내용이었지만, 그래도 실제 그가 말하자 더욱 매력적으로 들렸다. 그리고 멍거는 내게 깜짝 놀랄 만한 이야기를 했다.

"그런데 여러분이 흥미로워할 만한 문제가 하나 있습니다. 우리 가족의 재산은 대부분 버크셔 해서웨이에 있지만, 1970년대에 나와 버핏은 법률 출판 사업체를 인수한 적이 있습니다. 당시 대부분의 출판사와 마찬가지로 엄청난 현금을 벌었는데 2000년대 초부터 하락세를 타기 시작했지요. 회사 이름은 데일리 저널 코퍼레이션Daily Journal Corporation이고 주식시장에 상장되어 있으며 내가 회장을 맡고 있어요. 하지만 전통적인 출판 사업이 쇠퇴함에 따라 우리는 법률 소프트웨어 사업을 인수해 비즈니스 모델을 전환했습니다. 물론 금융위기가 닥쳤을 때 출판 사업에서 일부 뜻밖의 이익을 얻었고 그때 자사주를 취득하여 상당히 주가가 상승하기도 했어요. 하지만 큰 문제가 하나 있어요."

그는 마치 무대에서 배우가 상대방의 말을 기다리듯 잠시 멈추었다.

"무슨 문제인가요?" 크리스와 나는 그를 보며 동시에 물었다.

"난 너무 늙었어요! 난 아흔일곱이고 우리 CEO는 여든셋!"

우리는 모두 웃음을 터트렸다. 그런데 그때 예상하지 못한 일이 일어났다. 갑자기 그가 침묵하더니 뭔가를 생각하고, 계산하고, 어떤 종류의 대수 방정식 같은 것을 푼 다음 우리를 보며 말했다.

"여러분도 상장할 수 있는 또 다른 방법이 있습니다."

"어떤 방법인가요?" 내가 물었다.

"데일리 저널을 맡아줄 누군가가 필요한데, 우리 회사를 합병하고 두 분이 회사를 이끌면 됩니다. 당신들에겐 최신 기술 업체가 있고 우리는 수억 달러의 투자금과 당신들의 전문성을 활용할 수 있는 소프트웨어 사업이 있습니다."

그 순간 누군가 내 마음속에서 거대한 일시 정지 버튼을 누른 것 같았다. 찰리 멍거가 방금 '합병', '우리' 그리고 '회사'라고 했나? 나는 여기로 날아오면서 그가 자신의 소프트웨어 사업을 도와달라는 제안을 할 거로 생각했다. 이것은 그저 삼촌이 웹 전문가 조카에게 컴퓨터 사용법을 알려달라고 하는 것과 같다고 생각했지, 절대로 그가 회사를 합병하자고 제안할 것이라고는 상상도 하지 못했다. 나는 엄청난 충격을 받았다.

만약 당신이 10년 전으로 돌아가서, 10년 후에 내가 34.99달러짜리 1+1 플란넬 셔츠를 입은 찰리 멍거의 집에서 그와 마주 앉아 디저트를 먹고 있는데 찰리 멍거가 내게 회사를 합병하고 싶은지 물을 것이라고 말했다면, 나는 당신에게 정신병원에서 정밀 진단을 받아보라고 권했을 것이다. 아니 10년 전으로 돌아갈 것도 없다. 불과 한 시간 전 멍거의 현관에서 심호흡할 때, 우리가 저녁 식사가 끝나고 합병 제안을 받을 거라고 말했다면 나는 당신에게 아야와스카 ayahuasca[5] 의식을 줄이라고 말했을 것이다. 하지만 우리는 지금 여기까지 왔다.

나는 적절한 답변을 짜내기 위해 고민했다. 일단 "매우 흥미롭네요."라고 대답한 다음 떨리는 손으로 디저트 냅킨을 만지면서 할 수 있는 한 차분하고 침착하게 행동하려고 노력했다. 하지만 속으로는 테이블 위로 뛰어올라 기쁨에 찬 탄성을 내지르고 싶었다. 크리스도 나처럼 충격을 받은 것이 분명했다. 마치 누군가에게 얼굴을 세게 맞은 것처럼 멍해서 어떻게 반응해야 할지 몰랐다.

멍거는 마치 벽난로 위의 장식품처럼 우리를 멍하니 바라보았다. "어때요?"라고 그가 묻자 우리 둘 다 현실로 돌아왔다.

"그러면 어떤 구조로 가겠다는 건가요?" 크리스가 물었다.

그러자 멍거는 그런 거래가 어떻게 작동하는지 설명하기 시작했다. 내용인즉 크리스와 내가 신생 회사의 대주주가 되고, 멍거와 다른 데일리 저널의 주주들은 합병된 그 회사의 나머지 지분을 소유한다는 것이다. 말하자면 우리가 회사의 얼굴마담 역할을 하고, 그는 이사회에 남아서 우리를 지도해 주는 구조다. 모든 일상적인 운영은 우리가 맡아 하면서 실제로 상장하지 않고도 상장회사의 혜택을 누

---

5   남아메리카에서 질병 치료에 사용하는 환각성 식물.

릴 수 있다는 것이다. 그는 우리에게 잘 생각해 보라며 말을 끝냈다.

멍거의 집을 나오면서 우리는 매우 들떠 있었다. 우리는 방금 비즈니스 영웅 중 한 명과 식사를 한 것만이 아니었다. 그가 97년간 살면서 쌓아온 통찰력 있는 지혜를 들은 게 전부가 아니었다. 그가 평범한 캐나다 시골 빅토리아 출신에게 자기가 만든 사업을 인수하는 게 어떻겠냐고 제안을 했다는 점이 우리를 흥분의 도가니로 몰아넣었다. 우리에게 경영을 넘기려는 것이었다.

멍거의 집 앞 도로에서 크리스와 나는 마치 영화 〈탑건Top Gun〉에서 매버릭Maverick과 구스Goose가 그랬듯 공중으로 뛰어올라 하이파이브를 했다.

"와우! 우리가 그 대단한 찰리 멍거와 비즈니스를 하다니 믿을 수가 없어." 나는 차에 타면서 크리스에게 말했다.

감히 생각조차 해본 적 없는 일이 우리에게 일어난 것이다.

2장
아버지가 몰랐던 부의 비밀

NEVER ENOUGH

부유층 이웃들 사이에서 살아가며
곳곳에서 느껴졌던 '다름'은
우리 가족이 겪는 모든 문제의 근원이
돈인 것처럼 만들었다.
그래서 톨스토이는 말하지 않았던가?
"행복한 가족은 비슷한 이유로 행복하지만,
불행한 가족은 제각각의 이유로 불행하다."

찰리 멍거와 수십억 달러짜리 거래를 협상하기 20년 전, 아버지는 내게 1,500달러짜리 컴퓨터를 사주었다. 그 선택은 내 인생을 송두리째 바꿔놓았다. 그 일은 결국 부모님의 이혼, 어머니와 형제들이 나와 거의 말을 섞지 않게 된 일, 그리고 평생 돈에 대한 절망적인 불안감에 시달리는 계기가 되었다.

1990년대 중반에 우리는 밴쿠버에서 가장 부유한 동네 중 하나인 쇼너시Shaughnessy의 조그만 주택에 살았다. 동네 수준에 비하면 집세는 저렴한 편이었지만 부모님에게는 여전히 부담스러운 지출이어서 우리 소득으로는 교외에 살아야 한다고 종종 말씀하셨다. 부모님은 항상 학군이 좋은 동네에 사는 것을 우선시했는데, 이 때문에 늘 궁핍하게 살 수밖에 없었다.

대부분의 도시는 마트 주차장 위에 세워진 것처럼 느껴진다. 그 도시들은 뜨거운 아스팔트가 격자무늬로 수 킬로미터 이어진 기반 위에 세워진 구조물로서, 그 안에는 사무직 직원들과 회색 콘크리트 서류함 같은 사무실 빌딩들이 빽빽하게 들어서 있다. 하지만 밴쿠버는 다르다. 태평양 북서부의 중심에 한때 울창한 열대우림이었던 곳에 자리 잡고 있다. 차이는 너무나 분명하다. 가장 무미건조한 시내 사무실 건물에서조차도 세일리시해Salish Sea[1]의 해변 스카이라인이 보이고, 가까운 거리에는 눈 덮인 산봉우리가 있다. 어떤 방향으로든 20분만 운전해 가면 숨 막히게 아름다운 자연의 한가운데에 있는 자신을 발견할 수 있다.

투정 많은 10대 때 나는 그 차이를 이해하지 못했다. 우리는 종종 외국인 교환학생들에게 남는 방을 세주어 부족한 소득을 보충했는데, 비행기를 타보지도 다른 주요 도시를 본 적도 없었기 때문에 왜 그 학생들이 이렇게 지루한 곳에 오는지 이해가 되지 않았다. 몇 년 후 회사 일로 여행하면서 다른 도시가 어떤지 보고 나서야 이해할 수 있었다. 당시에는 몰랐지만 내가 자란 도시는 세계에서 가장 아름다운 도시 중 하나였던 것이다.

1990년대 초, 우리는 데본셔 크레센트Devonshire Crescent에 작은 집을 임대했다. 1920년대에 지어진 3층짜리 집으로 초록색 스투코 외벽과 마감이 덜 된 지하실, 그리고 1970년대 《홈플러스리빙Home + Living》 잡지에나 어울릴 만한 주방이 있었다. 시대에 뒤떨어진 외관에도 불구하고 어머니는 그 집을 항상 완벽하도록 깨끗하게 유지했고, 적은 비용으로 오래된 가구의 천을 바꾸어 가며 새집은 아니지만 잘 꾸며진 집처럼 보이게 했다. 어머니는 그 집을 기름칠이 잘되어 원활하게 돌아가는 기계처럼 운영하셨다. 침대는 항상 정리되어 있어야 했고(끝부분은 각이 잡혀 있어야 했다), 식기는 깨끗해야 했으며(잔여물 제

---

1 캐나다 브리티시 컬럼비아주와 미국 워싱턴주를 연결하는 태평양 해역.

거를 위해 늘 두 번씩 헹궈야 했다), 식탁은 언제나 준비되어 있어야 했고 (나이프의 날은 반드시 안으로 향해 있어야 했다), 가족들은 정해진 자리에 앉아야 했다. 아버지는 퇴근 후 뒷문으로 들어오시곤 했는데 마치 물에 빠진 생쥐처럼 보였다. 트렌치코트는 흠뻑 젖었고, 서류 가방도 축축하게 젖어 있었으며, 버스를 타고 온 탓에 머리는 헝클어져 있었다. 그 당시 나는 아버지가 무슨 일을 하는지 잘 몰랐지만, 그 일이 아버지를 불행하게 만든다는 것은 알았다. 나에게 '일'이란 서류 가방을 들고 슬픈 표정으로 집으로 돌아오는 것이었다.

저녁 식사 시간에 어머니는 식탁의 한쪽 끝에 앉았고 그 오른쪽에 나, 왼쪽에는 아버지가 앉았다. 두 동생은 깨작대며 스파게티를 먹곤 했다.

우리가 나이 들어감에 따라 아버지는 저녁 식사 시간을 이용해 세상에 대해 가르쳤다. 아버지가 어떤 주장을 하면 우리는 그 주장에 반대되는 의견을 가지고 토론하는 것이었다. 어떤 때는 TV가 정말 우리 세대의 뇌를 썩게 하는지와 같은 사소한 주제로 토론했지만 도덕이나 정치 같은 좀 더 진지한 주제들도 많았다. 나는 아버지와의 논쟁을 즐겼다. 내게는 마지막까지 상처를 주지 않는 그저 장난 같은 가벼운 논쟁이었다. 하지만 안타깝게도 성인이 된 이후 외부 사람과도 이런 식의 토론을 계속하다 보니, 사람들의 깊은 신념에 대해 논쟁하는 것이 친구를 사귀는 효과적인 방법은 결코 아니라는 것을 값비싼 수업료를 지불하고 나서야 깨닫게 되었다.

가전제품 수준으로 보면 우리 집은 20년 뒤처진 것 같았다. 비디오 게임은 금지되었고, TV는 1980년대 후반에 나온 30인치짜리 불록한 소니Sony 제품이었는데, 원래 전원 버튼이 달려 있던 곳에 손가락을 집어넣어 탁 소리가 날 때까지 뒤적거려야 켜졌다. 친구들 집과 달리 우리 집에는 케이블TV가 없었다. 너무 비쌌고, 게다가 부모님은 우리가 책을 읽기를 원했다. 이를 강조하듯 부모님은 토끼 귀처럼 생긴 공중파 안테나를 달아 몇 개의 흐릿한 채널만 볼 수 있게 했고, 덕분에 AM 라디오처럼 웅얼거리는 TV를 보기보다는 웅크리고 좋은 책을 읽는 편이 더 매력적으로 느껴졌다. 특별한 오락거리가 없자 나는 우연히 컴퓨터에 관심을 가지게 되었다. 친구들처럼 비디오 게임을 하고 싶어서 우리 집에 있는 오래된 가정용 컴퓨터에 게임을 다운로드하는 방법을 찾으려고 사방팔방 알아보기도 했다.

나는 인기 TV 드라마인 〈버피 더 뱀파이어 슬레이어Buffy the Vampire Slayer〉나 〈보이 미츠 월드Boy Meets World〉의 최신 에피소드에 관해 친구들과 이야기하면서 마치 다 아는 척 열심히 고개를 끄덕였지만 실제로는 그 드라마 중 어느 것도 본 적이 없었다. 부모님은 TV, 장난감, 휴가, 비디오게임에 관해서는 인색했지만, 책은 얼마든지 읽게 해주었다. 하도 책을 많이 빌려 우리의 도서관 카드는 너덜너덜해졌고 내 침대 옆 테이블에는 즐겨 읽던 책이 쌓여 있었다. J. K. 롤링J. K. Rowling, 필립 풀먼Philip Pullman, 마이클 크라이튼Michael Crichton, F. 스콧 피츠제럴드F. Scott Fitzgerald 등등. 이 책들은 내 탈출구가 되어 현실의 문제가 전혀 존재하지 않는 또 다른 모험의 세계로 나를 이끌었다.

우리는 몇 가지 기본적인 집안일을 해야 했다. 엄청나게 힘든 일은 아니었지만, 나는 집안일을 하기 싫어서 갖가지 핑계를 궁리했다. 우리 형제들은 하루씩 돌아가며 식탁을 정리하고 설거지를 하는 등 집안일을 했다. 어렸을 때부터 나는 한 사람이 테이블을 치우고, 접시를 모아 식기세척기에 넣고, 냄비와 프라이팬을 설거지하는 데 얼마나 많은 시간과 노력이 드는지 알고 있었다.

"우리 모두 자기가 먹은 접시는 자기가 닦아서 싱크대 옆에 놓으면 어떨까요?" 한번은 내가 설거지 당번일 때 이런 제안을 했다. "각자 30초만 하면 되는데 이게 훨씬 빠를걸요."

부모님은 그저 웃기만 하고 거절하셨는데, 아마 내가 책임을 회피하려 한다고 생각한 것 같았다. 정말 화가 났다. 말도 안 되는 일이었다. 두 배로 빨리 끝낼 수 있는데 말이다. 나는 조립 라인이 작으면 효율성이 크게 향상된다고 생각했다. 돌이켜 보면 어렸을 때 나를 게으른 녀석으로 만든 특성이 나를 성공적인 기업가로 만들었음을 깨닫는다. 그래서 빌 게이츠가 이렇게 말하지 않았던가?

"나는 어려운 일을 할 때는 게으른 사람에게 맡깁니다. 게으른 사람은 그 일을 쉽게 하는 방법을 찾기 마련이니까요."

아주 오래전부터 나는 무슨 일이든 쉽게 하고 싶었고 내 마음대로 통제하고 싶었다. 주도권을 쥐고 일을 더 잘하고 싶었다. 오늘날까지도 누군가가 내게 이래라저래라 참견하면 아무리 그 지시가 합리적이라고 해도 어린 시절을 떠올리며 적극적으로 저항한다.

그렇지만 부모님의 일 처리 방식에 관해서는 썩 마음에 들지는 않아도 존경한다. 우리 형제들을 꽤 건전한 사회 구성원으로 키웠기 때문이다. 물론 장기간의 병원 치료 명령을 받기도 하고 집 안 정리와 관련하여 부부끼리 아무것도 아닌 걸로 말다툼하기도 하셨지만 말이다.

모든 문제는 결국 돈이었다

초등학교 시절, 내 세상은 반경 500미터 이내에 다 있었다. 기어 없는 녹색 슈윈Schwinn 자전거로 몇 분 안에 어디든 갈 수 있는 작은 유리구슬 안의 세상이었다. 집 근처에 데본셔 공원이 있었는데 우리는 그곳에서 나무를 타거나 원반던지기를 하며 놀았다. 마리화나도 거기서 처음 피워봤다. 그랜빌 거리 바로 건너편에는 쇼너시 초등학교가 있었는데 얼핏 보면 마치 사립학교로 착각하기 쉬웠다. 학교 주변에는 수백만 달러짜리 저택이 즐비했으며, 아이들은 주로 캐나다에 뿌리를 내리고 공립학교에 다니기를 원하는 신흥 부자의 자녀들이었다. 내 동급생 중에는 기업 변호사, 투자 은행가, 부동산 개발업자 등 이 도시 1세대 부자의 금 수저 자손들이 많았다.

우리 집의 위치는 나와 형제 모두 캐나다 정부가 제공하는 최고의 교육을 최소한의 비용으로 받을 수 있게 해주어 교육에 큰 도움이 되었지만, 물질적인 것에 대한 나의 욕망에는 재앙 수준의 영향을 미쳤다. 동시에 자식들에게 물질적인 혜택을 주고 싶은 아버지의 욕망도 극적으로 증가시켰다. 내 친구의 가족들이 우리 가족과 완전히 차원이 다른 삶을 살았기 때문이다. 그들의 집은 미로 같은 방들, 평면 TV처럼 최첨단 기술이 집약된 전자기기들, 그리고 끝없는 정크푸드로 가득한 거대한 저택이었다. 친구들은 여행 잡지가 추천하는 그림 같은 곳으로 휴가를 떠났다. 휘슬러에서 스키를 타고, 일등석을 타고 유럽의 도시를 여행했으며, 겨울 휴가철에는 하와이의 해변에서 쉬다가 왔다. 반면에 우리 가족은 페리를 타고 인근 걸프섬으로 가서 아버지가 친구한테 빌린 오두막집에 머물 수 있다는 것만으로도 다행이라고 여겼다. 친구들의 부모는 이제 막 자동차 대리점에서 가져온 것처럼 반짝이는 포르쉐나 레인지 로버를 운전했지만, 아버지는 1980년 중반에 제작된 진회색 볼보 245 DL 스테이션왜건을 몰고 다녔다. 에어컨도, 파워스티어링도, 에어백도 없는 수동 변속 차량이었다. 그리고 아버지는 백미러로 뒤가 보이지 않을 정도로 차가 더러워졌을 때만 직접 손으로 세차했다.

그들과 우리의 차이는 분명했다. 수업이 끝나면 나는 우선 자전거를 타고 참나무가 늘어선 길을 지나 새로 사귄 친구네 집으로 갔다. 우리는 탁구를 치고, 따뜻한 물에서 수영을 했으며, 플레이스테이션(물론 우리 집에는 없다)으로 게임도 했다. 친구는 나한테 배고프지 않냐고 물어보고는 작은 슈퍼마켓 같은 팬트리 룸으로 데려갔다. 선반에는 던카루스, 칩스 아호이, 코스믹 브라우니 같은 과자가 가득했다. "먹고 싶은 거 먹어."라고 말하며 친구는 아무 거리낌 없이 도리토스 대용량 팩의 포장지를 뜯었고 가정부는 우리 뒤를 따라다니며 빈 과자 봉지와 부스러기를 치웠다. 나에게는 이것이 극도의 사치로 느껴졌다. 마치 소돔과 고모라의 방탕한 파티와 비슷했다. 나중에 나는 가정부에게 "우리 뒤를 따라다니며 치워줘서 고맙습니다."라고 말하지 않은 것에 대해 죄책감을 느꼈다.

어머니는 조용하고 사려 깊은 분이었다. 아버지가 농담하면 어머니는 온화하게 웃음을 터트리곤 했다. 양쪽으로 가르마를 탄 곱슬기 없는 길고 검은 머리 스타일을 유지했으며 자신과 가족에 대해 엄격한 기대치가 있었다. 또한 젤 펜을 사용하여 완벽한 필기체로 직접 쓴 감사 카드를 보내기도 했다. 어머니는 올바른 방법으로 일을 처리했고 자신이 맡은 일에는 무엇이든 전문가가 되었다. 정원을 가꾼다고 하면 어머니는 그 주제에 관한 모든 책을 읽고 가장 경험이 많은 식물학자와도 토론할 수 있을 정도가 됐으며, 웬만한 요리사 못지않게 요리도 잘했고, 동네 양모 가게에서도 알아주는 화려한 뜨개질 솜씨를 자랑했다. 어머니는 모든 것을 올바르게 하는 방법이 있다고 생각했으며 주변 사람들, 특히 우리에게도 같은 수준을 요구하는 지나친 완벽주의자였다. 또한 항상 나이보다 몇 살 더 어려 보였는데, 이는 매일매일 자외선 차단제를 바른 결과였다. "서른 살 때도 신분증을 보여달라고 하더라."라며 어머니는 좋아하셨다. 그건 세상이 어머니의 부지런한 피부 관리를 알아주었다는 의미였다. 특히 어머니는 문법과 말하기에 열광적이었다. "나를 닉은 아까 축구를 했어요 Me and Nick were playing soccer earlier."라고 말하면 어머니는 "닉과 나는 아까 축구를 했어요 Nick and I played soccer earlier."라고 경쾌한 목소리로 수정해 주었다. 어머니는 놀라운 기억력을 가지고 있었고 다른 사람들과 깊은 관계를 형성하는 능력이 있어서 만나는 사람마다 관심받는다는 느낌이 들게 했다. 어머니가 그들의 오촌 당숙이 수술 후 경과는 어떤지, 또는 직장 문제는 잘 해결되었는지 물어보면 사람들은 매우 좋아했다.

이런 관심은 어머니의 세 아들에게도 그대로 적용되었다. 어머니는 우리 삶의 사회적·정서적 측면에 깊은 관심을 가졌고 나는 내가 짝사랑했던 여자아이들과 나를 괴롭히는 아이들, 그리고 최근에 깨달은 삶의 허무함 같은 고민을 모두 어머니에게 털어놓고는 했다.

부모님은 모두 각각 다른 이유로 불안정하고 혼란스러운 어린 시절을 보낸 분들이었다. 어머니는 우리에게 더 나은 삶의 기반을 제공하기 위해 애썼다. 전업주부였지만 마치 복잡한 활주로를 감시하는 항공교통관제사 같은 정확성으로 가정을 꾸려나갔다. 그러나 어머니의 진정한 능력은 돈 관리와 절약에서 빛났다. 동전 한 닢까지 꼼꼼히 세면서 우리 가족의 얼마 안 되는 수입을 관리하고 저축까지 했다. 아버지의 건축사 사무소는 부동산 시장의 상승과 하락에 따라 수입이 일정하지 않았고 어머니는 그 수입을 최대한 활용하기를 원했다. 어머니는 매우 불안정한 수입에만 의존하고 있었기에 우리 집의 모든 것을 정확하고 신중하게 관리해야 했다. 하지만 더 중요한 것은 남들에게 가난을 드러내지 않고 좋은 가격에 물건을 사는 것이었다. 우리는 패스트푸드를 먹지 않았고 새로운 전자제품을 사지도 않았으며 여행을 가지도 않았다. 또한 집 안에서 물건을 깨뜨리지도, 얼룩이 지게 하지도, 찢거나 부서트리지도 않게 특별한 주의를 기울였다. 한번 부서지면 다시 살 수 없기 때문이었다.

나는 동네의 부유한 아이들에게 마치 사기를 친다는 생각이 들 정도로 갖가지 방법을 동원해 최대한 부자인 척했다. 시간이 지나면서는 요령이 생겨 할인된 가격으로 비싼 브랜드 제품을 구입했고, 자전거로 통학하며 아무도 우리의 낡은 차를 볼 수 없게 했다. 나는 사람들이 어떻게 관련되어 있는지, 그들의 가족들이 어떻게 돈을 벌었는지, 누구의 아버지들이 서로를 고소하고 있는지 알아냈고 그들의 말투를 흉내 내며 말하는 법을 배웠다.

부유층 이웃들 사이에서 살아가며 곳곳에서 느껴졌던 '다름'은 우리 가족이 겪는 모든 문제의 근원이 돈인 것처럼 만들었다. 그래서 톨스토이 Leo Tolstoy는 말하지 않았던가?

"행복한 가족은 비슷한 이유로 행복하지만, 불행한 가족은 제각각의 이유로 불행하다."

우리의 이유는 이런 것들이었다. 청구서. 신용카드. 빚.

기어가 없는 녹색 슈윈 자전거를 타고 다니던 나는 우리 집의 이런 상황이 너무 싫었다. 심지어 그 당시에도 나는 우리가 뭘 잘못하고 있다고 느꼈다. 그것은 마치 기어 없는 자전거로 높은 언덕을 올라가는 것처럼(나는 하다가 실패했지만) 필요 이상으로 힘들었다. 그리고 다른 아버지들은 다 아는데 우리 아버지만 모르는 것이 있다는 느낌이 들었다. 한 가지는 확실했다. 즉 내가 그것을 알아내지 못한다면, 나도 자라서 아버지처럼 가난해진다는 것. 그리고 가난하다는 것은 가족 간의 갈등을 의미했다. 상대방에게 소리를 지르고, 1달러 숍(미국 최대 할인 소매 업체)에서 크리스마스 선물을 사고, 베를린 장벽이 무너지기 전에 만들어진 차를 운전하는 것 등이었다.

하지만 우리 가족에게는 계획이 있는 것 같지도 않았다. 그저 고개를 숙이고 계속해서 분발했지만 결국 똑같은 결과밖에 얻는 것이 없었다. 어느 날 저녁, 아버지에게 퇴직연금에 관해 물어보니 아버지는 장난스럽게 웃으면서 "네가 바로 퇴직연금이야."라고 농담했다. 미래에 어떤 일이 펼쳐질지 생각하니 그 농담은 내게 공포감으로 다가왔다.

아버지와는 달리 내 친구 닉의 아버지인 앙드레는 부동산 개발업자였는데 번쩍이는 BMW 7 시리즈를 타고 대저택의 복도에 차 키를 툭 내려놓으며 100달러짜리 지폐가 가득 든 지갑을 옆에 던져두었다. 그런 후 그는 나와 닉을 위해 저녁(슈니첼을 자주 먹었다. 아저씨는 헝가리 출신이었다)을 만들었다. 나는 놀라지 않을 수 없었다. 닉의 아버지는 내 아버지보다 분명히 훨씬 부자인데 왜 늦게까지 일하지 않는 걸까? 아버지는 7시에 지친 모습으로 퇴근하고 나서도 집에서 자정까지 일했다. 아버지는 한 번도 저녁을 만들어주거나 일찍 귀가하지 않았으며 항상 스트레스를 받는 것 같았다. 반면에 아저씨는 클럽 메드에서 휴가를 보내는 것처럼 여유가 있었다. 그는 아버지가 모르는 무엇을 알고 있었던 걸까?

궁금해서 나는 저녁을 먹으면서 아저씨에게 질문을 쏟아냈다.

"건물 짓는 돈은 어떻게 마련하세요?"

"아파트를 다 지어 팔면 그 후에는 어떻게 되나요?"

"이익이 생기면 그걸로 무엇을 하세요?"

"각 건물의 수입은 얼마인가요?"

대화를 나누다 보니, 아저씨의 이야기가 하나둘씩 퍼즐처럼 맞춰졌다. 그는 달랑 140달러를 가지고 헝가리에서 캐나다로 이주해 왔다고 한다. 작은 항공사의 승무원이 되어 돈을 모은 후, 주택을 재건축하고 리모델링하는 일을 시작했다. 10년간 그 일을 한 다음에는 주택을 졸업하고 아파트로 넘어가 수천 명이 살 수 있는 공동주택 건설에 뛰어들었다. 그는 이제 대규모 상가와 호텔, 주거용 부동산 등 다양한 부동산을 소유하고 있었다. 밴쿠버에서 가장 성공한 부동산 개발업자이며, 가만히 있어도 매년 시곗바늘처럼 규칙적으로 수백만 달러의 자산 소득이 그에게 들어왔다. 현재 그의 가장 큰 문제는 권태인 것 같았다. 우리는 종종 그가 집에서 온라인 포커 게임을 하는 것을 보기도 했다.

"그러니까 실제로 매일 열심히 일할 필요가 없다는 거죠? 아저씨가 소유주이므로 돈이 알아서 들어온단 말인가요?"

"그럼. 내 부동산이 나를 위해 일하는 셈이야. 일단 건물을 세워만 놓으면 그것들이 알아서 운영되니까 가끔 확인만 하면 된단다."

내 눈이 휘둥그레졌다. 그 순간 나는 이 비밀을 풀겠다고 다짐했다. 대책 없는 기어로 더 이상 오르막을 올라가지 않겠다. 우리 집에서는 더 이상 돈과 관련한 다툼은 없을 것이다. 나는 가족 모두를 휴가와 장난감, 슈니첼로 행복하게 해줄 것이다. 달콤하고 맛있는 슈니첼로 말이다.

우리 부모님의 모든 다툼은 재정 압박에서 시작했다. 들어오는 돈이 충분하지 않거나 나가는 돈이 너무 많았다. 계단 꼭대기에 앉아 아래층에서 부모님이 목소리를 낮춘 채 다투는 소리를 들으며 이번엔 뭐가 문제일까 하고 추측하는 것이 나의 일상이었다.

아버지는 고등학교 시절 럭비와 조정을 한 터라 어깨가 넓고 체격이 컸다. 하지만 나이를 먹으면서 약간 살이 쪘고 다양한 다이어트를 시도하면서 그의 체중은 주가처럼 오르락내리락했다. 아버지는 키가 크고 날카롭게 잘생긴 턱선으로 브루스 윌리스의 젊은 시절과 비슷했다. 바쁜 업무 일정에도 불구하고 주말이 되면 아버지는 항상 우리 형제들을 위해 시간을 냈다. 우리는 같이 레고를 만들고, 베개로 요새를 만들었으며, 모형비행기에 색칠하기도 했다. 타고난 낙관주의자였던 아버지는 잘못될 가능성이 있는 것은 반드시 잘못된다는 머피의 법칙에 빗대어 자신의 문제를 별거 아닌 것처럼 농담했다. 하지만 아버지에게는 집안을 부양해야 한다는 엄청난 재정적 스트레스가 있었고 이는 상황에 따라 아버지의 격노를 촉발하기도 했다. 건축학을 전공한 아버지는 여러 상을 받으며 그 분야에서 정상에 올랐지만 금전적 보상은 미미했다.

어느 밤 아버지가 나를 재우려고 내 옆에 누웠을 때 우리 가족에 관해 질문한 적이 있었다. 아버지는 우리 가족에게 계속해서 행운의 기회가 찾아왔지만 고집이나 불운 때문에 그 행운의 기회를 잡지 못했다는 '윌킨슨 가문의 저주'에 관해 이야기했다. 그의 신조는 '삶은 고통이다. 피할 수 없으니 무조건 극복해야 한다'였다.

아버지는 모순 그 자체였다. 항상 '괜찮아, 다 잘될 거야'라는 식의 억지웃음을 지었다. 하지만 이 억지웃음을 떠받치는 감정은 단 두 가지였다. 끝없는 낙관과 가슴 깊은 곳에서 끓어오르는 극도의 불안. 이 두 감정은 긍정적 에너지가 넘치는 달콤함과 부글부글 끓는 스트레스가 섞인 이상한 조합의 스튜가 되어 언제 폭발할지 몰랐다.

아버지가 화내는 모습은 〈아메리카스 퍼니스트 홈 비디오 America's Funniest Home Videos〉에 나올 법한 장면이었다. 사람을 향해 화를 내지는 않았지만 그를 화나게 한 무생물에 분노를 표출했다. 몇 시간에 걸쳐 조립했지만 결정적인 나사를 빼먹어 흔들거리는 이케아IKEA 책장이나 포장을 풀 때 잘못해서 손가락을 벤 커터칼, 비밀번호를 아무리 넣어도 열리지 않는 중요한 파일로 가득 찬 플로피 디스크 따위 말이다. 이런 순간은 아버지의 삶을 힘들게 했고, 그는 화난 오랑우탄처럼 폭발했다.

"제기랄, 망할 것!!!!"

어떨 때는 울상을 지으며 고함을 지르기도 했다. 무서운 것은 아버지의 분노가 아니었다. 폭발할 정도로 아버지의 마음속 분노가 한계점에 도달했다는 사실이었다. 어린 시절에도 나는 아버지가 폭발할 때마다 그것이 아버지가 보내는 "더 이상 못 견뎌."라는 신호라고 생각했다.

아버지는 스트레스를 줄이는 방법을 알고 있었지만 어떤 정신적인 방해물 때문에 실행하지 못하는 것처럼 느껴졌다. 삶은 힘들었고, 어떻게든 피할 수가 없었다. 마치 시간이 없어서 직원을 고용하지 못하는 빵집 주인 같았다. 온몸에 밀가루를 뒤집어쓴 채 매일 밤을 새워 다음 날 판매할 빵을 만들면서도 시간이 없어 카운터를 볼 직원을 못 구하는 그런 빵집 주인 말이다.

아버지의 책장에는 『부자 아빠, 가난한 아빠』 『성공하는 사람들의 7가지 습관』 그리고 『좋은 기업을 넘어 위대한 기업으로』와 같은 책들이 꽂혀 있었다. 아버지는 성공한 사업가들을 존경했고, 밴쿠버에서 가장 부유한 사람인 지미 패티슨Jimmy Pattison이 어떻게 자동차 대리점에서 출발해 라디오 방송국, 출판업, 빌보드 광고업, 어업 등으로 사업을 다각화하여 연간 60억 달러 이상의 수익을 올리는지 나에게 이야기하고는 했다. 내가 여덟 살이나 아홉 살 때 우리는 우연히 한 식당에서 패티슨이 식사하는 모습을 보았다. 아버지는 긴장한 채 나를 그에게로 데려가 악수를 청하게 했다. 그의 손은 쿠션처럼 부드러웠다. 평생 거친 일이라곤 해본 적 없는 것처럼 느껴졌다. 내 안에 묘한 호기심이 발동했다.

아버지는 항상 나보고 작으나마 돈을 벌어보라고 했다. 가판대에서 레모네이드를 팔아 40달러를 벌었다고 자랑스럽게 이야기하자 아버지는 "다음엔 뭐 할 거야?"라고 물었다. 나는 당황하여 아버지를 바라보았다.

"좋아, 생각해 보자. 레모네이드를 팔아서 시간당 10달러를 번다면 다른 아이에게 시간당 5달러를 지불하고 가판대를 운영하게 해서 그 차액으로 다른 가판대를 시작할 수 있어. 그런 식으로 계속 새끼를 칠 수 있지."

아버지의 끊임없는 질문 덕분에 내게는 훗날 사업을 할 때 엄청난 도움이 될 습관이 생겼다. 사업에서 성과를 이루어도 내 머릿속에는 아버지의 목소리가 울려 퍼졌다. **"다음엔 뭐 할 거야?"**

긴장을 풀고 내가 가진 것을 즐기거나, 오랜 시간 일한 끝에 휴가를 가는 대신 나는 어떻게 하면 더 크게, 더 좋게, 더 효율적으로 사업을 할까 고민했다. 이러한 일 중독적이면서도 즐거운 습관 덕분에 나는 사업에서 높은 적응력을 갖게 되었다. 하지만 동시에 멈춰 서거나 온전히 쉬는 법은 잊어버렸다. 그 습관은 나에게 막대한 부를 안겨주었지만, 감정적으로는 파산 상태로 몰아넣었다.

한편 아버지는 내게 복리에 대해 가르쳐주었다. 적은 돈이라도 꾸준히 투자하면 시간이 흐르면서 상상할 수 없는 거대한 금액으로 불어날 수 있다는 개념이다. 아버지는 아인슈타인의 말을 덧붙였다.

"아인슈타인은 복리를 '세계의 여덟 번째 불가사의'라고 했단다. 만약 네가 지금부터 평생 매일 단돈 5달러씩이라도 저축하고 투자한다면 쉰 살이 될 때쯤에는 백만장자가 되어 있을 거야."

이런 이야기는 마음에 들기는 했지만, 한편으로는 너무 비현실적으로 들렸다. 이것이 사실이라면 아버지는 왜 백만장자가 되지 못했을까? 내가 가장 이상하게 느낀 점은, 아버지가 이 모든 걸 알고 있었다는 사실이었다. 아버지는 책도 많이 읽고 그 개념도 이해했지만 무슨 이유에선지 실천에 옮기지 않았다. 그것은 마치 바로 옆에 떠 있는 구명조끼를 놔두고 몸부림치다 물에 빠져 죽는 사람을 보는 것과 같았다.

여러 면에서 아버지는 어머니와 정반대였다. 마치 물과 기름 같았다. 나는 이렇게 극단적으로 삶의 방식이 다른 두 사람 사이에 끼어 어린 시절을 보냈다. 혼란스러운 낙관주의자와 진중하고 세심한 계획 수립자는 정말 상반된 모습이었다. 두 분 모두 내게 큰 영향을 미쳤다. 나는 무의식적으로 각각의 가장 좋은 특징과 나쁜 특징을 받아들였다. 이는 나중에 나의 슈퍼 파워이자 아킬레스건이 되었다.

아버지에게 결정권이 있었다면 아마 우리는 수입에 맞지 않는 생활을 하며 신용카드로 멕시코 휴양지인 카보^{Cabo} 여행을 예약했을 것이다. 반면 어머니는 집 안에 온기를 유지하기 위해 돈을 절약하고 차라리 가구를 태워버리는 쪽을 선택할 사람이었다. 부모님은 돈에 대한 느낌과 태도에서 완전히 상극이었고 둘 다 현재 상황에 만족하지 않는 것 같았다.

의견이 맞지 않는 상황에서 적어도 늘 어머니가 논쟁에서 이기는 것처럼 보였다. 예를 들어 새로운 최신 TV를 사고 싶은 우리 형제들의 소망, 클래식 자동차에 대한 아버지의 열망, 또는 컴퓨터를 사고 싶은 나의 집착 등은 끊임없는 논쟁거리였다. 가끔 부모님이 다투는 소리를 들을 수 있었는데 대개 새로운 지출을 두고 의견이 엇갈릴 때였다. 나는 계단 꼭대기에 앉아서 속으로 심판이라도 된 듯 누가 맞는지 따져보았다. 결국 아버지가 포기하고 사과하겠지만, 아버지의 분노는 곪고 곪다가 기어코 최악의 사태로 폭발하곤 했다. 어머니와 상의하지 않고 몰래 비싼 물건을 사러 나가는 것이다. 우리 형편으로 도저히 감당할 수 없는 무언가를 말이다.

그리고 2002년의 어느 따뜻한 토요일에 아버지는 내 삶을 영원히 바꿀 무언가를 사러 집을 나섰다.

컴퓨터에 대한 집착이 만든 기회

컴퓨터에 대한 나의 집착은 일곱 살 때 시작되었다. 아버지는 주말에 나를 회사에 데리고 가서 매킨토시 플러스 컴퓨터 앞에 앉혔다. 1980년대 산업디자인의 완벽함을 보여주는 회색 직사각형 디자인으로, 부팅할 때면 작은 스마일 아이콘이 등장했고, 그 '딩' 하는 소리는 마치 베토벤이 작곡한 것처럼 아름다웠다. 아버지가 못다 한 일을 처리하는 동안 일곱 살짜리를 컴퓨터 모니터 앞에 몇 시간씩 앉혀놓은 것은, 다른 사람들이 보면 방치라고 하겠지만 내게는 말할 수 없는 행복이었다. 나는 오후 내내 각 버튼의 기능을 익히고 아이콘을 변경하면서 시간을 보내곤 했다. 또한 글꼴과 색상, 애니메이션과 비디오게임의 세계에 빠져들었다. 쓸데없이 표지판을 인쇄하기도 했고 생일 파티 초대장을 만들기도 했으며 앤드루 코퍼레이션의 CEO라고 가짜 명함을 만들기도 했다. 나는 컴퓨터의 세계에 빠져들었지만 그게 전부가 아니었다. 컴퓨터는 내가 주인인 나만의 작은 세계와도 같았다. 모든 걸 내 마음대로 할 수 있는 곳. 누구도 내게 이래라저래라 간섭하지 않는 곳이었다.

시간이 갈수록 내 집착은 중독이 되었다. 나는 부모님께 방과 후에 시내의 애플 대리점으로 버스를 타고 가서 구경해도 되느냐고 물어보았다. (아직 애플 스토어는 없었고, 단지 소매상만 있었다.) 그곳에서 세련된 본다이 블루 색상의 아이맥iMac에 빠져 몇 시간이고 감탄하곤 했다. 다른 아이들이 몰래 《플레이보이》 같은 잡지에 열광할 때 나는 《맥월드Macworld》 잡지를 탐독했다. 스티브 잡스는 그 당시 애플로 복귀하여 상징적인 광고 캠페인을 시작했는데 밥 딜런Bob Dylan, 마틴 루서 킹 주니어Martin Luther King Jr. 같은 혁신가와 예술가들의 흑백 이미지를 모은 'Think Different(다르게 생각하라)'라는 슬로건을 도입했다. 그는 일반적으로 어색한 괴짜들의 전유물이었던 컴퓨터를 반항적이고 멋지게 느껴지도록 만들었다. 나에게 잡스는 거의 신과 같은 존재였으며 경배의 대상이나 다름없었다. 문제는 내가 그 빛나는 파란색 아이맥을 살 여력이 없었다는 것이다.

열한 살이 되어 얼굴에 여드름이 얼기설기 생길 때쯤 나는 브로드웨이의 평범한 건물에 있는 낡은 맥 스토어인 심플리 컴퓨팅Simply Computing에 들락날락하기 시작했다. 그곳에서 실제 판매원인 양 행동했고, 이를 본 다른 직원들은 무척이나 재미있어하는 눈치였다. 내가 거기에 있을 이유는 전혀 없었지만 돌아다니며 손님을 맞았다. 내 목표는 단순했다. 컴퓨터에 대해 아무것도 모르는 노부인들을 일반 PC가 아니라 맥 컴퓨터를 사도록 설득하는 것. 나는 시간이 지날수록 판매 기술이 늘어 꽤 능숙해졌다.

"그러니까, 맥은 바이러스에 걸리지 않는데요."라고 한 노부인에게 설명했는데, 다행히도 내 키가 그 할머니와 같아서 그런지 내 나이를 문제 삼지 않았다.

"유저 인터페이스가 윈도우보다 훨씬 간단하죠."라고 나는 손님들을 구슬렸다. "여기 맥킨토시의 파일 관리 프로그램인 파인더를 한번 보세요. 혹시 그래픽 유저 인터페이스GUI라고 들어본 적 있나요?" (물론 그들은 GUI가 무엇인지 알지 못했다.)

내 나이 또래 소년들은 럭비팀의 주장이 되거나 여자친구와의 데이트를 꿈꾸었지만, 나의 유일한 집착은 컴퓨터였다. 컴퓨터에 대한 집착 때문에 심지어 학교에서도 나를 '팜 파일럿Palm Pilot[2]'이라는 별명으로 불렀다. 아이폰의 초기 버전인 작은 흑백 팜 파일럿 전자수첩에 메모를 하며 돌아다녔기 때문이다. 알다시피 여학생들은 이런 기기를 보면 홀딱 빠지게 마련이다.

---

2   1990년대와 2000년대 초반에 인기를 끌었던 개인용 디지털 보조 장치(PDA)의 한 종류.

컴퓨터 가게에서 실제로 급여를 받는 판매원들은 내가 조금 특이하긴 해도 자신들에게 해가 될 게 없으니 그들의 일을 대신해도 눈감아주었다. 심지어 어떤 직원은 새로운 노부인 고객을 계산대로 안내하면 감사해하는 것 같았다(적어도 그런 척은 했다). 나는 안경을 코 위로 올리며 "도리스 부인께서 아이맥을 구입하시겠답니다."라고 말하고, 다시 도리스 부인에게는 정중하게 이렇게 설명한다.

"이쪽은 프랭크라고 출납 담당 직원인데요. 알아서 처리해 줄 겁니다, 부인."

어느 날 메가헤르츠 속도와 하드드라이브에 관해 설명하고 있었는데, 마시 스모르이라는 부인이 맥 컴퓨터에서 폴더 시스템을 탐색하는 방법을 보여줄 수 있는지 물었다. 내가 자세히 알려주자 부인은 내 지식에 감탄하면서 컴퓨터를 구입했을 뿐만 아니라, 난생처음으로 내게 진짜 일자리를 제안했다.

"내게 컴퓨터 사용법을 가르쳐 줄 수 있어요?"

"물론입니다. 어떤 식으로 배우고 싶으세요?"

"내가 시간당 20달러를 줄 테니 우리 집에 와서 이메일 확인과 프린터 사용법을 좀 알려주세요."

누군가가 내게 컴퓨터 사용법을 배우기 위해 실제로 돈을 내다니, 믿을 수가 없었다. 그 가게에서는 곧 나를 다른 고객들에게도 소개하기 시작했다. 그것은 완벽한 공생이었다. 그들은 컴퓨터를 팔았고, 나는 고객에게 사용법을 알려주었다. 열두 번째 생일을 2주 앞두고 나는 첫 번째 회사를 시작했다. 회사 이름은 '뉴트릭스New Tricks'였고 모토는 '늙은 개에게 새로운 기술 가르치기Teaching Old Dogs New Tricks'

였다. 또한 노인 의류 브랜드에 어울릴 것 같은 빨간색과 파란색 로고와 '앤드루 윌킨스, CEO'라고 적힌 명함도 만들었다.

지금 생각해 보면 이 노인들은 단지 말동무가 필요했던 것 같다. 솔직히 맥 OS 8.1과 맥 OS 8.5의 차이점을 배우는 데는 거의 관심이 없었다. 마케팅 실력이 변변치 않아 그런지 고객은 대여섯 명에 불과했지만 나는 인생에서 가장 중요한 교훈 하나를 얻었다. 그것은 심지어 열두 살짜리가 운영하는 사업에서도 가장 중요한 것은 **다른 사람들의 문제 해결에 초점을 맞춰야 한다**는 것이었다.

그전까지 나는 직업이나 사업이 정해진 길을 따라가는 것이라 생각했다. 10대라면 맥도날드에서 일하거나, 베이비시팅을 하거나, 신문 배달을 하는 식이었다. 하지만 나는 거의 모든 필요, 문제 또는 욕구 그 자체가 사업 기회로 바뀔 수 있다는 것을 천천히 깨달았다. 이번 경우는 이메일을 확인하는 데 어려움을 겪는 70대 노인들이 내 사업 기회였다(환영합니다! 메일이 왔습니다!). 곳곳에서 이런 기회가 보였다.

알고 보면 아버지도 컴퓨터를 좋아했다. 다른 아버지는 농구 선수의 이적에 관한 이야기를 하지만 아버지는 《맥월드》 잡지를 읽고 나와 토론했으며 시내의 여러 컴퓨터 가게에 동행하기도 했다. 반면에 어머니는 이러한 기술을 어떻게 받아들여야 할지 확신이 없는 듯했다. 우리가 매일 오후 몇 시간이고 컴퓨터에 달라붙어 게임을 하거나 인형을 등장인물 삼아 촬영한 유치한 비디오를 편집하는 데 몰두하는 걸 보며 어머니는 이 매끈한 상자가 아이들을 성장시키는 것인지, 아니면 오히려 해를 끼치는 것인지 분간하기 어려워했다.

컴퓨터는 개와 같아서 사람보다 훨씬 빨리 나이를 먹는다. 우리는 항상 5년 또는 10년 된 컴퓨터를 가졌는데, 이는 소니 워크맨 시대에 캐비닛 크기의 1950년대 라디오 세트를 가지고 있는 것과 비슷하다. 나는 이런 사실을 지적하고 틈날 때마다 부모님에게 새로운 컴퓨터를 사달라고 간청했다. 거의 10년간 크리스마스 선물 목록의 맨 위에 컴퓨터가 있었다. 그런데 어느 날 그것이 현실이 되었다. 내 나이 열세 살 때였다. 당시 학교 숙제가 급격히 늘어났는데, 새로 나온 아이맥이 있으면 이를 빨리 처리할 수 있으며 이와 함께 제공되는 각종 소프트웨어 패키지의 장점에 대해 날마다 부모님을 설득하느라 약간 지친 상태였다.

"어머니 아버지는 잘 몰라요. 컴퓨터가 있으면 더 좋은 성적을 받을 수 있다고요."

어머니는 의심스러운 표정으로 날 쳐다보았다. 하지만 아버지는 미안해하는 표정이었다. 내 열정을 이해했고 나에게 나만의 컴퓨터를 사주고 싶어 했다.

그러던 어느 날 아버지는 드디어 일을 저질렀다. 아무한테도 이야기하지 않고 혼자 나가더니 번쩍이는 새 상자를 들고 나타나 내 앞에서 열어 보였다.

"이거 이번에 새로 나온 맥 컴퓨터야!"

어머니는 단단히 화가 난 채 옆에 서서 쳐다만 보았다. 내가 원하는 것을 사주고 싶지 않았던 것은 아니지만 아버지가 아무런 상의도 없이 그렇게 비싼 물건을 산 것이 화근이었다. 하지만 아버지는 말을 꺼내자마자 어머니가 딱 잘라 거절하리란 걸 잘 알고 있었다.

그날 밤 나는 계단 끝에서 부모님의 논쟁을 듣지 않았다. 대신 컴퓨터 화면에서 나오는 따뜻한 빛에 몸을 맡겼다. 아래층에서는 익숙하고도 불쾌한 소리가 들려왔다. 아버지가 우리 가족의 중요한 재정 규칙을 깨고 할부로 컴퓨터를 구입한 사실을 알게 되었을 때 나는 내 감정을 어떻게 표현해야 할지 몰랐다. 어머니는 격노했다. 무슨 말을 하는지 이해는 잘 안 되었지만 '융자', '마이너스통장', '신용카드', '대출' 같은 단어가 마치 기관총 소리처럼 쏟아졌다. 불필요한 소음을 줄이기 위해 라디오 볼륨을 낮추듯 오늘만큼은 부모님의 다툼 소리에 귀를 막고 당장 해야 할 일에 집중하기로 했다. 그것은 바로 컴퓨터를 새로 설정하는 일이었다.

요청하는 데는 돈이 들지 않는다

그렇게 첫 번째 컴퓨터를 얻은 지 4년 후 많은 것이 바뀌었다. 우리는 캐나다 빅토리아에 있는 새로운 집으로 이사했고, 사람들이 문을 두드리며 나를 찾기 시작했다.

"오늘은 7개 더요?" UPS 배달원이 말했다.

"맞아요!"

"수고하세요, 앤드루!"

"수고하세요, 짐!"

"수고하세요, 데이브!"

"네, 감사합니다……."

UPS와 페덱스의 배달 트럭이 우리 집 앞에 서 있는 것보다 더 큰 기쁨을 주는 일은 없었다. 트럭 문이 쾅 닫히고 삐걱거리는 현관 계단을 올라오는 배달원의 발걸음 소리가 들린다. 그 계단 양쪽에 세워진 임시 난간은 아버지가 지난 몇 년 동안 꾸준히 해온 집안 개선 프로젝트의 잔재였다.

노크 소리가 나면 그다음에는 어머니나 아버지 또는 형제들이 문 앞에 누가 왔는지 열어보지도 않고 내 이름을 소리칠 것이다. 그 소리를 듣고 행복한 시절에 찍은 가족사진이 걸려 있는 복도를 지나 현관으로 나가면 문 앞에는 '파손 주의' 또는 '리튬이온 배터리' 같은 붉은색과 주황색 스티커가 마치 이 주의 사항을 따르지 않으면 끔찍한 일이 일어날 수 있다는 경고처럼 붙여진 상자가 놓여 있다.

나는 막 열다섯 살이 되었고 내 몸은 우리 동네에 줄지어 선 솔송나무처럼 빼빼 말랐다. 키는 180센티미터까지 자랐지만 내 팔은 마치 불필요한 농담처럼 길고 어색하게 축 늘어져 팔만 늘려놓은 인형 같았다. 나는 긴 팔로 상자를 들어 올려 내 방으로 가지고 왔다. 그러곤 방문을 닫았다.

나는 이 배달원들을 '내 전용 산타 할아버지'라고 농담하곤 했다. 물론 그때는 크리스마스가 아니었고, 그들도 산타가 아니었다. 적어도 전통적인 의미에서 말이다. 나는 다른 사람들에게 의존하여 원하는 것을 얻는 방식을 포기했다. 컴퓨터와 관련된 집착을 해결하기 위해 부모님에게 몇 년간 간청했다가 거절당하는 일이 반복된 후 나는 문제를 내 손으로 해결하기로 결심했다.

나는 여느 10대처럼 어느 순간 목소리가 갈라지고 얼굴엔 여드름이 더 많이 나더니 아예 진홍색으로 변했다. 하지만 인터넷 세상에서는 원하는 모든 것을 현관으로 바로 배달하는 디지털 제국을 운영하고 있었다. 그리고 그 모든 것에 대해 나는 아무것도 지불할 필요가 없었다.

3년 전인 2001년에 부모님은 나와 형제들을 불러 거실에 앉히더니 안 좋은 일이 있다고 말했다. 물론 부모님은 안 좋은 일이라고 말할 필요가 없었다. 얼굴에 다 쓰여 있었기 때문이다. 아버지는 약간 긴장된 미소를 띠며 말했다.

"더는 밴쿠버에 살 형편이 안 되어 빅토리아로 이사를 해야겠다."

마지막 세 단어는 마치 날카로운 총알처럼 나를 강타했다. 빅토리아로. 이사를. 해야겠다. 순간 정신이 멍해졌다. 아버지의 목소리는 웅얼거리는 소음으로 변했고 내 심장은 쿵쾅거리기 시작했다. 나는 고등학교 2학년이었다. 비로소 맘에 맞는 친구들을 만났고 모두 대단한 친구들이었다. 좋아하는 여자도 생겼고 편지도 받았다. 파티에 초대받기 시작했고 모든 게 잘되고 있었다. 그런데 이제 나는 새로운 몸에 이식된 장기처럼 거부당해야 한다. 어쩔 수 없이 작고 지루하고 보잘것없는 동네인 빅토리아로 가야 했다. 밴쿠버의 5분의 1 크기인 데다가 가장 흥미로운 활동이라고 해봤자 엠프레스 호텔의 늦은 새참이나 부차트 가든 투어가 전부였다.

어려운 집안 사정을 모르는 건 아니었으나 부모님에게 화가 나는 건 어쩔 수 없었다. 왜 우리는 저축을 하지 않았을까? 왜 아버지는 알면서도 실천하지 않았을까? 정말 화가 났다. 돈이 모든 문제를 일으켰듯 이번에도 돈 때문에 내 인생 전체가 뒤집혔다.

우리가 이사한 그해 여름 우리 가족에게 최악의 일이 발생했다. 부모님은 최선을 다해 안 그런 척하셨지만 우울한 걸 숨기지는 못했다. 그리고 마치 그것으로 충분하지 않다는 듯, 우리 가족의 삶에는 여러 가지 충격적인 일이 동시에 발생했다. 이사한 지 며칠 만에 아버지의 동생인 제프 삼촌이 갑자기 세상을 떠났다. 5년 전에 큰아버지가 돌아가셨으므로 아버지는 이제 형제 중 살아남은 유일한 사람이었다. 그 후 얼마 지나지 않아 이번엔 외할머니가 난소암 4기 진단을 받았다. 빅토리아에 있는 우리의 새로운 집은 세상에서 가장 침울한 명상 센터처럼 느껴졌다. 우리는 모두 서로를 피해 다니며 각자 TV나 책 또는 컴퓨터로 주의를 분산시킬 방법을 찾으려고 애썼다. 우리는 밴쿠버에서의 삶과 삼촌 그리고 외할머니를 잃고 슬퍼하고 있었다. 나만의 소중한 유리구슬은 수백만 조각으로 산산이 부서졌다.

나는 밤낮으로 컴퓨터에 매달렸다. 이사에 대해 미안해하던 부모님은 집에 초고속 케이블 인터넷을 설치해 주었고, 나는 깨어 있는 모든 순간을 인터넷 세상에 빠져 지냈다. 어느 날, 애플에 관한 새로운 소식을 논하는 채팅방에서 크리스, 클라크, 콜린 등 세 명의 동갑 괴짜들과 대화를 나눴다. 우리는 마우이, 캘거리, 투싼, 빅토리아 등 북미 전역에 사는 친구들과 여름방학 동안 즐겁게 놀 방법을 찾고 있었다. 그런데 크리스가 말하길, 10대 애플 애호가들이 운영하던 맥틴스Macteens라는 사이트가 운영자들이 대학에 진학하면서 폐쇄되는 바람에 지금은 자신이 이 사이트를 살리려고 애쓰고 있다고 했다.

우리는 이 블로그를 공동 운영하기로 하고 책임을 분배했다. 콜린스와 나는 콘텐츠에 집중하고 크리스와 클라크는 디자인과 개발에 전념했다. 곧 사이트를 재가동하고 애플 관련 모든 형태의 사소한 이야기를 쓰기 시작했다. 소문, 뉴스, 제품 리뷰 등등.

글 쓸 소재를 찾으려고 다른 애플 사이트를 탐색하다 보니 제품 리뷰 사이트가 여러 개 존재하며, 이들은 제조사에서 '리뷰용 제품'을 제공받는다는 사실도 알게 되었다. 무료로 컴퓨터, 스피커, 헤드폰, 하드 드라이브 등을 제공받아 리뷰를 써서 제품을 홍보해 주는 방식이었다. 나는 뛸 듯이 기뻤다. 너무 좋아서 믿을 수 없을 정도였다. 무료로 계속해서 새로운 제품을 받아볼 수 있다니 드디어 성배를 찾았다고 생각했다.

스팸 메일 발송자처럼 나는 수백 개의 이메일을 보내기 시작했다. 내가 찾을 수 있는 모든 회사에 연락하여 제품을 리뷰하겠다고 요청했다. 그때부터 UPS 직원들이 우리 집 현관을 두드렸다. 처음에는 일주일에 한 번 왔고, 다음에는 매일 왔으며 결국 몇 시간마다 한 번씩 제품이 도착했다. 곧 내 방은 상상할 수 있는 모든 기술 제품의 보고가 되었고 나는 '대박을 쳤다'고 생각했다.

웹사이트는 대성공이었다. 우리는 다른 사람들보다 먼저 심층 탐사 뉴스 기사를 쓰기 시작했다. 새벽 5시에 게시글을 올리면 수십만 명의 방문자가 사이트에 몰려들었고 우리의 기사는 CNBC와 《보스턴 글로브The Boston Globe》 같은 주류 미디어에까지 실렸다.

낮에는 수학 시험도 간신히 통과하는 어설픈 열여섯 살의 고등학생이었지만 아무도 내가 비밀리에 미디어 제국을 운영하고 있다는 사실은 몰랐다. 나는 나만의 이상하고 괴짜 같은 세계에서 중요한 역할을 하는 사람이었다.

이듬해 여름 나는 내 인생을 바꿀 한 줄의 메일을 썼다. 애플 마니아들의 성지이자 스티브 잡스가 새로운 애플 제품을 공개하는 뉴욕의 맥월드 콘퍼런스에 갈 여비를 마련한 다음 애플의 홍보팀에 이메일을 보냈다.

"다음 주에 맥월드에 갈 예정인데, 혹시 스티브 잡스와 인터뷰할 수 있을까요?"

그야말로 대담한 요청이었다. 나는 전혀 중요한 사람도 아니었고 인터뷰할 기회는 일반적으로 《뉴스위크》나 《월스트리트 저널》 같은 매체에만 주어졌다. 작은 웹사이트를 운영하는 나 같은 아이에게는 불가능한 일이었다. 그런데 몇 분 후 답장이 왔다.

"회장님 일정이 너무 바빠서 인터뷰는 어렵지만, 뉴욕의 소호 거리에 새로 문을 여는 애플 스토어를 단체로 투어할 수 있게 해드릴까요?"

나는 충격을 받았다. 일언지하에 거절당하거나 답장도 오지 않을 것이라고 예상했는데 아직 아무도 내부를 본 적 없는 첫 번째 애플 스토어를 볼 수 있게 된 것이다. 스티브 잡스를 만나지 못해서 속상했지만 그 대신 중요한 것을 깨달았다. 엄청난 것을 요구했더니 대신 멋진 것을 얻게 된 것이었다. 처음부터 애플 스토어 투어를 요청했다면 아마 "노력이 가상하구나, 꼬마야." 같은 대답을 들었겠지만 목표를 높게 잡고 더 얻기 어려운 것을 요구하니 결국 기대 이상의 타협점을 찾게 되었다. 이 전략은 내가 사업을 하면서 줄곧 사용한 방식이다. 요청하는 데는 돈이 들지 않는다.

아직 10대여서 나는 아버지와 함께 뉴욕으로 갔다(아버지 비행기 티켓값은 내가 냈다). 그리고 지정된 날짜와 시간에 아직 대중에게 공개되지 않은 새로운 애플 스토어로 향했다. 활기찬 소호 중심부에 있는 이 건물은 미국 우정국 건물을 완전히 새롭게 디자인했으며 놀라운 유리 계단이 특징적인 경이로운 건축물이었다. 나는 매우 들떴지만 그곳에서 기다리고 있던 몇몇 유력지 기자들과 침착하게 이야기를 나누며 흥분을 가라앉혔다.

그때 검은색 SUV가 나타나더니 한 남자가 내리는 것이 아닌가. 그는 검은색 터틀넥 셔츠에 검은색 청바지를 입었으며 회색 뉴발란스 신발을 신고 둥근 무테안경을 쓰고 있었다. 그가 누군지 깨닫자 감각이 신경계를 통과하면서 심장이 두방망이질하고 손이 떨리기 시작했다.

"안녕하세요, 만나서 반갑습니다. 스티브 잡스입니다."

남자는 내 눈을 쳐다보며 악수하더니 다른 기자들과도 인사했다. 이건 도저히 일어날 수 없는 일이었다. 나는 마음을 진정시키려고 머릿속으로 "침착해. 그도 그냥 사람일 뿐이야."라고 되뇌었다. 이건 내 오랜 꿈이었다. 나는 어떻게든 정신을 차려야 했다. 숨을 크게 들이쉬고, 군중을 헤치고 나가 친구들의 부모님에게 하듯이 질문을 퍼부었다.

"새로운 아이맥의 디자인에 영감을 준 것은 무엇인가요?"

"개인적으로 어떤 모델을 사용하시나요?"

"이 굉장한 유리 계단은 어떻게 만들었나요?"

잡스는 서른다섯 살처럼 굴고 있는 여느 열다섯 살처럼, 목소리를 깔고 연기하는 이 어설픈 10대 소년을 재미있어하는 것 같았다. 그는 내가 기자들 사이에서 주도적으로 질문할 수 있도록 배려해 주었다.

아버지는 내가 잡스와 이야기하는 것을 지켜보았다. 나는 《뉴욕 타임스》《타임》《월스트리트 저널》의 기자들과 CBS, CNN, CNBC의 카메라맨들로 둘러싸여 있었다. 이 기자들은 평생 스티브 잡스를 인터뷰할 기회를 노렸는데 이상하게 생긴 아이가 최신 아이맥의 디자인에 대해 행사의 주인공과 이야기하는 장면을 지켜봤다.

집으로 돌아오자 나는 다시 여자애들에게 말 걸기를 두려워하는 고등학생으로 돌아갔다. 한편으로는 산더미같이 밀린 숙제를 해가며 내 사이트에 제품 리뷰를 올리는 일을 병행했다. 한편 배달 기사들은 여전히 새로운 노트북, 마우스 패드, 인체 공학적 키보드 등 애플 관련 기기를 가져다주었고, 웹사이트에는 제품 리뷰 옆에 광고를 배치하여 월 수백 달러의 수익을 올렸다. 하지만 그래도 얻지 못한 것들이 있었다. 나뿐만 아니라 아버지와 형제들도 간절히 원하는 최신 기기들이었다.

아버지는 욕망을 참지 못하고 얼마 지나지 않아 다시 쇼핑을 시작했다. 부모님이 또다시 격렬한 다툼을 벌인 지 며칠 후, 차 들어오는 소리와 문이 쾅 닫히는 소리, 그리고 자갈길 위로 발걸음 소리가 들렸다. 그런 다음 현관문이 열리더니 아버지가 소리쳤다.

"앤드루! 팀! 윌리엄! 차에서 이것 좀 같이 꺼내자!"

어머니는 우리가 트렁크에서 거대한 TV 박스를 꺼내어 아직도 미완성인 현관 계단과 난간을 지나 거실로 가져오는 것을 지켜보았다. 우리가 이 놀라운 65인치 평면 스크린 기술의 걸작을 박스에서 꺼내 그 완벽한 대칭과 놀라울 정도로 작은 크기에 감탄하는 동안 어머니는 거실 입구에 서서 아버지를 노려보았다. 하지만 그것으로 끝나지 않았다. 몇 달 후 아버지는 자신의 드림카인 1990년대에 만들어진 사브Saab 9000을 사 왔다. 아버지에게는 스웨덴 공학이 만든 교향곡이었지만, 어머니에게는 우리가 감당할 수 없는 또 다른 지출이었다.

그날 밤 동생들은 새로운 TV 앞에 앉아 좋아하는 만화를 보며 즐거워하는 동안, 나는 내 방으로 들어가 문을 닫고 앞으로 일어날 일들을 예감하고 있었다. 컴퓨터를 켜고 웹사이트 작업을 시작하니 아래에서 벌어지는 논쟁에 대한 불안감이 다소 누그러지는 것 같았지만 그것도 잠시뿐이었다.

이번에는 그냥 넘어가기 힘들어 보였다. 나는 무슨 말이 오가는지 알아야 했고, 왜 우리 가족에게 늘 이런 일이 반복되어야 하는지 이해하고 싶었다. 그래서 방을 나와 조용히 계단에 앉았다. 계단을 따라 걸려 있는 가족사진을 보면서 우리 집의 험한 분위기를 생각했다. 그리고 부모님과 동생들에게, 특히 미래에 생길 내 가족에게 절대 돈 문제로 어려움이 생기지 않도록 충분한 돈을 벌겠다고 결심했다. 그러나 어떻게? 그때는 몰랐지만, 적어도 저널리즘 세계에서 내가 부자가 되지는 않을 것이라는 건 알고 있었다.

3장
성공과 실패의 롤러코스터

NEVER ENOUGH

워런 버핏은 말했다.
"물이 빠지기 전까지는 누가 발가벗고
수영하는지 알 수 없다."
불행히도 누가 얼간이인지도
그제야 알게 된다.

거울 속 내 모습을 보니 선명한 빨간 키스 자국이 목을 따라 나 있었다. 곧이어 전날 마신 수십 잔의 술이 마치 기관차처럼 몰아치며 나를 뒤흔들었다. 생각할 겨를도 없이 곧장 화장실로 달려가 기억도 나지 않는 지난밤의 잔해를 게워냈다. 찬물로 얼굴을 씻은 다음 화장실 창문으로 밝은 해를 바라보았다. 아침인가? 점심시간인가? 오후인가? 햇빛 때문에 속이 울렁거렸다. 무슨 일이 일어났는지 기억하려 하자 머리가 더 아팠다. 다시 거울을 보는 순간 호텔 로비 카운터에서 신용카드를 긁은 기억이 났다.

방으로 돌아오니 커튼 사이로 들어오는 한 줄기 빛을 제외하고는 칠흑 같은 어둠이었다. 머리가 깨질 듯 아팠고, 햇빛은 눈에 비수를 꽂는 것 같았다. 진통제를 찾기 위한 대장정을 시작하기 전에 우선 내가 어디에 있는지, 어떻게 여기에 왔는지, 그리고 내 침대에서 지금 자고 있는 여자가 누구인지부터 알아내야 했다.

침대 옆 테이블에 있는 메모장을 보니 샌프란시스코의 세인트 레지스 호텔 표시가 있었다. '좋아, 나는 여전히 샌프란시스코에 있어. 그나마 다행이야.'라고 생각했다. 그다음 넓은 방을 둘러보며 내가 펜트하우스 스위트룸에 있다는 것을 깨달았다. 나는 이 방을 알고 있었다. 이곳에서 한번 묵을 수 있기를 꿈꾼 적이 있었다. 하룻밤에 2만 달러나 했다. 하지만 누가 이 비용을 냈을까? 내가? 고작 스물세 살의 내가? 어지러움을 느끼며 방 안을 헤매는 사이에 전날 밤의 단편적인 기억들이 떠오르기 시작했다. 위스키가 가득 담긴 글라스가 생각났다. 뒤끝이 안 좋을 줄 알면서도 홀짝홀짝 다 마셔버렸다. 그 뒤로도 몇 잔을 더 먹었다. 투명한 갈색 술병들, 그리고 탄산음료가 섞인 술로 누군가와 건배했다. 페이스북 티셔츠를 입은 사람 같은데? 누구지?

침대 옆 탁자에서 휴대전화를 집어 들어 메시지를 확인했다. 나를 영입하려는 페이스북 부사장의 메시지가 있었고, 점심 회의에 30분 늦었다고 화가 난 스타트업 창업자 비서의 이메일과 빅토리아에 있는 내 팀에게서 온 여러 프로젝트에 관한 질문이 담긴 문자들이 보였다.

계속 메시지를 스크롤하며 거실로 나가 보니 바닥에 젊은 남녀들이 갖가지 모습으로 쓰러져 있는 것이 마치 아무렇게나 버려진 마네킹 같았다. 그중에 페이스북 티셔츠를 입은 사람들을 보니 전날 밤의 흐릿한 기억이 되살아나는 것 같았다. 그중 한 명은 장난감 병사 같은 작은 술병을 자기 주위에 쫙 두른 채 잠들어 있었다. 다른 방으로 들어가니 우리 직원들이 수건을 이불처럼 덮고 누워 있었다.

나는 사람들을 피해 발끝으로 조심스럽게 걸어 나왔다. 한번 묵어보기를 꿈꿨던 스위트룸이 지금은 그저 고급 침대 시트를 깔아놓은 대학생 기숙사에 불과했다.

불과 몇 년 전만 해도 이런 장면은 내가 꿈꾸던 삶 그 자체였다. 나는 돈, 여자친구 그리고 함께 파티할 친구가 필요했다. 펜트하우스 스위트룸과 심지어 키스 자국조차도 좋다고 생각했을 것이다. 그러나 이것은 분명히 내가 계획했던 삶이 아니었다. 이 모든 것이 전혀.

빈털터리에서 바리스타로

약 10년 전 기술 뉴스 웹사이트 맥틴스의 갑작스러운 성공 이후 나는 글쓰기가 나의 소명이라고 생각했고 세상으로 나아가 용감한 기자가 되기로 마음먹었다. 애플을 취재하고, 스티브 잡스와 인터뷰하며 그 회사의 최신 제품 발표와 소문에 대해 상상력을 동원해 글을 쓰고 최신 기기들을 리뷰할 계획이었다. 그랬다. 나는 빅토리아의 지역신문사인 《타임스 콜로니스트Times Colonist》에서 기술 전문 기자로 커리어를 시작한 다음에는 토론토의 전국지인 《글로브앤드메일Globe and Mail》로 이직하고 곧바로 저널리즘의 최상위에 있는 《뉴욕타임스》나 《월스트리트 저널》에 합류하리라 생각했다.

2004년 고등학교를 졸업하면서 나는 맥틴스를 같이 운영하는 친구들에게 대학에 진학해야 하니 4분의 1 지분을 포기하겠다고 선언했다. 그런 다음 모든 소지품을 커다란 상자 두 개에 담고 캐나다 최고의 언론정보학과가 있는 토론토의 라이어슨대학교로 비행기를 타고 날아갔다.

환상적인 희망으로 시작된 일련의 일들은 곧 냉혹한 현실로 바

뛰었다. 학교에 다닌 지 몇 달이 지나지 않아 나는 중대한 판단 오류를 범했음을 깨달았다. 교수님들은 마치 1950년대처럼 저널리즘의 미래에 대해 곧 황금시대가 다가오고 있으며, 모두 《라이프 매거진》이나 《뉴욕 타임스》 《더 타임스》에서 일할 수 있을 거라고 말했다. 하지만 현실을 둘러보니 내가 말기 암으로 죽어가는 산업에 합류하려 한다는 사실을 깨달았다.

마치 디지털 사진이 막 등장했을 때 필름을 현상하고 4×6 사진 용지에 인화하는 기술을 교육받는 사람처럼 느껴졌다. 심지어 당시 나조차도 이미 뉴스를 엔가젯Engadget이나 고커Gawker 같은 블로그에서 보았지, 인쇄된 신문으로 보지 않았다. 설령 엄청나게 운이 좋아 성공했다고 해도 《더 타임스》 기자가 될 확률은 0.0001퍼센트였다. 부자가 되는 건 상상도 못 할 일이고, 운이 좋아야 월급을 제때 받는 일을 얻을 것 같았다.

그래서 나는 유일하게 합리적인 일을 했다. 바로 학교를 중퇴한 것이다. 부모님은 매우 실망했다. 대학을 중퇴한 것도 문제였지만 앞으로 계획이 전혀 없었기 때문이다. 집을 떠날 때 부모님은 나를 훌륭하게 성인으로 독립시켰다고 생각하며 작별 인사를 했지만, 이제 다시 집으로 돌아와 남는 방에서 비디오게임을 하는 나를 지켜봐야 했다. 부모님은 기회가 있을 때마다 나를 지원하기 어려운 상황을 상기시키며, 삶의 현실을 이야기해 주었다.

"이번 달 전기세가 140달러나 나왔네." 아버지는 아침 커피를 마시며 말씀하셨고 어머니는 "화장지가 얼마나 비싼지 믿어지니?"라며 내게 상기시켰다.

"34달러라니! 기름을 넣는데 34달러라니 믿을 수가 없네." 아버지는 어느 날 소파 맞은편에서 나를 보며 말했다. 이러한 강의에는 종종 시각적인 자료, 그러니까 내가 부모님 집에 얹혀사는 데 드는 상당한 비용을 보여주는 세부 영수증도 곁들여졌다.

집에 와보니 부모님은 더 이상 부모님이 아니었다. 친구들은 부모님 집의 아늑한 지하실에 무료로 살며 가끔 맥주도 얻어먹는다고 하는데 나의 새로운 집주인들은 무자비했다. 그들은 내게 월 500달러의 월세를 청구하기 시작했고 그것도 월초에 내야 했다. 이는 당시 시장 평균보다 높은 임대료였고 어른이 되어 빨리 나가라는 은근한 경고였다. 그건 부모님이 나빠서가 아니라 전혀 걱정할 게 없다고 생각하며 떠나보냈던 장남이 불과 몇 달 만에 '짠' 하고 다시 집에 나타난 게 걱정스러웠기 때문이었다.

모아놓은 돈은 순식간에 사라져 이내 빈털터리가 되었다. 어느 날 아침 눈을 떠보니 집주인인 부모님의 말이 농담이 아니라는 걸 깨달았다. 일자리를 구하지 못하면 집에서 쫓겨날 판이었다. 늘 커피를 좋아했던 나는 이 기회에 바리스타가 되어보기로 했다. 이력서를 인쇄해서 시내 카페 여남은 곳에 돌렸다. 다음 날 그중 한 곳에서 인터뷰하러 오라는 전화가 왔다.

그 카페의 이름은 '2퍼센트 재즈'였는데 아이러니하게도 지역신문인 《타임스 콜로니스트》 건물 바로 옆에 있었다. 그곳은 대학을 중퇴하기 전까지 언젠가 내가 일할 곳이라고 생각했던 신문사였다. 당시 빅토리아의 커피는 모두 끔찍한 식당 드립 커피여서 검은색에 산미가 진해 씁쓸했다. 하지만 이곳은 달랐다. 정성 들여 만든 세컨

드 웨이브로 추출된 에스프레소 음료에 집중했다. 나는 라테아트를 본 적이 없었지만 그들은 하트와 아름다운 로제타로 라테를 제공했다. 또한 자체적으로 원두를 로스팅하고 멋진 곡도 연주했다. 그들이 만든 커피는 정말 멋져 보였다.

나는 가장 힙스터다운 복장(우스꽝스럽게 헐렁한 청바지와 내가 가진 옷 중 가장 빈티지한 티셔츠)을 갖춰 입고 가게에 들어섰다. 가게 주인인 샘 존스가 나를 앉히더니 에스프레소 한 잔을 만들어주겠다고 말했다. 그는 원두의 원산지인 남미 농장의 이야기를 들려주고 수년 동안 사용해 온 분쇄기를 보여주기도 했다. 에스프레소 머신의 내부 작동 방법을 설명한 뒤 한 잔을 만들어주면서 무슨 맛이 나는지 물었다. 나도 정확히 무슨 뜻인지도 모른 채 인상적으로 들릴 만한 '향기 나는', '풍미 있는', '과일 맛이 나는' 등의 형용사를 생각나는 대로 말했다. 내가 무슨 말을 하든 사장은 좋게 받아들였고 그 즉시 고용되었다. 아마도 사람이 급하게 필요했던 것 같다.

그 일은 정말 마음에 들었다. 내가 원두를 갈고 에스프레소를 내리는 동안 사장은 주로 DJ 섀도DJ Shadow가 믹싱한 환상적인 음악을 배경으로 틀어놓았다. 카페 안에는 카페인 덕분에 활기를 되찾은 고객들이 키보드를 두드리며 생각을 주고받는 부드러운 수다의 교향곡이 끊임없이 울려 퍼졌다. 나는 단골들과 이야기를 나누며 라테아트 연습하기를 즐겼다. 사람들이 옆 건물 신문사의 끊임없는 구조조정과 그로 인한 노사분규 이야기를 들려줄 때마다 대학을 그만두길 잘했다고 다시금 확신하게 되었다.

이러한 대화를 통해서, 그리고 고객들이 바쁘게 노트북을 사용하는 것을 보면서 나는 내 삶을 똑바로 정리하고, 더 지속 가능한 직업을 찾아야 한다는 것을 깨달았다. 계속 바리스타로 살 수는 없었다. 그 이유는 급여가 부족해서이기도 하지만(견습 바리스타로 시간당 6달러를 받았다) 작은 카페에서 가장 말단 직원으로 일하는 데서 오는 모멸감 때문이기도 했다.

몇 달이 지나자 흥분이 사라졌다. 알람 소리가 지긋지긋해졌으며 새벽 5시에 버스를 타고 출근하는 것도 싫었다. 바닥을 걸레질하고 현금을 셀 때면 내가 지금 뭐 하는 짓인가 하는 생각이 들었다. 게다가 임금이 너무 적어 부모님에게 월세를 드리고 나면 남는 돈이 거의 없었다.

나는 자신을 되돌아보았다. 지역 커뮤니티 칼리지에 등록했지만, 일주일을 못 버티고 모든 수업을 빠지기 시작했다. 오랫동안 즐겨 봤던 인기 기술 블로그인 엔가젯에 일자리를 알아보았지만 그들은 아무 특성도 없는 대학 중퇴자에게 관심이 없었다. 나는 삶의 목적도 없었고, 지치고 망가진 사람이었다. 실제 내 은행 잔고도, 커리어도 텅 비어 있었다. 야망 외에는 가진 것이 없었고, DJ 섀도의 비트를 들으며 쏟아진 커피를 닦아내는 것보다 더 의미 있는 일을 해야 한다는 막연한 생각만이 내 안에 자리하고 있었다.

변화는 『구글 스토리』(2005)이라는 책에서 비롯되었다. 사실 나는 과거에도 코딩에 대한 재능이나 인상적인 스타트업 아이디어가 있어서 테크 기업 관련 책을 읽었던 것은 아니었다. 기술의 세계는 무척 반짝이고 새롭게 느껴졌고 1년도 채 되지 않는 기간에 학교를 두 번이나 중퇴한 청년에게는 완전히 새로운 시작처럼 보였다. 나는 우연히 그 책을 발견하고 세계 최대의 검색엔진이 어떻게 그렇게 성공할 수 있었는지 궁금해하며 읽어보기로 했다. 과거 인터넷 기업들이 어설픈 과대광고를 하면서 터무니없는 가격에 과도한 투자를 받았고, 결국 닷컴 버블로 무너져 내렸었다. 하지만 새로운 세대의 인터넷 기업은 근본적으로 달랐다. 그들은 실제로 돈을 벌고 있었다.

책의 마지막 페이지를 덮는 순간 기술과 관련된 골드러시가 일어날 것이라는 깨달음이 왔고 나도 그 일부가 되어야겠다고 마음먹었다. 그렇게 하려면 유일한 해결책은 실리콘밸리로 이사하는 것밖에 없다고 생각했다. 물론 실제 기술을 습득해야 한다는 것도 알고 있었다. 그래서 난 기술 관련 책을 더 읽기 시작했다.

한동안 아무것도 바뀌지 않았다. 나는 계속 책을 읽고, 바닥을 닦고, 커피를 내렸지만 답답하기만 했다. 그러다가 매일 카페에 오는 제프와 크리스라는 두 남자를 만났다. 크리스는 금발의 풍성한 아프로 헤어스타일에 느긋하고 여유 있는 분위기를 풍겼고, 제프는 포마드로 깔끔하게 빗어넘긴 머리와 다림질한 폴로 셔츠를 입고 다녔다. 그들은 분명 이상한 커플이었다. 둘 다 카페에 들어와 에스프레소 바에서 카푸치노와 무료 와이파이를 즐기면서 몇 시간이고 노트북으로 작업을 했다. 난 그들의 화면을 훔쳐보고 그들이 하는 일에 대해 질문하기 시작했다. 그들은 지역 기업들을 위한 웹사이트를 구축하는 '더 넘버The Number'라는 작은 디자인 에이전시를 운영하고 있었다. 손님들의 주문을 받는 틈틈이, 나는 그들의 사업이 어떻게 운영되는지 끊임없이 질문했다.

"그래서 HTML과 CSS는 어떻게 배우셨나요?" 커피를 내리면서 물었다.

"그렇게 웹사이트를 만들어주고 얼마를 청구하세요?"라고 그들 뒤에서 바닥을 닦으면서 질문했다.

"고객은 어떻게 찾으세요?"

그들은 성공의 비밀을 기꺼이 공유했고, 그 내용을 알게 되자 나는 내 귀를 믿을 수 없었다. 그들은 한 번에 3~4개의 프로젝트를 할 수 있으며 웹사이트당 5,000에서 1만 달러를 청구한다고 말했다. 내 허접한 수학 실력으로도 매출이 월 2만에서 4만 달러라는 걸 알 수 있었다. 내 월급 1,500달러와 비교하면 엄청난 돈이었다.

나는 그들의 이야기를 듣고 영수증 뒤에 IT 관련 약어를 휘갈겨 적으며 메모했다. 그리고 그동안 내가 모든 것을 잘못 이해했다는 것을 깨달았다. 나는 에스프레소를 만드는 사람이었지만 이제는 그것을 마시는 사람이 되고 싶었다. 이 두 사람은 에스프레소를 마시고 웃고 떠들면서도 일주일 안에 웹사이트를 뚝딱 만들 수 있었다. 내가 새벽 5시에 일어나 카페의 바닥을 닦을 때 그들은 편하게 잠을 잤고 내가 열심히 만든 에스프레소로 10시에 여유로운 아침을 시작했다. 내가 열심히 일하는 동안, 그들은 똑똑하게 일했다.

그들이 스마트한 것은 의심의 여지가 없었다. 그렇다고 해서 그들이 하던 일이 결코 고도의 로켓 과학처럼 어려운 일도 아니었다. 맥틴스에서 나는 포토샵을 사용하여 웹사이트를 디자인하고 기본적인 HTML을 구축하는 방법을 배운 적이 있었다. 조금 녹슬기는 했지만 다시 모든 걸 습득할 수 있으리라 확신했다.

어느 날 오후 일을 마치고 근처 서점에서 웹디자인에 대한 책을 몇 권 샀다. 그때부터 댄 시더홈Dan Cederholm의 『완벽한 웹디자인 Bulletproof Web Design』이라는 책을 늘 끼고 살았다. 책 속의 모든 단어와 코드까지 탐독했으며 온라인 강좌를 몇 개 수강하기도 했다. 나는 이 새로운 세상에 푹 빠졌다. 얼마 지나지 않아 나는 시더홈의 모든 웹사이트를 역으로 분석하여 그가 어떻게 입체효과를 만들었는지 알아냈고, 그가 사용한 글꼴을 복사하고, 웹사이트의 버튼이 광택이 나도록 하는 방법을 배웠다. 다른 책에서는 이를 스큐어모프skeuomorph 라고 불렀는데 사물의 모습을 사실적으로 표현하는 기법이며 나중에 애플에 의해 대중화되었다. 난 시더홈의 단순한 디자인에 매료되었고, 작품을 돋보이게 하는 작은 디테일을 향한 노력에 감탄했다.

매일 밤 나는 엉성한 드림위버 HTML에서 세련된 최신 웹디자인 및 개발로 실력을 갈고닦았다. 좋은 교재로 밤새워 공부하면 기본적으로 무엇이든 배울 수 있다는 것을 깨달았다. 대학에서는 내가 실제로 배우고 싶었던 정보를 거의 배울 수 없었지만 이제는 이 책들을 읽고 바로바로 익히면서 내가 '독학파'임을 깨달았다. 고상하게 말하면 누구한테 배우는 것보다 스스로 교육하는 것이 더 좋았다는 말이다. 모든 것은 책 속에 있었다.

웹사이트 디자인은 내게 자연스러운 일이었다. 아버지의 건축 사무소에서 일을 도와주고 컴퓨터를 가지고 놀면서 내게는 레이아웃layout[1]에 대한 직관적인 감각이 있었다. 나는 눈이 맨 먼저 어디로 가는지 알았고, 한 섹션에서 다음 섹션으로 넘어가는 방법을 알았

---

1   특정 공간 안에 문자, 이미지 등의 구성 요소를 보기 쉽게 효과적으로 배치하는 작업.

다. 유명한 웹사이트를 역으로 분석하고 픽셀을 조금씩 조정하여 그 사이트와 모든 것을 똑같이 만들면서 몇 시간씩 보내곤 했다. 놀라운 것은 그것이 일처럼 느껴지지 않고 재미있었다는 점이다. 점심시간에 컴퓨터 앞에 앉으면 어느새 밖이 어두워져 있었다. 가끔 밤을 새운 다음 집 근처 식당에서 아침을 먹고 해가 뜨는 걸 보면서 카페로 출근하곤 했다. 나는 완전히 빠져 있었다.

그러나 단순한 취미는 돈이 되질 않았다. 비록 아직 초보자였지만 실제 디자인 작업을 찾을 때가 되었다고 생각해서 오센틱 잡스 Authentic Jobs라는 구직 사이트에 올라온 모든 웹디자인 프로젝트에 지원해 보았다. 아마 100군데 이상의 프로젝트에 지원한 것 같다. 그런데 아직도 그 이유를 모르겠지만 여하튼 누군가가 내게 기회를 주었다. 그의 이름은 케빈 스튜어트였고 오퍼마티카Offermatica라는 회사의 상품 담당자였다. 그는 두 페이지를 디자인하는 데 2,500달러를 제시했다. 난 돈벼락을 맞은 듯한 기분이었다.

페이지를 디자인하고 레이아웃하는 작업을 시작했는데 내가 실력이 모자란 것을 아무도 모르게 작업을 끝냈다. 케빈 스튜어트에게는 그저 또 다른 프로젝트였겠지만 내게는 일생일대의 기회였다. 어찌하다 보니 내게 완벽하게 맞는 직업을 찾은 것 같았다. 그것은 내가 보수 없는 컴퓨터 판매원과 바리스타로 일하면서 습득한 판매 기술, 누구와도 대화할 수 있는 능력, 부모님의 오래된 컴퓨터에 비디오 게임을 설치하려고 시도하면서 배운 기술, 그리고 아버지에게서 배운 디자인과 비즈니스에 대한 관심이 모두 결합된 것이었다. 더 중요한 것은, 그것이 내 적성과 아주 잘 맞았다는 점이다. 작업을 하는 동안 아무도, 정말로 그 누구도, 나보고 이래라저래라 간섭하지 않았다. 내가 회사 그 자체였다. 회사의 주인이자 보스였다.

첫 대금을 받았을 때 내 계좌에 입금된 금액은 내가 보낸 청구액보다 약 30퍼센트 더 많았다. 은행원에게 재확인을 요청하고 고객이 실수한 것 같다고 말했다. 직원은 은행 관리자와 이야기하고 오더니 환율 때문에 그렇다고 설명했다. 미국의 1달러는 캐나다 달러로 1달러 30센트였는데 나는 이 사실을 전혀 몰랐다. 2,500달러짜리 프로젝트가 갑자기 3,250달러짜리가 된 것이다.

돈을 세고 은행을 나오면서 나는 "바로 이거야."라고 중얼거렸다. 그리고 웹디자인에 모든 것을 걸었다. 새로운 소득원이 생기자 곧장 카페를 그만두고 부모님 집에서 나왔는데 돌이켜보면 현명한 결정은 아니었다. 아파트 월세도 내야 했는데 일정한 수입이 없었기 때문이다. 임대료에 대한 압박 때문에라도 열심히 하지 않을 수 없었다. 나는 반드시 성공해야만 했다.

사장의 눈으로 비즈니스를 바라보다

그 당시에는 항상 돈에 대한 불안감이 있었다. 월세는 물론이고 식비까지 걱정하는 상황이 되자 다음 고객을 확보하기 위해 프리랜서 일자리 게시판을 열심히 검색했다. 다행히도 새로 습득한 기술에 대한 수요가 꽤 높았다. 1999년 인터넷 1.0의 버블 붕괴로 테크 시장에서 수조 달러가 사라졌지만, 이제 2006년에는 점점 더 많은 스타트업이 사업을 시작하고 있었다. 내가 새로운 소셜 미디어의 시대로 인도하는 웹 2.0의 시대가 몰려온다고 예언한 것은 아니었지만, 이 모든 신생 스타트업에 꼭 필요한 게 하나 있다는 것은 알았다. 바로 웹사이트였다.

우선 내 디자인 실력을 보여줄 수 있는 나만의 웹사이트가 필요했다. 그런데 한 가지 문제가 있었다. 그것은 내가 웹사이트 프로젝트를 하나밖에 완성해 본 경험이 없다는 것이었다. 누가 단 하나의 웹사이트 구축 경험밖에 없는 빅토리아 출신의 남자에게 작업을 의뢰하겠는가? 그때 나는 모든 것을 바꿔준 두 번째 큰 깨달음을 얻었다.

모든 것은 어떻게 생각하느냐에 따라 달라진다. 사람들은 자신을 그럴듯하게 보이도록 돈을 주고 내게 웹사이트 디자인을 맡긴다. 그렇다면 나도 나 자신에게 똑같이 하지 못할 이유가 없었다. 만약 내가 비루한 아파트에 사는 열아홉 살 먹은 평범한 소년이 아니라 업계에 잘 알려진 디자인 에이전시인 척한다면 더 많은 주문을 받고 더 높은 요금을 청구할 수 있을 것이다. 그러므로 내가 해야 할 일은 나 자신을 더 그럴듯하게 포장하는 것이었다.

그 과정의 첫 번째 단계는 우선 이름을 짓는 것이었다. 눈에 띄면서도 세련된 이름이어야 했다. HTML에는 그 페이지의 정보를 정의하는 메타Meta라는 태그가 있다. 나는 그 메타라는 이름이 멋지다고 생각했다. 아직 페이스북이 메타로 이름을 바꾸기 전이었다. 그래서 메타랩이라는 이름을 생각해 냈다. 그리고 시더홈 덕분에 배운 멋진 디자인으로 가득한 세련된 웹사이트를 만들었다. 나의 '팀'인 전문 디자이너와 개발자들을 소개하는 페이지에는 지금 보면 오글거리는 '우리는 사람들이 멋진 것을 만들도록 도와줍니다We help people make cool stuff.'라는 모토도 집어넣었다. 물론 내게는 실제로 팀이 없었기 때문에 몇몇 프로그래머 친구들에게 사진을 사용할 수 있는지 물었다. 그러면서 실제로 일을 따내면 그들을 고용하겠다고 약속했다. 사람들을 충분히 모으자 나는 초대형 디자인 에이전시인 메타랩의 일을 수주하기 위해 비즈니스 이메일을 보내기 시작했다.

돌이켜보면, 나는 아직 사업할 준비가 되어 있지 않았다. 이것이 인터넷 사업의 중요한 진실을 보여준다고 생각한다. 정말 누구라도 어느 정도의 노력과 열정, 약간의 허풍 그리고 운만 좋으면 회사를 시작할 수 있다는 것이다. 어떻게 보면 이것은 다른 대부분 산업에서는 먹히지 않는 오래된 전략인 '진짜로 인정받을 때까지 흉내 내기fake it until you make it'다. 빵집은 가짜가 있을 수 없다. 자동차 수리점이나 법률사무소 또는 광범위한 교육이나 투자가 필요한 어떤 사업도 가짜로 운영할 수 없다. 그러나 인터넷은 나 같은 애송이에게도 기회를 제공해서 어느 정도 그럴듯한 회사가 될 때까지 가짜 회사를 흉내 낼 수 있게 해주었다. 물론 그 전략 뒤에는 엄청난 오만함이 있었다. 내가 만든 웹사이트는 한 개에 불과했지만 누군가가 나를 선택한다면 다른 웹사이트도 충분히 만들 수 있다고 생각했다.

디자이너에 대한 수요 덕분에 고객을 만나는 데는 오랜 시간이 걸리지 않았다. 첫 고객 중 한 명은 마케팅 웹사이트를 다시 디자인하고 싶다며 '현대적이고 세련된 무언가를 만들어달라'고 말했다. 그들이 그 프로젝트에 5,000달러를 제안했을 때 속으로 비명을 지를 뻔했다. 물론 겉으로는 아무렇지 않은 척했다.

며칠 후 디자인 초안을 보냈다. 그들은 마음에 들어 했고 별도로 자바스크립트 프로토타입을 코딩해 달라고 요청했다. 하지만 나는 기본적인 웹사이트 말고는 실제로 코딩을 할 줄 몰라 당황했다. 아무리 화려한 디자인 요소를 사용한다고 해도 이런 수준의 웹사이트를 구축하는 방법은 몰랐다.

"문제없습니다!" 이마에 땀이 맺혔지만 난 고객에게 큰소리쳤다.

거의 공황 상태에 빠져 개발자 친구에게 연락했다. 그에게 사이트의 디자인을 보내고 코드를 작성하는 데 얼마면 될지 물어보았다.

"한 1,000달러 정도?"

고객이 가격을 깎으리라 예상하고 프로토타입의 코딩 비용을 2,000달러로 제시했더니, 고객은 짧게 '좋습니다'라고 이메일로 답했다. 나는 입이 떡 벌어질 정도로 놀랐다. 의도치 않게 친구에게 작업비를 주고도 50퍼센트의 이윤을 남긴 셈이었다.

비즈니스와 디자인에 관한 책을 많이 읽었지만, 중개인으로 돈을 벌게 되면서부터 책에서 말한 모든 것이 의미 있게 다가오기 시작했다. 그때부터 나는 세상을 바리스타나 고객이 아닌, 사장의 눈으로 바라보게 되었다. 모든 비즈니스가 이런 식으로 수요를 창출하고, 시스템과 프로세스를 구축하고, 다른 사람들을 고용하여 일을 시키고, 판매하는 제품에 적정한 가격을 매겨 이익을 남긴다는 것을 깨달았다. 역설적이게도 대부분의 일을 내가 직접 하지 않았음에도 불구하고 모든 것을 조합한 결과 이익을 얻을 수 있었다.

얼마 지나지 않아 내가 감당할 수 없을 만큼 많은 일이 들어왔고 사이트에 사진만 있는 내 친구들 수보다 더 많은 진짜 직원이 필요했다. 맨 처음 고용한 사람은 루크Luke였다. 그의 자격 요건? 그는 내 여자친구의 절친의 남자친구였고, 유머 감각이 뛰어나며, 코딩을 할 줄 알았다. 나는 그에게 시간당 30달러의 임금을 제안했다. 이는 그가 지역 대학교 IT 헬프 데스크에서 받던 임금의 두 배였다. 자바스크립트 프로젝트에서 경험을 쌓은 후 나는 고객에게 프로그래머의 시간에 대해 시간당 60달러를 청구하기로 했다. 이 과정을 통해 나는 한 가지 중요한 깨달음을 얻었다. 만약 개인이 프리랜서나 직원으로서 자신의 시간을 판매한다면, 하루에 기껏해야 여덟 시간에서 열두 시간이 한계다. 하지만 다른 사람의 시간을 판매하거나 더 나아가 원가에 마진을 붙인 서비스를 제공하면, 직접 일하지 않고도 수입을 무한히 늘릴 수 있다.

나는 그제야 카페 사장 샘 존스가 나와 직원들의 노동력을 통해 수익을 올리고 있었음을 깨달았다. 그는 며칠씩 가게에 나타나지 않을 때도 많았지만 아마도 나와 내 동료 직원들의 노동력으로 하루에 수백 혹은 수천 달러의 이익을 남겼을 것이다. 하지만 그가 많은 위험을 감수해야 했다는 점은 인정해야 했다. 그는 노점에서 커피 카트로 시작해서 직접 긴 시간을 일하며 고생한 끝에 자신의 가게를 차렸다. 아이디어를 개발하고, 언론의 관심을 끌기 위해 열심히 노력했으며, 그 동네에서 화제를 불러일으켰다. 또한 직원들을 고용해서 교육하고 운영을 맡겼다. 하지만 궁극적으로 모든 책임(그리고 엄청난 스트레스)은 그에게 돌아간다. 잘되면 그 보상은 기대 이상으로 컸다. 일이 잘되지 않았을 땐, 어떤 결과가 발생하는지는 아직 겪어보지 않아서 뭐라 할 말이 없다.

이제 나도 같은 방식으로 일하고 있었다. 그리고 루크를 비롯해 함께 일하는 다른 직원들은 왜 나와 같은 방식으로 일하지 않는지 속으로 궁금했지만 나는 곧 그건 그들이 불확실한 것을 원하지 않기 때문임을 깨달았다. 내가 내 위의 모든 상사를 밀어내고 직접 운영하고 싶어 했던 것과 달리 대부분의 사람은 리스크를 극도로 싫어했다. 그들은 안정과 보장을 원했다. 꾸준한 월급과 정해진 길. 하지만 나는 그런 것과는 거리가 멀었다. 한 달 뒤면 파산할지도 모르는 상황이 계속되었고, 번 돈은 죄다 새로운 직원을 고용하는 데 쏟아부어야 했다. 마음만 먹으면 나를 완전히 박살 낼 수도 있는 회사와 이해하지도 못하는 복잡한 계약서에 서명해야 했다. 심지어 개인적으로 신용 보증까지 서야 했다.

리스크는 큰 보상으로 이어졌다. 시간이 갈수록 내 보상은 커졌다. 고급 레스토랑에 들락거리기 시작했으며 만나는 여성들에게 나를 '사업가'라고 소개했다. 친구들에게 한턱 내기도 하고, 처음으로 계산서를 보지도 않고 신용카드로 결제하기도 했다. 하지만 무언가 내 능력을 넘어서는 느낌이 들었다. 나는 내가 하는 일을 잘 몰랐다. 회계에 대한 이해가 없었고 MBA나 정식 교육을 받은 적도 없었다. 내가 알아낸 유일한 비즈니스 원칙은 매월 1일보다 말일에 은행 잔고가 더 많아야 한다는 것이었는데, 대부분 그렇게 되었다. 그럼에도 내게는 이 모든 것이 한 번에 무너질 수 있다는 예감과 불안감이 있었다. 그래서 그런 일이 일어나지 않도록 끊임없이 가속페달을 밟아야 한다고 믿었다.

새로운 고객을 찾기 위해 일자리 게시판에 의존하는 대신 인맥을 쌓기 시작했다. 온라인에서 찾을 수 있는 모든 콘퍼런스에 참석하기 위해 비행기를 타고 TED, 서밋 시리즈, 그리고 팔로알토에 있는 벤처캐피털 회사 Y 컴비네이터Y Combinator의 스타트업 스쿨 등에 참석했다. 무미건조한 컨벤션 센터와 호텔 콘퍼런스 룸을 돌아다니며 커피를 마시고, 명함을 나누고, '사람들과 안면을 익히는' 일을 했다. 그리고 이제 막 엄청난 자금을 조달한 스타트업의 CEO들에게 비즈니스 이메일을 보냈다. 난 간단한 사실 하나를 알고 있었다. 그것은 대부분의 CEO들이 자신의 이메일을 확인한다는 것이고, 그들의 이메일 주소를 추측하기도 쉽다는 것이었다. 어차피 밑져야 본전이었다. 업계의 뉴스를 알 수 있는 테크 크런치Tech Crunch라는 웹사이트에 대규모 자금 조달 소식이 뜰 때마다 CEO의 이메일을 알아내어 연락을 취했다. 비록 한 줄짜리 이메일이지만 자신감을 가지고 궁금증을 불러일으키는 메시지를 보냈다.

"안녕하세요, 귀사의 비즈니스를 정말 좋아합니다. 함께 일하고 싶습니다."

믿기 힘들겠지만, 이러한 무작위 비즈니스 메일 (대부분은 보내는 데 1분도 걸리지 않았다) 덕분에 메타랩은 대형 고객을 얻을 수 있었고 업계에서 가장 성공적인 사람들과 우정을 쌓을 수 있었다.

언젠가 콘퍼런스로 가는 비행기에서 《잉크Inc.》 매거진을 보다가 베이스캠프Basecamp에 관한 글을 읽었다. 시카고에 있는 회사로, 제이슨 프리드Jason Fried와 데이비드 하이네마이어 핸슨David Heinemeier Hansson이 운영했으며 웹디자인 사업에서 얻은 이익으로 자체 프로젝트 관리 소프트웨어를 구축했다. 그들은 자신들의 블로그를 통해 남들과 다른 길을 걸어온 과정을 공유하면서 열성적인 추종자들을 만들어 냈다. 일반적인 테크 기업이 벤처캐피털의 투자를 유치하고 고위험을 추구하는 것과 달리 이들은 더 지속가능한 접근 방식을 선택했다. 즉, 기본적으로 수익성 있는 사업을 운영하는 것이었다. 비즈니스 세계에서 보면 이는 회사 운영의 가장 근본 원칙처럼 보일 수도 있다. 하지만 믿거나 말거나, 이 개념은 당시 실리콘밸리에서는 신기하고 심지어 터무니없게 여겨졌으며 많은 사람을 불쾌하게까지 만들었다.

그들의 접근법은 남한테 지시받기를 싫어하는 내 본성과 잘 맞아떨어졌다. 그들은 자신의 운명을 스스로 결정했으며, 아무에게도 보고하지 않았다. 그러면서도 백만장자가 되었다. 웹디자인 에이전시를 운영하는 것은 바리스타가 되는 것보다 100만 배 더 좋기는 하지만 매우 힘든 일이었다. 전 세계의 모든 에이전시는 만성적으로 2~3개월의 운영자금밖에 확보하지 못하는데, 메타랩도 크게 다르지 않았다. 반면에 이 사람들은 자체 수익을 활용하여 소프트웨어 회사를 시작했는데, 다른 에이전시에 비해 엄청난 장점이 있었다. 고객들은 직원과 직접 대화할 필요 없이 소프트웨어 프로그램에 가입하고 사용할 수 있었다. 모든 것이 완전히 자동화되어 있었다. 전화를 걸거나 미팅할 필요도 없고 콘퍼런스에 날아가서 업계의 괴짜 친구들을 접대할 필요도 없었다. 고객이 단지 회원으로 가입해 소프트웨어를 사용하고 나면 매월 등록된 신용카드로 결제되는 시스템이었다. 이들은 잠자는 동안에도 돈을 벌었다. 그들의 반복적인 수익은 매월 증가하여 점점 눈덩이처럼 커졌다. 그들은 곧 내 디자인 교과서의 저자인 댄 시더홈과 더불어 나의 비즈니스 영웅이 되었으며 나는 그들의 블로그인 '신호 대 소음Signal vs. Noise'에 너무 빠져서 새로운 글이 올라오는 즉시 알려주는 휴대전화 알림을 설정했을 정도였다. 나도 자는 동안 돈을 벌고 싶었다.

그들의 고정관념을 깨는 방식을 따라, 나는 모바일 및 웹 앱과 같은 디지털 제품에만 집중하여 다른 에이전시와 차별화를 시도했다. 그리고 메타랩을 세련된 느낌의 '인터페이스 디자인 회사'라고 불렀다. 나는 SXSW 콘퍼런스의 혼잡한 바에서 싸구려 미국 맥주를 한 모금 마시면서 스타트업 창업자들에게 이렇게 말하곤 했다.

"우리는 북미 최고의 인터페이스 디자인 회사입니다."

그러나 내가 이 용어를 만들었고, 북미에 이런 회사가 단 하나도 없으니 아마도 우리가 유일한 인터페이스 디자인 회사일 것이라는 말은 일부러 하지 않았다.

그때는 미처 깨닫지 못했지만, 나의 이런 판매와 마케팅 능력이야말로 다른 기업들과 차별화하는 결정적 요소였다. 난 합리적인 취향과 디자인 감각을 가진 사람이었지만, 바리스타로서 일하면서 거의 모든 사람과 친해지는 방법을 깨달았다. 내 경쟁자의 대부분은 에이전시를 운영하는 사람들로서, 잠재적인 신규 고객과 이야기할 때 부끄러워서 자기 신발만 쳐다보는 괴짜 프로그래머들이었다. 내 판매 기법은 간단했다. 즐겁게 함께 마시고 상대방에 대해 많은 질문을 하는 것인데 놀랍게도 잘 먹혔다.

콘퍼런스에 참석하면서 나는 가장 중요한 비즈니스 관계는 술에 취한 임원들과 술집에서 수다를 떨며 형성된다는 것을 재빨리 파악했다. 술을 한잔 사주는 것이 종종 엄청난 투자로 돌아오기도 했다. 예를 들어, 오스틴에서 페이스북(현 메타)이 주최하는 큰 파티가 있었는데 내 신용카드로 스타트업 창업자들에게 거나하게 술을 돌린 적이 있었다. 아마 그날 밤 테킬라tequila를 100잔 이상 샀을 것이다. 나중에 보니 엄청난 금액이 나왔지만, 투자한 그 이상의 가치가 있었다. 몇 달 후 그들 중 한 명(분명히 충분히 취하지 않은 사람)이 디자인 도움이 필요하자 내 이름을 기억해 내고 '인터페이스 디자인 회사'가 새 프로젝트를 받고 있는지 알아보려고 연락을 해왔던 것이다.

그렇게 상승세가 시작되더니 곧 전 세계에서 고객을 확보했다. 메타랩이라는 이름이 명성을 얻자 내가 연락하기도 전에 사람들이 연락해 왔다. 그런 사람 중 한 명이 바로 얼마 전에 수억 달러를 받고 자신의 회사를 게티 이미지Getty Images에 넘긴 아일랜드 트랄리Tralee 출신의 기업가 제리 케넬리Jerry Kennelly였다. 나는 그가 자라고 회사를 시작한 아일랜드 남부의 작은 마을인 킬로글린Killorglin으로 날아갔다. 우리가 그 동네의 펍으로 술을 마시러 가니 길거리의 모든 사람이 아는 척을 했다. "제리, 잘 지내요?", "오후 시간도 잘 보내게, 제리", "어, 제리구나!" 등. 그는 자신이 시내 중심부에 많은 건물을 소유하고 있다고 털어놓았다. 그는 말하자면 자본주의라는 도시의 시장mayor이었고 그 도시에서 중요한 남자였다. 그가 정말 대단하게 느껴졌다. 나는 기네스 잔을 앞에 두고 앉은 다음 그에게 이렇게 물었다.

"그렇게 부유하고 성공한 기분은 어때요? 그 많은 돈을 가지고, 그 건물들을 소유하고, 모든 사람에게서 존경을 받는 기분은?"

"그런다고 뭐 제가 하루에 열 끼를 먹는 건 아니잖아요?" 그가 다소 우울한 표정으로 대답했다. 그의 대답이 내 머릿속에 울려 퍼졌다. 내가 기대했던 것과 전혀 달랐다. 아마도 그냥 기분이 조금 안 좋은 날이었는지도 몰랐다. 난 재빨리 그 생각을 떨쳐버리고 메타랩과 스타트업의 새로운 앱 디자인 협상에 집중했다.

당시에 이상했던 점은 이 모든 일이 너무 빠르게 진행되어서 내가 그렇게 많은 돈을 벌고 있다는 사실조차 깨닫지 못했다는 것이다. 살아오는 내내 돈이 문제였다. 마침내 이제 '충분한' 돈이 생겼다. 상당한 돈 말이다. 나는 부자는 아니었지만 파산하지도 않았다. 생전 처음으로 은행 잔고를 확인하는 것이 두렵지 않게 되었다. 고등학교 때 만났던 친구들이 모임에서 술에 취해 흥청망청하는 동안 나는 내 사업을 운영했다. 그것도 아주 성공적으로. 대학 생활을 하지 못해 아쉽고 그들이 부러웠지만 여기까지 온 것이 감사할 따름이었다. 마치 경주가 시작되었는데 나는 이미 수 킬로미터 앞에서 달리는 느낌이었다.

그 무렵 모굴루스Mogulus라는 스타트업과 처음으로 엄청나게 큰 계약을 맺었다. 설립자 맥스 해이오트Max Haot는 벨기에 출신의 연쇄 창업자serial entrepreneur로, 사람들이 24시간 라이브 스트리밍 비디오를 올릴 수 있는 플랫폼을 만들겠다는 미친 아이디어를 가지고 있었다. 이것은 페이스북 라이브가 도입되기 10년도 더 전의 일이며 당시에는 라이브 스트리밍을 만드는 쉬운 방법이 없었다. 큰 도전처럼 보였지만 그는 마지막 스타트업을 매각한 후 상당한 현금을 확보하여 그 돈을 바탕으로 우리를 고용해 디자인을 맡겼다. 우리는 그 당시 유행하던, 매끈하고 화려하면서도 우스꽝스러울 정도로 빛이 나는 인터페이스를 만들었다. 그리고 최대한 독창적으로 만들기 위해 고군분투한 끝에 오늘날 비디오 스트리밍 경험의 표준이 된 여러 디자인 요소를 탄생시켰다.

프로젝트가 시작된 지 몇 달 후 그는 날을 잡아 심층 회의를 하자며 나를 뉴욕으로 불렀다. 첫날, 우리 둘은 고급 레스토랑인 노호 스타Noho Star에서 만났는데 그의 단골집인 듯했다. 즉석에서 만들어진 시저 샐러드와 메뉴에도 없는 다양한 애피타이저를 주문했다. 식사하는 내내 나는 왜 여기에 있는지, 왜 그가 나에게 이렇게 친절한지 이해할 수 없었다. 그는 분명히 업무 모드였고, 뭔가에 대해 초조해 보였다. 그러더니 술을 한 잔 더 주문했다. 그제야 나는 감을 잡았다. 그는 무언가를 협상하고 싶었던 것이다. 나 역시 새로운 고객이나 잠재적인 직원을 만날 때 똑같이 행동했었다. 그는 음식과 술로 내게 기름을 치고 있었다.

바로 불길한 생각이 들었다. 아마도 그는 우리의 월간 요금을 크게 줄이거나, 아니면 우리와의 계약을 해지하려 할지도 몰랐다. 긴장으로 입이 바짝바짝 마르는 것 같았다. 나는 이 프로젝트를 위해 직원들을 고용했고, 당시 그는 우리의 가장 큰 고객이었으며, 전체 매출의 약 70퍼센트를 차지하고 있었다. 그런 재무구조가 될 때까지 방치한 나 자신이 원망스러웠다.

"물론 우리는 당신의 디자인을 좋아합니다. 정말 업계 최고입니다." 그는 빵 한 조각을 찢어 접시 위에 놓인 버터에 찍으며 말했다. 그러더니 진토닉을 한 모금 마시고 말을 이어 나갔다. "하지만······." 난 그 '하지만'이라는 말을 듣고, 올 것이 왔다는 생각이 들었다.

"귀사와 프로젝트 단위 계약이 아니라 월 단위 고정 계약으로 전환하고 싶습니다. 더 신속하게 움직여야 하거든요."

난 당황하면서도 머릿속으로 빠르게 숫자를 계산했다. 아마도 그가 제안할 금액은 많아야 월 5,000달러 정도일 거라고 예상했다. 그러면 디자이너 한두 명을 해고해야 하고, 엔지니어 한 명의 급여도 줄여야 할 것이다. 하지만 '월 7,000달러로 맞추면 그래도 괜찮겠지.'라고 생각하며 안심하기도 했다. 그런데 그가 식사를 멈추고, 음료를 내려놓더니 내게 물었다.

"월 2만 달러면 되겠어요?"

내가 손도 대지 않은 치킨을 바라보는 동안 그는 침묵을 유지했다. 나는 펄쩍 뛰어올라 주먹을 치켜들고 싶은 충동을 겨우 억눌렀다. 그 순간 흥분이 온몸을 관통했다. "그 정도면 괜찮을 것 같네요."라고 머릿속으로 계산하는 척하며 천천히 말했다. "단, 매월 첫날에 지급해 주실 수 있나요?"

"가능할 겁니다." 그는 제안이 받아들여진 걸 안도하며 답했.

그 후 다른 프로젝트를 도와달라고 고용한 프로그래머인 루크에게 이 사실을 전하면서 그 역시 기뻐할 줄 알았다. 하지만 그는 이 일이 자신에게 큰 금전적 보상이 되지 않으리란 걸 잘 알고 있었다. 오히려 그는 더 많은 일을 해야 했고 나는 더 많은 돈을 벌게 된 것이었다. 사실, 어떤 달에는 내가 만 달러의 이익을 내고 그 나머지를 루크와 프리랜서 디자이너 및 개발자들에게 지급한 적도 있었다.

안타깝게도 너무 어리고 경험이 부족해 내가 탐욕스럽다는 것을 깨닫지 못했고 회사 성장과 함께 모두가 더 많은 돈을 벌 수 있는 인

센티브를 마련하지 못했다. 대신 소규모 월급 인상으로 그의 불만을 잠재우고 나는 물 쓰듯 돈을 썼다.

단 하루 만에 근처 쇼핑몰에서 플레이스테이션, 시판된 것 중 가장 큰 TV, 서라운드 사운드 시스템, 캐논 5D 카메라를 샀고, 토론토에서 온 친구와 함께 그냥 여유가 된다는 이유만으로 술을 곁들인 500달러짜리 호화로운 스테이크 만찬을 즐겼다. 어느 순간, 쇼핑은 중독이 되어버렸다. 남는 시간을 어찌할 줄 몰라 평소 원했던 모든 것을 사기 시작했다. 비싼 옷, 신발, 고급 오디오 장비. 한번은 세그웨이segway² 까지 샀는데 몇 번 타지도 않고 창고 구석에 처박아 버리기도 했다.

어떤 이상한 우주의 기운이 있었는지 내가 더 많은 돈을 벌수록 고객은 더욱 늘어나 수십 개의《포춘》100대 기업들이 우리와 함께 일하자고 연락을 해왔다. 난 더 많은 물건을 샀고, 더 많은 고객을 얻었으며, 더 많은 돈을 벌었다. 그리고 곧 인간의 마음은 본래 감사할 줄 모르며, 이미 가진 것에 쉽게 적응하기 때문에 끊임없이 새로운 것을 추구한다는 사실을 깨달았다. 심리학자들은 이를 '쾌락의 쳇바퀴hedonic treadmill'라고 부른다. 즉 행복 수준을 유지하기 위해서는 더 빨리 뛰고, 더 많이 사야 한다는 것이다. 얼마 지나지 않아 나는 그 쳇바퀴에서 전속력으로 뛰고 있었지만, 정신적으로는 행복하지 않았다. 그렇게 달리다 보면 곧 쳇바퀴에서 튕겨 나갈 것 같았다.

---

2   전기로 움직이는 이륜 이동 수단.

올라가면 내려갈 때도 있는 법

2008년 늦은 여름, 나는 사업을 키우고 불필요한 전자제품 구매에 몰두하느라 세계경제 상황에는 신경을 쓸 틈이 없었다. 내 주변 사람들은 모두 잘나가는 것처럼 보였고, 나는 IT 버블 속에서 보호받고 있었다. 그래서 주택 시장이 흔들리고 월스트리트에서 전해지는 불길한 징조를 쉽게 무시했다. 그러나 그해 9월이 되자 이것이 일시적 침체가 아니라는 것이 점점 더 분명해졌다. 시장은 무너지고 있었고, 그 여파는 상상할 수 없을 만큼 치명적일 것이었다.

디자인 회사의 문제는 불황이 오면 디자인이 필요 없어진다는 것이다. 즉, 디자인이 사치스러운 장식품으로 여겨진다. 주식이 폭락하고 매출이 50퍼센트 감소할 때 기업이 가장 먼저 줄이는 것은 매달 2만 달러를 지불하는 고급 디자인 회사다. 기존 웹사이트로도 그럭저럭 괜찮으니까.

그런데 실제로 그런 일이 발생했다. 대기업들은 세계경제가 대침체에 접어들고 있다는 것을 알자마자 즉시 계약을 해지했다. 수만 달러의 월 수익이 하룻밤 사이에 사라졌다. 초창기 회사를 유지하는 데 도움을 주었던 중소기업에서도 더는 연락이 없었다. 워런 버핏은 "물이 빠지기 전까지는 누가 발가벗고 수영하는지 알 수 없다."라고 말했다. 불행히도 누가 얼간이인지도 그제야 알게 된다.

그때 우리의 가장 큰 고객 중에 지금은 수십억 달러의 가치가 있지만 당시만 해도 초기 단계 스타트업인 기업이 있었다. 우리는 그들을 위해 모바일 앱을 개발하는 데 열심히 노력했고, 그들은 우리 작업에 대해 여러 긍정적인 피드백을 주었다. 하지만 주식시장이 폭락한 다음 날 그들은 갑자기 우리 작업에 불만을 토로하기 시작했고 심지어 이미 진행된 작업에 대해서 환불을 요구하기까지 했다. 이건 아니라고 생각했다. 우리는 열심히 일해왔고 완벽하게 작업을 수행해서 좋은 평가를 받았기 때문이다. 나는 갑자기 평가 기준이 바뀌었냐고 그들에게 물었고 진행된 작업에 대한 대가는 지불해야 한다고 분명히 말하자 그들은 돈을 돌려주지 않으면 소송을 제기하겠다는 무시무시한 법률 서한을 보내왔다.

그때부터 나는 당황하기 시작했다. 그들에게 돈을 돌려주고 나면 통장 잔고는 몇백 달러로 줄어들 게 뻔했다. 하지만 선택의 여지가 없었다. 변호사를 고용할 형편도 아니었으니까. 공황 상태에서 할 수 없이 그들에게 돈을 돌려주었다. 갑자기 돈을 벌 때와 마찬가지로 그렇게 모든 것이 순식간에 사라졌다.

끝없이 수익을 내던 상황에서 단 하루 만에 아무것도 벌지 못하는 상황으로 바뀌었다. 문자 그대로 아무것도 없었다. 며칠 후 식료품점에 가서 카트에 물건을 가득 채웠지만, 잠시 후 감당할 수 없는 것들은 다시 선반에 올려놓아야 했다. 결국 큰 봉지에 감자를 가득 채워 상점을 나왔다. 몇 주 동안 하루에 몇 개씩 먹으면 이 감자로 파산 위기를 버틸 수 있을 거라고 생각했다. 물론 터무니없는 생각이었지만, 그게 내가 처한 상황이었다. 슈퍼마켓의 형광 조명 아래 통로를 왔다 갔다 하며 내가 얼마나 어리석었는지를 깨달았다.

지난 몇 년 동안 내 평생 가능하리라 생각했던 것보다 훨씬 더 많은 돈을 벌며 엄청난 행운을 누렸다. 카페의 바닥을 걸레질하던 내가 실리콘밸리의 가장 혁신적인 기업들과 일하게 되었다. 하지만 나는 돈을 버는 족족 다 써버렸고 필요하지 않은 걸 사며 낭비했다. 옷장에는 입지 않은 옷이 널렸고 창고에는 이미 구식이 된 전자제품들이 가득했다. 선반에는 내가 별로 좋아하지도 않는 고급 술이 잔뜩 진열되어 있었다. 살면서 처음으로 엄청난 충격을 받았다. 뭐든지 올라가는 것은 떨어질 수도 있으며, 저축하고 투자하는 법을 배워야 한다는 것을 깨닫는 순간이었다.

어릴 적 아버지가 복리의 놀라운 힘에 관해 이야기하던 기억이 떠올랐다. 내가 그 돈을 사치스러운 잡동사니를 사는 대신 투자를 했더라면 어려울 때 도움을 받았을 것이다.

나를 파산에서 구해준 것은 두 가지였다. 첫 번째는 취미로 주식 투자를 하던 외삼촌이 1990년대 후반 컴퓨터를 좋아하는 조카를 위해 생일 선물로 주었던 애플 주식이었다. 그때 주식 가치는 아마 몇 백 달러였을 것이다. 그러던 것이 2008년에는 약 2만 달러로 급등했다. 곤경에 몰리자 나는 삼촌에게 전화를 걸어 주식을 팔아야 할 것 같다고 말했다. 삼촌은 내가 미쳤다고 생각했다.

"지금은 절대 팔면 안 되는 시점이야. 무조건 가지고 있어야 해."

하지만 난 선택의 여지가 없었다. 돈 낼 날짜는 다가오는데 통장에는 돈이 없었다. 결국 삼촌은 내 주식을 팔았고 그 덕분에 겨우 회사는 유지될 수 있었다. 하지만 삼촌의 말이 맞았다. 내 인생에서 가장 나쁜 투자 결정이었다. 만약 내가 그 애플 주식을 계속 보유하고 있었다면, 지금은 수백만 달러의 가치가 되었을 것이다.

두 번째는 애리조나의 어느 레이저 제모 클리닉이었다. 돈을 잘

벌 때는 매우 까다롭게 일을 받았다. 사진 공유 스타트업을 위한 아이폰 앱? 당연히 해드려야죠! 세쿼이아 캐피털로부터 2,000만 달러를 투자받은 회사의 새로운 웹사이트? 물론입니다! 하지만 그렇게 대단하지 않은 회사에는 "죄송하지만, 지금은 너무 바쁩니다."라고 핑계를 댔다.

하지만 지금 상황에서는 사업을 유지하기 위해 어떤 제안이든 받아들여야 했다. 너무 스트레스를 받아서 머리카락이 다 빠질 것 같았는데, 아이러니하게도 내게 가장 큰 도움이 된 프로젝트는 제모 클리닉에서 요청한 웹사이트 제작이었다. 절대로 화려하지 않은 작업이었다. 그저 모낭염과 이상한 뾰루지가 있는 사람들의 두피 사진을 예술적으로 포토샵 하는 일이었다. 그리고 팔로알토의 일부 요란한 스타트업과 달리 이 레이저 제모 클리닉은 약속을 잘 지켰다. 우리가 청구하면 기한 내에 대금을 지불해 줘 어려운 시기를 잘 넘길 수 있었다.

메타랩은 잔혹한 시기를 잘 버티고 살아남았다. 하지만 감염된 모낭을 포토샵 해달라는 요청을 받고 거절했던 우리 경쟁사들은 그렇게 운이 좋지 않았다. 대부분은 사업을 접거나 자신들의 에이전시를 헐값으로 큰 기업에 매각했다. 사실상 팀 전체를 얼마 안 되는 소개비를 받고 팔아넘긴 셈이었다. 그렇게 거의 1년 동안 모낭과 감자로 버텼다. 마침내 2009년경부터 테크 기업들이 조금씩 지출을 늘리기 시작했다.

지난 몇 년 동안 정말 많은 교훈을 배웠다. 없어도 있는 것처럼 꾸미는 방법부터 직원을 고용하는 법, 물론 고객에게 적절하게 요금을 청구하는 방법까지, 그러나 가장 가치 있는 교훈은 최고의 회사는 상황이 어떻게 변하든 뭐라도 할 수 있어야 한다는 것이었다.

원하는 이미지는 꾸밀 수 있어도 대차대조표의 현금 보유액은 속일 수 없다. 거의 파산 직전에서 살아난 후, 앞으로는 수익의 10퍼센트 이상을 생활비에 쓰지 않겠다고 맹세했다. 나머지는 모두 저축하거나 투자하고, 아니면 새로운 사업에 사용할 것이며 다시는 이런 일이 일어나지 않도록 하겠다고 다짐했다.

내가 찾을 수 있는 가장 매력 없는 고객들과 일한 보람이 있었다. 불경기가 거의 끝날 때쯤 메타랩에는 거의 경쟁사가 없었고, 세계에서 가장 주목받는 회사들을 고객으로 확보하기 시작했다. 그 후 몇 년 동안은 유튜브YouTube를 재디자인하는 작업에 참여했다. 또한 월마트Walmart의 전자상거래 기술을 구축하는 데도 도움을 주었다. 심지어 애플을 위한 비밀 프로젝트에도 참여했다. 그러던 어느 날 제안 전화를 받았는데 그 프로젝트는 메타랩을 디자인 세계의 또 다른 차원으로 끌어올리고 최고 수준의 디자인 회사로서 명성을 굳히게 했다. 그 프로젝트는 당시로서는 잘 알려지지 않았던 스튜어트 버터필드Stewart Butterfield가 의뢰한 앱을 디자인하는 것이었다.

나는 스튜어트를 캐나다 테크 기업의 드문 성공 사례로 항상 대단하다고 생각했다. 그는 사진 공유 사이트인 플리커Flickr를 만들었고, 2005년에 이를 야후Yahoo에 매각하고 글리치Glitch라는 대규모 멀티플레이어 게임을 런칭했다. 하지만 게임은 참담하게 실패했다. 당시 그가 대부분 직원을 해고할 때 내게 이메일을 보내 이야기를 나눌 수 있는지 물었다.

"정말 힘든 시간을 보내고 있습니다." 그가 전화로 나에게 말했다. "하지만 우리는 은행에 수백만 달러가 있고, 우리가 구상한 제품 아이디어를 시도해 보고 싶어요." 그렇게 그는 팀원이 참여하는 채팅 플랫폼에 대한 아이디어를 설명했다. "우리는 이걸 '슬랙Slack'이라고 부를까 고민 중입니다."

그 제안을 듣고 나는 그가 안타깝게 느껴졌다. 그의 아이디어는 이미 수백 번은 반복된 것이었다. 많은 사람이 채팅 플랫폼을 만들려고 했고, 캠프파이어Campfire 같은 많은 경쟁자가 있었으며, 이미 제이슨 프리드와 데이비드 하이네마이어 핸슨이 베이스캠프에서 만든 것이었다. 하지만 한편으로는 그와 일하고 싶은 마음이 강했다. 그는 디자인 세계에서 전설적인 인물이며, 플리커의 외관과 느낌은 당시로서는 혁신적이었다.

"8만 달러의 고정 수수료를 지급할 수 있는데, 대신 내 요구사항이 좀 많을 겁니다."라고 그가 말했다. 그는 로고, 웹사이트, 모바일 앱 및 웹 앱 디자인이 필요하다고 말했다. "이건 정말 대성공을 거둘 겁니다."

작업량에 비하면 얼마 안 되는 금액이었지만 나는 그와 협업하고 싶어서 이를 감수했다. 그는 주식으로 대금 일부를 지급하겠다고 제안했지만 나는 거절했다. 2008년의 힘든 경험에서 배웠지만 주식은 그저 매우 비싼 화장지에 불과하며 현금이 왕이라는 것을 알고 있었다(그때는 그렇게 판단할 수밖에 없었지만, 슬랙이 2020년 말 277억 달러에 매각될 때 나는 수천만 달러 아니 수억 달러를 놓쳤다는 것을 깨달았다).

나는 우리 인력 중 최고의 디자이너들을 그 프로젝트에 투입했다. 우리는 정말 열심히 했다. 사무실에서 밤을 새워 작업하고 거의 샤워도 하지 않았으며 스튜어트를 감동시키고 싶어서 끝없는 수정 과정을 거쳤다. 우리는 이 생산성 도구가 단순히 음침한 파란색과 회색으로 뒤덮인 대기업 제품이나 페이스북과 비슷한 제품이 아닌, 실제로 비디오게임처럼 느껴지기를 바랐다. 개성과 활력이 넘치는 제품을 만들고 싶었다. 그래서 로고, 웹사이트, 모바일 앱, 웹 앱 등 슬랙의 초기 디자인 DNA에서 대부분을 우리 팀이 직접 제작했다.

최종 결과는 누구나 다 아는 대로다. 슬랙은 역사상 가장 빠르게 성장하는 소프트웨어 회사가 되었다. 슬랙을 매각하는 과정에서 내게 돌아온 이익은 하나도 없었지만 사람들은 메타랩을 다시 보기 시작했고, 이후 몇 년 동안 회사의 매출은 다섯 배 성장했다. 갑자기 모든 사람이 슬랙을 수십억 달러짜리 회사로 만든 마법의 손길을 자기에게도 펼쳐달라고 요청했다.

물론 모든 고객이 슬랙만큼 깔끔한 것은 아니었다. 대금을 제때 지불하지 않는 회사도 있었고, 우리 팀을 괴롭히고, 함께 일하기 끔찍한 회사도 있었다. 일부는 우리와 용역 계약을 체결한 후 가장 실력 좋은 디자이너를 뒤로 빼가기도 했다.

그런 경험을 통해 실리콘밸리 사람들 모두가 헐렁한 후드티를 입고 편안한 올버즈Allbirds 운동화를 신고 다니며 쾌활한 대학생처럼 친근하게 행동하지만 내면은 월스트리트 투자자들만큼이나 냉혹하다는 사실을 알게 되었다. 나는 곧 관대하고 친절한 척하는 사람들 대신 직설적이고 무례한 사람들을 더 선호하게 됐다. 경험이 쌓일수록 평화롭고 화합된 세상을 기업의 사명으로 내세우는 창업자들이 가장 위험한 사기꾼이라는 것을 깨달았다.

그리고 모낭 크림을 판매하는 사람들(좋은 사람들)이나 '세상을 바꾸겠다'고 주장하는 사람들(대부분 사기꾼)과 더 많은 프로젝트를 진행할수록, 새로운 고객을 유치하려면 새로운 접근 방식이 필요하다는 것을 뼈저리게 느꼈다.

윗사람을 접촉해서 일감을 따내는 톱다운top-down 방식은 오히려 역효과를 냈다. 노련하고 때로는 무자비한 CEO들에게 이용당할 때가 많았으므로 이 문제를 해결하는 가장 좋은 방법은 조직 내에서 몇 단계 아래로 내려가 새로운 고객을 찾는 것이라고 결론 내렸다. 그래서 회사 안에서 디자인 회사를 고용할 수 있는 권한을 가진 프로젝트 매니저 혹은 상품 매니저와 친해져야 했다(그러면 결국 상사에게 잘 보이게 될 것이다).

이것이 내가 그날 밤 세인트 레지스 호텔에서 정신을 잃게 된 이유다. 그리고 이 하급 매니저들이 왜 회사에서 중역을 달지 못했는지 알 수 있었다. 그들은 파티를 좋아했고, 고객인 그들을 행복하게 해주는 것이 나의 임무였다.

그러나 그날 아침은 달랐다.

머리는 평소보다 더 아팠고 간은 더 힘들어했다.

더 이상 참을 수가 없었다.

하룻밤에 2만 달러인 그 방에서 탈출하고 싶었다. 나는 거실에서 정신을 잃은 엔지니어들을 깨우지 않으려고 조용히 문을 닫았다. 속은 여전히 메스꺼웠고 전날 무슨 일이 일어났는지 기억나지 않았다.

문을 닫으면서 깨달았다. 이것은 내가 원했던 삶이 아니었다.

4장
굵고 파괴하라

NEVER ENOUGH

실패할 때마다 나는 무언가를 배웠다.
중요한 것은 하나의 사업에
모든 것을 투자하지 말고,
각 실수에서 얻은 교훈을
내가 하는 모든 일에 적용하는 것이었다.

"안녕하세요, 여러분, 앤드루입니다."

"앤드루입니다."

"앤드루입니다. 늦어서 죄송합니다. 다른 통화 중이었습니다."

"다른 화상회의가 있어서 가봐야 해요."

"안녕하세요, 앤드루입니다. 늦어서 죄송합니다."

이것이 매일 반복되는 나의 하루였다. 매일매일 똑같았다. 콘퍼런스에서도 마찬가지였다. 아이가 전단지를 나눠주는 것처럼 열정적으로 명함을 나누어주었다.

"앤드루입니다. 앤드루 윌킨슨."

"네, 그럼요. 제 이메일 주소는 하단에 있어요."라고 말했지만 누군가가 실제로 이메일을 보낼까 봐 걱정했다. 내 메일함은 이미 포화 상태였기 때문이다.

내 삶은 끝없는 화상회의, 이메일, 출장으로 가득 차 혼란스러웠다. 밤에는 주로 컴퓨터 앞에서 밤샘 작업하다 아침을 맞거나, 일에 대한 스트레스에서 벗어나기 위해 맥주를 마셨다. 주간 일정을 살펴보면 약간의 빈틈도 찾아볼 수 없을 정도로 꽉 차 있었지만 나는 여전히 불안하기만 했다. 주말은 더 심각했다. 앞이 보이지 않는 공허함 속에 축 늘어져 고립감과 무기력함에 빠져서 헤어나지 못했다. 2008년 금융 위기 속에서 거의 모든 것을 잃을 뻔한 불안감을 경험한 후 내 유일한 목표는 은행 잔고를 채우는 것이었고, 그것은 내 삶의 모든 순간을 점령했다.

가장 큰 문제는 내가 회사를 키우는 데는 성공했지만, 다른 부분에서는 실패했다는 것이었다. 나는 취미도 없었고, 친구도 거의 없었으며, 나와 별로 맞지 않는 여성들과 계속 연애와 이별을 반복했다.

나는 얼마 전에 만남과 헤어짐을 반복하던 여자친구 앨리슨과 또다시 헤어졌다. 우리는 서로 맞지 않는 두 개의 퍼즐 조각 같았고, 무슨 문제로든 다툴 수 있는 놀라운 능력이 있었다. 한번은 내가 폭스바겐을 사는 것 가지고 서로 고함을 지르며 싸우기도 했다. 앨리슨이 이미 폭스바겐을 타고 있었으므로 같은 브랜드의 차를 타는 것은 이상하다고 말했지만 나는 그게 무슨 문제냐고 따졌다. 우리는 끊임없이 다투고 헤어졌다가 다시 열정적으로 재결합하고, 그러다가 또다시 사소한 의견 차이로 폭발하는 과정을 무한 반복했다.

이별의 후유증 때문인지 나는 일 외에는 별다른 삶이 없었다. 주말 밤의 여유 있는 시간은 대개 흥청망청 돈을 쓰며 보냈지만 허무함을 이겨낼 수 없었고, 다음 날 또다시 물 쓰듯 쇼핑했지만 여전히 무기력함과 공허함을 느꼈다. 나머지는 오직 **일**이었다. 일하지 않으면 비즈니스에 대한 책을 읽었다. 침대 옆 탁자는 끝없는 경제·경영 관련 책과 유명한 사업가들의 전기, 그리고 업계 잡지로 가득했다. 이것이 내가 생각하는 모든 것이었다. 해결책을 찾고, 회사를 키우고, 회사를 더욱 효율적으로 만들고, 회사 전반에 대해 잘 아는 것이었다.

고양이 가구 사업에서 배운 것

이별로 남겨진 빈틈을 채우기 위해 귀여운 새끼 샴고양이를 데려왔다. 고양이가 카펫과 소파를 여러 번 훼손한 후에 나는 고양이에게는 긁고 찢을 물건이 필요하다는 사실을 알게 되었다. 공처럼 몸을 둥글게 말고 들어가 쉴 수 있는 폭신한 것이 필요했다. 마음껏 늘어져 잘 수 있는 곳.

문제는 내가 찾은 모든 고양이용 가구가 너무 끔찍하게 생겼다는 것이었다. 왜 모든 제품이 1970년대 모델에서나 볼 수 있을 것처럼 생겼을까? 왜 모든 것이 이상하고 못생긴 형태인지 이해가 되지 않았다. 왜 모래 화장실은 모두 더러운 구정물 색깔일까?

그 당시 나는 기업가 정신에 관한 책을 읽고 있었다. 이 책들에서 공통적으로 등장하는 클리셰가 있었다. 바로 가장 혁신적이고 파괴적인 비즈니스 아이디어는 자신의 경험에서 나온다는 믿음이었다. 자신이 어떤 문제로 고통을 겪고 있다면 다른 사람들도 같은 고통을 겪고 있을 가능성이 크며, 그 문제를 해결해 주면 사람들이 그 대가로 돈을 낸다는 것이다. 이는 새벽 2시에 TV 광고에서 나오는 전형적인 구호와 비슷하다.

"더 나은 방법이 분명 있을 겁니다!"

어느 날 오후, 또 다른 화상회의를 하던 도중 집을 가득 채운 끔찍한 고양이 가구들을 바라보다가 번개 같은 깨달음이 나를 때렸다. '세련된 고양이 가구 사업을 시작해야겠다.' 분명히 누군가는 디스코 시대의 화려한 컬러나 털 카펫으로 덮여 있지 않은 고양이 스크래처 기둥을 원할 것이다. 내 고양이는 놀고 잘 수 있는 쾌적한 장소를 가져야 마땅하다. 그리고 내게는 시각적으로 불쾌하지 않으면서 고양이가 지낼 공간이 필요했다.

난 기업가로서 성공한 경력이 상당했기 때문에(결국 메타랩을 성공시켰으니 말이다), 새로운 고양이 가구 디자인이 기존 업체들을 몰아내고 펫 그루밍 사업의 미래 판도를 바꿔놓는 것은 시간문제라고 생각했다. 내 계산에 따르면 고양이 스크래처나 고양이 소파 같은 제품을 50달러에 판매했을 때, 미국과 캐나다에는 1억 마리 이상의 집고양이가 있으므로 그중 단 1퍼센트에게만 내 가구를 판매하더라도 연간 5,000만 달러의 매출이 가능했다. 이 사업만 잘되면 메타랩은 아무것도 아니었다. 게다가 계속 끌려다니는 회의와 메타랩 운영의 답답함을 고려할 때 아마도 이것이 내 인생의 탈출구가 될 수 있을 것 같았다. 또 다른 안정적인 사업이자 수익원이 될 것이며, 사업을 보다 다각화할 기회라고 생각했다. 더 많은 자유를 얻을 수 있고 고양이가 내 거실을 어지럽히는 일도 막을 수 있을 것 같았다.

당시는 전자상거래 붐이 막 일어나던 때였다. 온라인 거래의 초기 단계였지만 쇼피파이Shopify와 같은 소프트웨어 덕분에 진입 장벽이 낮아져 누구나 온라인에서 제품을 판매할 수 있을 것 같은 분위기가 점점 커지고 있었다. 내 아이디어에 용기를 얻어 나는 주말 동안 잘 디자인된 기존 브랜드 몇 곳의 고양이 가구를 판매할 온라인 상점을 만들어 가능성을 시험해 보기로 했다. 그러고 나니 내가 직접 고양이 가구를 디자인할 수 있겠다는 생각이 들었다. 내 머릿속에는 이것이 고양이를 위한 디자인 위딘 리치Design Within Reach[1]가 되리라 생각했다! 나는 회사 이름을 H. J. 뮤스H.J. Mews라고 짓고 세계적 수준의 가구 상점처럼 보이도록 디자인 기술을 적용했다. 그러곤 월요일 아침부터 판매를 시작했다. 그다음에는 가장 아름다운 고양이 제품을 만드는 업체에 연락하여 5만 달러어치를 초도 발주했다. 그 제품들은 아시아에서 컨테이너로 배송되어 내가 임대한 창고로 보내질 예정이었다. 이게 실패할 리가 있을까?

좋은 소식은 내 쇼피파이 상점이 벌써 몇 건의 주문을 받았다는 것이었다. 전통적인 고양이 가구에 지친 사람은 나 말고도 많았으니 당연한 결과였다.

나쁜 소식은 모든 거래에서 손해를 보았다는 것이다. 예쁜 고양이 화장실을 30달러에 구매해서 50달러에 판매하고 싶었으나 대형 체인들과 경쟁하기 위해 가격을 44달러로 낮춰야 했다. 하지만 그 14달러의 이익은 배송비, 물류비, 사업의 운영비를 충당하기에는 턱없이 부족했다. 나는 '역사상 최악의 자본가Worst Capitalist in History'라는 타이틀을 얻을 위기에 처했고, 믿을 수 없게도 판매할 때마다 점점 더 많은 돈을 잃는 사업을 만들어버렸다.

얼마 지나지 않아 나는 한 달에 만 달러씩 잃고 있었다. 내가 실

---

1 현대적이고 세련된 가구와 인테리어 소품을 판매하는 미국 기업.

패하고 있다는 것을 알았고, 계속해서 손해를 보면서도 밑 빠진 독에 자금을 투입하고 있었지만 어떻게 해결해야 할지 전혀 알 수 없었다. 가격을 올리면 판매량이 급감했고, 페이스북이나 구글 광고에 더 많은 돈을 쓰면 구매가 이루어질 때마다 비용이 늘어 손실이 눈덩이처럼 불어났다. 사실 내가 하는 모든 일이 상황을 더 악화시키는 것 같았다. 마치 낙타가 바늘구멍을 통과하는 것만큼 어려운 일이라고 느껴졌다. 내 마지막 희망은 미국에서 아직 판매되지 않은 멋진 디자인의 고양이 화장실을 들여오는 것이었다. 그것은 아름답게 디자인되어 이윤이 훨씬 높을 것이었다. 내 고양이에게 제품을 테스트하기 위해 집으로 배달시켰고 도착한 날 바로 개봉하여 설치했다. 그리고 그날 저녁, 나는 집 근처의 술집으로 친구를 만나러 나갔다.

몇 시간 후 비틀거리며 집에 돌아와 보니 눈이 시릴 만큼 고약한 냄새가 나를 감쌌고 집 전체가 재래식 화장실에서 나는 악취로 진동했다. 코를 쥐고 복도를 지나 부엌으로 들어갔다. 그 순간, 나는 결코 잊지 못할 광경을 목격했다. 고양이는 가구와 화장실에 대한 나의 훌륭한 취향을 공유하지 않는 것 같았다. 내가 밖에 나간 몇 시간 사이에 고양이는 화장실 모래는 건드리지도 않은 채 바닥에 온통 배설물을 흘려놓았다. 내 로봇 청소기는 야간 청소 스케줄에 따라 움직이면서 고양이 배설물을 방 안에 얇게 펴 발라, 마치 프란츠 클라인 Franz Kline의 그림처럼 원형 패턴을 만들어놓았다. 그리고 그 작은 청소기는 이제 구석에 처박혀 부끄러운 듯 삐삐 소리를 내고 있었다.

결국 고양이 가구를 포기하지 않을 수 없었다. 1년 동안 엄청난 손실을 보고, 힘들게 번 20만 달러 이상의 현금을 허공으로 날린 후, 나는 잔혹한 진실을 받아들여야 했다. 내 고양이 가구 사업은 근본적으로 수익을 낼 수 없었다. 어떻게 고치거나 최적화할 수도 없었다. 깔끔하게 포기하는 게 나았다. 다음 날, 나는 무심하게 웹사이트를 폐쇄하고 창고에 남아 있는 재고를 나눠주라고 말한 뒤 모든 것을 종료했다.

하지만 모든 사업은, 심지어 형편없는 사업조차도 무언가를 가르쳐준다. 나는 내 첫 번째 사업에서 매우 운이 좋았다는 것을 깨달았다. 성공한 원인의 일부는 매우 간단한 공식 덕분이었다. 즉 고객을 찾고 시간당 요금을 청구하고, 작업자에게는 그보다 낮은 요금을 지급하는 것. 그 차액이 모두 내 이익으로 떨어졌다. 사무실이나 물리적 장소도 필요하지 않았고 단지 인터넷 연결이 되는 컴퓨터만 있으면 되었다. 가장 큰 고정비용은 어도비 포토샵 라이선스 비용이었다. 사업이 어려워지면 작업자들은 다른 일을 찾아가면 되었고, 소프트웨어 구독은 언제라도 취소할 수 있었다. 실패할 가능성이 거의 없는 것이었다.

사업을 올림픽 경기라고 생각한다면 온라인 소매업은 믿을 수 없을 만큼 힘든 경기다. 지나칠 정도로 경쟁이 치열하며, 자본 집약적이고, 물류가 복잡하며, 마진은 낮다. 원래 고객이 긍정적인 경험을 누리기 위해서는 수만 가지 요소가 조화를 이루어야 하지만, 메타랩에서는 고객이 디자이너의 작업물을 좋아하기만 하면 됐다. 고양이 가구 사업은 아픈 교훈을 남겼지만, 이젠 다 지난 일이다. 약간의 상처가 났지만 흉터가 그리 크게 남을 것 같지는 않다. 나처럼 운이 좋은 사람도 별로 없었다.

하지만 그때는 이것이 수많은 사업 실패 중 첫 번째에 불과하다는 것을 몰랐다. 동업자인 크리스는 나중에 이런 사업을 '돈을 태우는 모닥불money bonfire'이라고 불렀다. 즉 아이디어를 제대로 실행하지 못하고, 수익이 나지 않으며, 시원치 않은 직원들이 수행하는 사업을 말한다. 그리고 오히려 이런 사업은 우리의 미래에 있을 몇몇 핵폭탄급 실패들에 비하면 아담한 모닥불 정도로 보인다.

그래도 실패할 때마다 나는 무언가를 배웠다. 중요한 것은 하나의 사업에 모든 것을 투자하지 말고 각 실수에서 얻은 교훈을 내가 하는 모든 일에 적용하는 것이었다. 즉, 각 사업의 성공이나 실패가 다른 사업에 정보를 제공하는 것이다. 우리는 '전기 콘센트에 포크를 꽂는' 직업을 갖고 있다고 농담하곤 했다. 각 전기 충격에서 무언가를 배워 결국 더 나은 비즈니스를 할 수 있기를 바랐다.

내가 원하던 삶

전자상거래 사업에 혹독하게 덴 후, 메타랩을 운영하는 데만 전념했지만 그것도 쉽지는 않았다.

무리하게 출장을 다니면서 고객을 찾는 대신 잠재 고객을 직접 만나 네트워킹하고 홍보하는 데 집중했다. 뉴욕, 시애틀, 샌프란시스코 등 한 주에 다섯 개 도시를 도는 생활을 하다 보니 내 삶을 바꾸고 싶은 강렬한 욕구가 올라왔다. 또한 콘퍼런스를 순회하는 생활에 지쳐갔다. 속으로는 지루해도 겉으로는 웃음을 지으며 힘차게 악수해야 하는 일정에 염증이 났다.

밴쿠버의 한 테크 콘퍼런스에서 유명한 벤처캐피털리스트 옆에 앉은 적이 있었다. 그는 내 이름표를 보더니 어떤 스타트업을 하는지 물었다. 나는 스타트업이 아니라 외부 투자 없이 수익성 있는 사업을 하고 있다고 대답했다.

"아, 라이프스타일 비즈니스군요."

그는 웃으며 말했지만 벤처캐피털 세계에서 이 단어는 경멸적인 표현이었다. 너무 작은 사업이라 창업자의 생활비를 충당할 수 있을 뿐, 그 이상 성장하지 못할 것이라는 의미였다. 그는 바로 뒤돌아서더니 맞은편에 앉아 있던 더 흥미로운 스타트업 창업자와 이야기했다. 나는 분노와 창피함으로 부글부글 끓었고, 왜 내가 이렇게 오만한 사람들로 꽉 찬 끔찍한 콘퍼런스에 또다시 참석하고 있는지 이해할 수 없었다.

나는 휴식이 필요했다. 머리를 맑게 할 필요가 있었다. 그때 한 친구가 유럽 배낭여행에 나를 초대했고 난 바로 수락했다. 하지만 즉시 두 가지 이유로 후회했다.

첫째, 내 삶을 바꾸고 싶기도 했지만 동시에 운영해야 할 사업이 있었다. 메타랩을 포기하고 유럽 대탐험을 떠나고 싶지는 않았다. 둘째, 나는 여전히 메타랩의 CEO로서 모든 일을 관리하고 있었다. 클라이언트에게 답변하고, 새로운 비즈니스 계약에 서명하고, 디자이너들을 관리하고, 코드 테스트를 하는 등 모든 일이 나에게 달려있었다.

"이봐, 가자!" 친구가 재촉했다. "재밌을 거야. 내가 보니 너한테 아주 재미있는 경험이 될 것 같아."

휴가 동안 내 일을 맡아줄 사람을 찾기 위해 고민하다 옛 친구 마크Mark가 떠올랐다. 그 친구는 내가 몇 달 다니다 적성에 맞지 않아 관둔 라이어슨대학교에서 처음 만났다. 첫(그리고 유일한) 학기가 시작된 지 얼마 되지 않아 학교 구내식당에 갔었다. 식당은 사람들이 떠드는 소리와 포크 소리로 시끄러웠다. 식당을 둘러보니 구석 테이블에 기숙사에서 사귄 몇몇 친구들이 앉아 있었다. 내가 그곳에 앉으려고 하니 그중 한 명이 벌떡 일어났다. 그는 하얀 얼굴에 머리는 회색이었으며 장난꾸러기 같은 커다란 갈색 눈이 특징이었다. 그는 내가 앉으려던 자리 위에 손을 뻗으며 억센 앨라배마 억양으로 "사람 있어요Seat's taken!"라고 농담했다. 그 순간 우리 둘은 모두 그의 갑작스런 영화 〈포레스트 검프Forrest Gump〉 대사에 웃기 시작했다(그 대사는 포레스트 검프가 버스에 오르자 아무도 그에게 자리를 주지 않으려는 장면에 나온다).

"안녕, 난 마크라고 해." 그가 자리에서 손을 빼며 말했다.

"응, 난 앤드루야."

우리는 곧바로 친해졌다. 나와 마크는 유머 감각도 비슷하고, 좋아하는 책과 영화도 비슷했으며, 애니메이션 〈심슨 가족The Simpsons〉의 대사에 똑같이 열광했다. 우리는 곧 학교가 마음에 들지 않는다는 공통점으로 뭉쳤고, 새벽 4시까지 놀면서 여자를 사귀지 못하는 처지에 대해 불만을 털어놓았다. 그리고 우리 자신을 주변 모든 사람의 허영심을 한탄하는, 『호밀밭의 파수꾼』의 주인공 홀든 콜필드 같은 냉소주의자라고 생각했다. 한마디로 우리는 구제 불능이었다.

나는 한 학기만 다니고 관두었지만, 마크는 나보다 더 끈질긴 사람이라 끝까지 견뎌냈다. 나는 빅토리아로 돌아갔고 마크는 여전히 토론토에 있었지만, 우리는 연락을 계속했고 매일 존재론적 고뇌와 데이트 성공담을 메시지로 주고받았다.

메타랩이 성장함에 따라 카피라이팅 작업 의뢰가 들어오면 마크에게 맡겼다. 그는 항상 제때 예산 내에서 결과물을 만들어냈고, 그의 카피는 우리의 작업을 완벽하게 보완했다. 나는 그에게 전화를 걸어 내가 유럽에 있는 동안 메타랩을 운영할 수 있는지 물었다.

"운영한다는 게 무슨 뜻이야?"

"집안일 하는 거랑 비슷해. 그냥 화초에 물을 주고, 고양이에게는 먹이를 주고, 집이 불타지 않도록만 하면 돼."

마크는 흥미를 보이면서도 약간 두려워했다. 그는 디자인이나 웹사이트 제작 또는 메타랩의 작동 방식에 대해 아무것도 모른다고 솔직하게 말했다.

"내게 좋은 생각이 있어. 며칠 동안 나를 따라다니면서 업무를 좀 배워보면 어떨까?"

그래서 우리는 그렇게 했다. 나는 런던으로 가는 비행기를 예약하고 짐을 싸기 시작했고, 마크는 고객과의 통화를 같이 들었다. 그는 내가 불만을 처리하고, 청구서를 보내고, 판촉 전화를 하고, 디자인 프로세스를 진행하는 것을 옆에서 지켜보았다. 비즈니스의 여러 측면과 마찬가지로, 이러한 기술들은 강의실에서 배울 수 있는 것이 아니다. 이는 본능적 감각을 키우고 다른 사람들의 단점이나 이상한 습관을 다루는 방법을 배우는 과정이다.

이런 고용 방식은 하버드 경영대학원에서 가르치는 내용이 아니다. 그보다 훨씬 간단했다. 나는 마크를 좋아하고 신뢰했다. 내가 아는 대부분의 사람들도 그를 좋아하고 신뢰하는 것 같았다. 그래서 나는 내 클라이언트들도 그를 좋아하고 신뢰하며, 그가 회사를 운영할 수 있을 거로 생각했다. 나는 내 직감을 따랐다. 마크는 한번 해보겠다며 내 제안을 받아들였다.

'어떤 문제가 생길 수 있을까?' 나는 공항으로 향하면서 다소 긴장된 마음으로 생각했다. '많은' 문제가 생길 거라는 예상이 들었지만 깊이 생각하지 않기로 했다. 비행기 탑승 몇 분 전에 공항 라운지에 앉아 마크에게 마지막 이메일을 보내 내 유럽 휴대전화 번호를 알려주면서 다음과 같이 말했다.

"긴급 상황에만 전화해."

비행기가 이륙하면서 나는 마크와 '긴급 상황'이 아니어도 자주 연락하고, 그는 사업 관련하여 매일 전화할 거라고 예상했다.

나는 이 여행이 너무 기대되었다. 고풍스러운 레스토랑에서 저녁을 먹고, 풍성한 디저트를 즐기며, 고급 호텔에 묵고, 현지 사람들과 예술과 인문학에 대해 시적으로 이야기할 생각이었다. 하지만 예상과 달리 내 친구 에릭과 나는 값싼 호스텔에 머무르며 트위터에서 만난 모르는 사람들과 코가 삐뚤어지도록 술을 마시고는 했다.

여행 중 유럽 문화를 느낀 유일한 순간은 내가 에릭과 함께 현지인들에게 "독일어로 맥주가 뭐예요?", "네덜란드어로 맥주를 어떻게 말해요?", "와인은 프랑스어로도 그냥 와인인가요?"라고 물었던 때였다. 그리고 무슨 음식을 먹긴 한 것 같은데, 어떤 음식이었는지 정확히 기억나지 않는다. 예술에 관해 이야기하자면 "루브르 박물관을 지나면 오른쪽에 펍이 있어요."가 우리가 그나마 가장 가까이 예술을 접한 순간이었다.

하지만 이런 여행이야말로 나에게 필요한 시간이었다. 일 중독자에게 휴식은 정말 필요한 것이었다. 이렇게 한 달을 보내니 어느 정도 재충전이 되었다. 하지만 돌아오는 비행기에서 나는 공황 상태에 빠지기 시작했다. 파티에 너무 빠져 있느라 마크가 한 번도 전화하지 않았다는 사실을 깨닫지 못했다. 단 한 번도 전화가 없었다. 이메일도 처음 며칠만 하고 그 뒤에는 체크하지 않았다. 시속 900킬로미터로 날아가는 비행기 안에서 나는 오싹한 기분이 들었다. 사업체가 아직 생존해 있기는 할까? 화가 난 클라이언트가 나를 기다리고 있는 건 아닐까? 아니면 클라이언트가 아예 사라졌을까?

밴쿠버에 도착하자마자 공포에 질려 그에게 전화를 걸었다.

"마크?" 숨을 헐떡이며 전화기에 대고 물었다. "별일 없어?"

"무슨 별일?" 그가 의아하다는 듯 물었다.

"너한테 하도 소식이 없어서……."

"내가 나중에 전화할게. 지금 신규 고객하고 통화 중이거든."

"아, 그래? 알았어." 나는 안도감을 느끼며 말했다.

메타랩은 여전히 살아 있을 뿐 아니라 내가 없는 동안 마크는 새로운 고객을 유치하고 심지어 프로세스도 개선한 것으로 밝혀졌다. 그는 장군이 군사작전을 지휘하듯 정교하게 회사를 운영했다. 프로젝트는 모두 일정에 맞추어 진행되고 있었고 아무도 내가 거의 4주

동안 자리를 비웠다는 걸 눈치채지 못한 것 같았다. 내가 관여하지 않아도 프로젝트는 착착 진행되어 고객이 나를 찾을 일도 없었다.

어쩌면 나는 이런 상황에 화가 날 수도 있었다. 내가 처음부터 이 회사를 만들었는데 나 없이도 이렇게 잘 굴러간다는 게 말이 돼? 그러나 나는 밴쿠버 공항을 빠져나오면서 깊은 안도감을 느꼈다. 몇 년 만에 처음으로 자유를 느꼈다.

나는 깨달았다. 이전에는 '내 사업이 곧 나'라고 생각했었다. 모든 것은 내 머릿속에 있었고, 치실과 접착테이프로 연결하는 것이 내 일이라고 여겼다. 스트레스라는 벽돌이 차곡차곡 쌓여 점점 커지는 내 배낭은 언덕을 힘겹게 오르는 나를 짓누르고 있었다. 모든 문제는 내 것이었고, 내가 나타나지 않으면 아무 일도 일어나지 않을 것 같았다.

하지만 이제 내 사업은 나 없이도 잘 돌아간다는 것이 분명해졌다. 나는 이제 시스템을 만들어 모든 것을 맡길 수 있다고 생각했다. 그 시스템은 유능한 인력과 프로세스를 통해 적절하게 설계되어 내가 손가락 하나 까닥하지 않아도 원재료(잠재 고객, 판매 기회 및 소개)를 완제품(앱, 웹사이트, 로고, 고객이 원하는 것)으로 변환시킨다. 나는 새로운 깨달음을 받아들여 마음속으로 반복해서 외우기 시작했다. 나는 '업무의 테플론Teflon[2]'이다. 앞으로는 다른 사람이 할 수 있는 일을 다시는 내가 나서서 하지 않겠다고 말이다.

---

2   음식물이 달라붙지 않도록 하는 코팅제. 이를 처음으로 상용화한 회사 듀폰(Dupont)의 상품명이다.

다음 날 나는 마크에게 전화를 걸어 메타랩의 총괄 관리자가 되어 회사의 일상적인 업무를 맡아달라고 정식으로 제안했다. 나는 여전히 새로운 고객을 유치하고 비즈니스를 구축하겠지만 일상적인 회사 운영에는 관여하지 않겠다고 그에게 말했다. 그는 고객과 프로젝트를 논의하고, 디자이너와 개발자를 배정하며, 프로젝트가 제때 예산에 맞게 진행되도록 관리할 것이다. 기본적으로 그는 고객을 처리하고, 프로젝트가 원활하게 진행되도록 하며, 제때 돈을 받는 등 내가 더는 하고 싶지 않은 일을 하면 되었다. 한편, 나는 마케팅이나 기업 전략과 같이 내가 좋아하는 분야를 조용히 처리할 것이다.

지금 와서 보면 그런 계획은 모든 면에서 이치에 맞았지만, 당시에는 거의 죄책감을 느낄 정도로 이례적인 생각이었다. 이는 많은 기업가가 두려워하는 결정이다. 나는 게으른 리더십Lazy Leadership이라고 불리는 개념을 받아들이고 있었던 것이다. CEO의 역할은 모든 일을 하는 것이 아니라 제도와 시스템을 설계하는 것이다. 경기장에서 뛰는 선수도 아니고 코치도 아니다. 경기장 꼭대기에 있는 작은 VIP 박스에 들어가 조용히 관찰하다 다음 단계의 중요한 전략적 결정을 내리는 구단주와 같다.

관련된 비즈니스 경험이라야 벌링턴의 상가에 있는 스타벅스에서 바리스타로 일한 짧은 경력밖에 없었던 마크에게 이런 고위직은 분명 부담스러웠을 것이다. 그러나 여전히 토론토 교외의 부모님 집에 얹혀살던 그에게 안정적인 급여를 제안하자, 그는 곧바로 수락했다.

나는 갑자기 여유 시간이 많아졌다. 하루 종일 바쁘게 뛰어다니고, 각종 회의에 시달리고, 디자인 작업을 하며 밤을 새우던 옛날은 먼 과거가 되었다. 이제 마크가 대부분의 일을 처리하고 있다. 게다가 그는 그 일을 하게 되어 매우 기뻐했다. 나와는 달리 그는 지난 몇 년 동안 토론토에서 가난한 대학생으로 살아왔기에, 여기저기 다니면서 새로운 클라이언트를 상대하고 접대하는 일이 그에게는 매력적이었다.

이러한 경험을 통해 '내가 싫어하는 일을 좋아하는 누군가는 항상 있다'는 깨달음을 얻었다. 예를 들어, 당신은 회계 업무가 지루하다고 생각할 수 있지만, 나는 밤을 새워 여덟 시간 동안 엑셀 피벗 테이블과 씨름하는 걸 좋아하는 사람이 분명히 있다고 믿는다. 당신은 코딩이 지구상에서 가장 노동 집약적이고 고통스러운 일이라고 생각할지 모르지만, 코딩을 해주는 대가로 돈을 받는다고 하면 믿지 못하는 사람도 있다. 그리고 당신은 회사를 운영하는 것을 싫어할 수 있지만, 누군가에게는 꿈의 직업일 수 있다. 나는 경영을 싫어했지만 마크에게는 꿈의 직업이었다.

나는 승리한 것이다!

내가 시작한 사업이 성공적이어서 내 사업을 떠날 수 있었다. 이제 내 사업은 알아서 돌아간다. 내 은행 잔고는 매일 늘어나고 있었다. 이것이 바로 내가 원하던 삶이었다. 나는 성공했고 아무것도 부족한 것이 없었다. 이제 나는 여유 시간에 무엇을 할지 고민해야 했다.

5장
금광을 찾아서

NEVER ENOUGH

"아버지, 믿어지세요?
우리 회사가 올해 순이익만
50만 달러를 벌었어요!"
"와우, 대단하구나. 그런데 세금은 냈니?"
"그게 무슨 말씀이세요?"
불안감이 뱃속에서 올라왔다.

나는 주머니에서 휴대전화를 꺼내 아버지에게 전화를 걸었다. 신호가 가는 동안 화면을 바라보니 내 얼굴이 입이 찢어져라 활짝 웃고 있었다. 내 손에는 방금 회계사로부터 받은 보고서가 들려 있었다. 지난해 회사가 얼마나 많은 돈을 벌었는지를 상세히 보여주는 연간 재무제표였다. 나는 잉크가 번지지 않도록 조심하며 엄지손가락으로 종이를 부드럽게 넘겼다. 맨 아래에 적힌 숫자는 내가 연간 50만 달러(약 7억 원) 이상의 이익을 냈다는 것이었고, 이는 몇 년 전 바리스타로 일할 때보다 약 스무 배 이상 많은 금액이었다. 아버지가 전화를 받자 나는 기쁨에 찬 목소리로 외쳤다.

"아버지, 믿어지세요? 우리 회사가 올해 순이익만 50만 달러를 벌었어요!"

"와우, 대단하구나. 그런데 세금은 냈니?"

"그게 무슨 말씀이세요?" 불안감이 뱃속에서 올라왔다.

"세금 말이야. 세금 분할납부를 신청했니?" 아버지의 목소리는 불안감 때문인지 점점 커졌다. "세금을 제때 내지 않으면 정부에서 엄청난 과징금을 물릴 거야. 반드시 기한 내에 납부해야 해."

"아, 예…… 알아요. 그럴게요." 나는 아버지의 말에 풀이 죽어 중얼거렸다.

아버지는 항상 낙관론자였지만, 수십 년 내내 재정 압박을 받은 결과 그 낙관주의는 사라지고 없었다. 아버지는 오랜 기간에 걸쳐 여러 건축 회사를 설립했는데, 시장 변화에 맞추며 고전하다 폐업하고 또 다른 회사를 설립하는 과정을 반복해야 했다. 사업 부진의 원인은 둘 중 하나였다. 사람은 부족한데 일이 너무 많거나, 아니면 일은 적은데 사람이 너무 많거나. 부동산은 경기 사이클을 타고 움직였고 고객 중 상당수가 고급 부동산 개발자였다. 그들은 천국과 지옥을 왔다 갔다 하는 사람들이었다. 순식간에 주체 못 할 정도로 현금이 풍족해졌다가 다음 순간 파산하면 돈 받을 길이 막막했다. 늘 낙관적이었던 아버지는 어려운 시기에도 직원들을 해고하지 않기 위해 빚을 지기도 했으며 심지어 집을 담보로 제공하기도 했다. 결국 아버지는 회사를 운영하는 것이 적성에 맞지 않는다고 생각하고 모든 것을 포기했다. 운영하던 회사를 얼마 안 되는 돈을 받고 미국의 큰 회사에 넘기고, 수년간 그 회사에서 일하다 정부 프로젝트 자문역으로 재취업했다. 그 일은 안정적이고 보장된 일자리였고 월급도 후했다. 무엇보다 아버지는 직원들의 주택담보대출 상환과 생계를 책임지는 급여 지급의 스트레스에서 벗어났다. 그는 어려운 산업에서 힘들게 버텼고 그 상처를 고스란히 지니고 있었다.

내가 단지 운이 좋았던 걸까? 나는 아무런 훈련 없이도 바로 사업을 시작하고 첫날부터 시간당 수백 달러를 청구할 수 있는 산업에 우연히 발을 들여놓은 셈이었다. 나는 가끔 궁금해졌다. 만약 아버지가 30년 늦게 태어났다면 그의 디자인 기술이 건축이 아닌 웹디자인에 활용될 수 있었을까? 아버지는 시대를 잘못 타고난 것일까, 아니면 산업을 잘못 선택했던 것일까? 나는 알 수 없었다. 하지만 이번에는 반드시 해내겠다고 다짐했다. 아버지가 준 바통을 움켜쥐고 끝까지 달려가겠다고.

끊임없이 부딪쳐라

최근에 본 영화감독 프랜시스 포드 코폴라Francis Ford Coppola의 인터뷰에서 인상 깊었던 한마디가 기억났다.

"아버지의 이야기를 알면 아들을 이해할 수 있다. 아버지의 이야기는 아들에게 내재해 있기 때문이다."

나는 아버지가 사업에서 어려움을 겪는 모습을 지켜봤고, 그 고난이 이제 나에게도 내재해 있는 것 같았다. 내 삶의 유일한 목표는 이 해결되지 않은 문제를 풀어내는 것이었다. 아버지는 분명 나를 자랑스러워했지만, 동시에 내가 재정적으로 큰 어려움을 겪을까 걱정하는 것 같았다. 그는 내게 경각심을 주려는 듯했다. 언제까지나 상황이 좋을 수는 없고, 삐끗하면 일이 잘못될 수 있다는 머피의 법칙을 일깨워 주었다.

이제는 점점 더 많은 사람이 내게 생계를 의존하고 있었고, 그중

두 명은 내 동생이었다. 팀과 윌리엄 모두 내 회사에 합류했다. 바로 아래 동생 팀은 인사 담당으로 회사 문화를 정립하고 일이 원활히 진행되게 도와주었다. 막내 윌리엄은 고등학생이지만 디자이너로 들어왔고 가급적 고객 전화는 피하며 열여섯 살이라는 사실을 조심스럽게 숨기고 있었다. 이는 결코 가볍게 여길 상황이 아니었다. 가족의 절반이 내 사업의 성공에 의존하고 있었다.

아버지가 알려주지 않았다면 아마 몇 차례 세금 납부기한을 놓쳤을 것이다. 여기서 나는 실수로 값비싼 대가를 치르지 않도록 누군가 균형추 역할을 할 사람이 필요하다는 걸 직감했다. 지금까지는 순전히 운이 좋았을 뿐이라는 걸 깨닫고 아버지의 조언을 마음에 새겼다. 솔직히 말하자면 나는 회계나 비즈니스를 제대로 잘 이해하지 못했다.

최근에 도시마다 지부가 있는 전 세계 기업가 네트워크인 기업가 조직Entrepreneurs' Organization에 가입해서 그들이 '포럼'이라고 부르는 분과에 들어갔다. 매달 모여서 서로의 사업에서 일어나는 일에 대해 논의하는 비즈니스 지원 그룹이었다. 대부분 기업가는 확실히 심리치료가 필요하지만 실제로 치료받는 사람은 거의 없으므로 이렇게 끌어모아 결국 단체 치료를 하는 방식이었다.

첫 번째 포럼 회의에서 나는 스티브라는 남자와 마주 앉았다. 나보다 겨우 열 살 더 많았지만 그 사람 앞에서 나는 어린아이처럼 느껴졌다. 그는 매주 머리를 자르는 것 같았고, 머리카락 하나 흐트러진 데가 없었으며, 연한 회색 비즈니스 슈트와 광택 나는 갈색 구두를 신고 있었다. 그는 아이도 둘 있었는데, 이는 그 당시 나에게는 완전히 딴 세상 이야기 같았다. 처음에는 그를 어떻게 대해야 할지 몰랐다. 그는 진지했지만, 다소 뻣뻣하게 느껴졌는데 몇 번의 포럼 회의 이후 그의 따뜻함과 놀라운 유머 감각을 알게 되었다. 우리는 빠르게 친구가 되었고 사무실이 불과 한 블록 떨어져 있다는 사실을 알게 된 후에는 근처 샌드위치 가게에서 같이 점심을 먹곤 했다.

그의 사무실은 내 사무실과 극명한 대조를 이루었다. 메타랩의 사무실은 어지러웠고, 실제로는 20대 초반의 젊은이들이 상자 안에 빽빽하게 들어앉아 있는 모습이었다. 이케아 가구들이 뒤죽박죽 놓여 있었고, 벽에는 독특한 그래픽 디자인 포스터가 가득했다. 반면에 스티브의 사무실은 꼼꼼하게 정돈되어 있었고 내 사무실보다 다섯 배는 컸다. 사무실 벽은 유리로 되어 있었고, 벽돌 벽에는 오리지널 그림들이 걸려 있었다. 안내하는 직원이 있었고, 직원들은 모두 정장 차림이었다. 사무실은 서로 다른 성격을 반영하고 있었지만 스티브는 어른이라는 것도 깨달았다. 그는 당시 10년 이상 사업을 해왔고, 사무실 벽에는 그가 읽은 경제·경영 서적들이 빼곡하게 꽂혀 있었다. 그는 회계, 인사, 채용 등 거의 모든 주제에 대해 조언할 수 있는 사람 같았다. 점심을 먹으면서 나는 다양한 비즈니스 문제에 대해 그에게 질문했고, 그는 항상 완벽하게 답변해 주었다. 그는 이전에 이 모든 것을 경험했고 나는 그의 지식으로부터 혜택을 받았다. 그를 만나면서 내가 '더닝 크루거 효과Dunning-Kruger effect'에 빠져 있다는 것을 알게 되었다. 이는 지식이나 기술이 부족한 사람들이 종종 자기 능력을 과대평가한다는 의미다. 한마디로 내가 비즈니스를 전혀 모르고, 아직 갈 길이 멀다는 것을 깨달았다는 뜻이다.

내가 크리스 스팔링을 만난 것이 바로 이때였다. 바로 그 크리스였다. 더글러스 거리의 한 은행 지점에서 '스팔링 선생님'으로 소개받았지만 너무 젊어 그의 아들이라고 해도 믿을 법했던 바로 그 크리스다. 그는 내가 설득해서 캐나다 대형 은행이라는 안정적인 직장을 그만두고 내 회사의 CFO로 일하게 되었다.

크리스는 은행의 규칙적이고 차분한 환경을 떠나 나와 함께 일하게 된 순간을 분명 충격으로 기억할 것이다. 나는 내 사업을 직감에 따라 운영했지만, 은행에는 은행답게 규칙과 프로토콜이 있어서 정해진 시간에 열고 정확히 5시에 문을 닫았다. 반면에 내 회사는 24시간 운영되는 식당과 같았다.

첫 근무일에 그는 정장에 넥타이까지 갖춰 입고, 일하겠다는 의욕에 가득 차 사무실 밖에서 기다리고 있었다. 나는 마침 다른 점심 약속에 가야 하는 상황이었다. 급히 차를 세우고 트렁크를 열어 서류가 넘쳐나는 상자 세 개를 그의 팔에 안기며 말했다.

"여기, 이게 회사의 모든 재무 관련 문서야. 옆 건물에 인테리어 디자이너의 사무실이 있는데 거기 가면 직원들이 당신을 사무실로 안내해 줄 거야."

그가 출근하기 바로 전날, 나는 현재 사무실 공간이 꽉 차 그가 있을 자리를 마련할 수 없다는 것을 알게 됐다. 그래서 옆 건물의 인테리어 디자인 사무실 지하에 책상을 하나 마련했다. 크리스는 충격을 받은 채 서서 캐나다 대형 은행을 버리고 이 허접한 회사에 온 자신을 원망했을 것이다. 나는 "그런데 정장 입지 마. 여기서는 아무도 정장을 안 입어. 나 간다!"라고 말한 후 다시 차를 몰고 회의 장소로 향했다. 백미러로 보니 그는 회색 정장을 입고 서류가 삐져나온 상자들을 안고서, 마치 무슨 일이 일어났는지 모르겠다는 표정을 짓고 있었다.

이렇게 혼란스러운 시작에도 불구하고 크리스는 곧 자리를 잡고 회사를 정돈하기 시작했다. 갑자기 모든 사람이 제때 급여를 받게 되었고, 회사의 재무 상태도 정확하게 업데이트되기 시작했다. 또한 직원들은 은행 대출과 신용카드 발급도 받을 수 있게 되었다. 나는 이런 부분들을 잘못 이해했거나 너무 정신없어서 생각하지 못했지만, 정말 중요한 것들이었다. 그보다 더 중요한 점은, 크리스가 사업에 손익 관점을 도입했다는 사실이다. 그는 우리의 수익 구조를 분석하고 더 효율적으로 운영할 방안을 찾아냈다. 그는 사무실 임대료부터 우리가 대량으로 구매하는 커피 원두에 이르기까지 모든 것을 협상의 대상으로 삼았다. 그는 정말 대단했다. 내가 하기 싫어하는 모든 일을 그는 좋아했고 잘 해냈다. 나는 내 인복이 믿기지 않았다.

마크에게 회사 운영을 넘긴 후, 나는 일하지 않으려 했지만 그것이 쉽지 않다는 것을 알게 되었다. 나는 턴테이블을 구매하고 취미로 DJ를 시작했으며, 곧 빅토리아의 한 지역 클럽에서 정기적으로 공연하게 되었다. 얼마 지나지 않아 온라인 DJ 스쿨을 시작하겠다는 황당한 사업 아이디어를 떠올렸다. 이 아이디어가 내 고양이 가구 사업만큼 나쁘다고 해야 할지, 아니면 온라인 강의가 보편화하기 전에 내가 10년을 앞서간 건지는 아직도 잘 모르겠지만, 어쨌든 내 DJ 스쿨은 실패했다.

나는 끊임없이 새로운 비즈니스 아이디어를 떠올렸다. 팔뚝에 작은 분홍색 돌기가 뭉쳐 있는 것을 발견하고 조사해 본 결과 별로 해롭지 않은 피부 질환인 '닭살'이라는 것을 알게 되었다. 이는 일반 약국에서 파는 피부 크림으로 쉽게 해결할 수 있었다. 나는 즉시 ChickenSkin.org라는 사이트를 시작했고 피부과 의사에게 의뢰하여 치료 크림 수백 병을 제작했다. 하지만 나는 단 한 병도 팔지 못했다. 내가 알기로 그것들은 여전히 예전 사무실의 지하실에 남아 있다.

한번은 쓸데없는 자만심에 빠져 친구들과 함께 피자 레스토랑을 시작하기도 했는데, 예상대로 잘되지 않았다. 우리는 모두 테크 기업가였는데도 자신의 능력을 과대평가하여 끔찍한 결과를 초래했다. 인테리어에 엄청난 자금을 쏟아부었지만 자금 회수는 거의 불가능했다. 우리는 허접한 매니저들을 한꺼번에 고용하는 실수도 저질렀는데, 그중 한 명은 레스토랑 영업이 끝난 후 그곳을 자신의 개인 클럽과 생활공간처럼 사용하며 밤마다 파티를 열고 레스토랑의 맥주를 빼돌리는 것이 적발되어 즉시 해고하기도 했다.

이런저런 사업이 실패할 때마다 나는 또 다른 아이디어로 다시 시작했다. 그동안 베이스캠프의 제이슨 프리드와 데이비드 하이네마이어 핸슨이 백만장자에서 천만장자로 (어쩌면 실제로는 억만장자일지 모르지만) 상승하는 모습을 지켜보았다. 그들은 나와 달리 자신이 좋아하는 일만 하며, 잠자는 동안 예측 가능한 수익을 발생시켰다. 메타랩은 스타트업을 위해 소프트웨어를 개발했지만 막상 우리를 위한 그런 소프트웨어는 없어서 금을 캐는 사람을 부러워하는 곡괭이 판매자와 같았다. 나는 끊임없이 클라이언트와 직원들을 찾기 위해 부지런히 움직이지 않아도 되는 안정적인 사업을 갈망했다. 롤러코스터 같은 상황에 지쳐 있었고, 어떻게 변할지 모르는 상대 기업에 좌지우지되는 것도 싫었다.

어릴 적 부모님이 TV와 컴퓨터 때문에 다투던 모습에서 느꼈던 그 불안감은 여전히 남아 있었다. 나는 내 은행 잔고를 확인했다. 많은 현금이 있었지만, 회사가 조금만 부진해지면 감자로 연명하며 부모님에게 집세를 내던 그 시절이 떠올랐다. 그래서 나는 나만의 금광을 만들기로 결심하고 다시 일하기로 했다.

내 고양이 가구 사업은 완전한 실패였지만 그 덕분에 캐나다의 작은 전자상거래 소프트웨어 회사인 쇼피파이를 발견할 수 있었다. 밴쿠버에서 열린 기술 콘퍼런스에서 당시 쇼피파이의 COO_{Chief Operating Officer}인 할리 핀켈스타인_{Harley Finkelstein}을 만났다. 그는 쇼피파이가 플랫폼에 맞는 템플릿을 설계할 파트너를 찾고 있는데 우리 디자인이 마음에 든다고 말했다. 요컨대 그들은 온라인 판매자들이 전자상거래 매장을 시작할 때 선택할 수 있는 다양한 디자인의 테마를 제공하고자 했다. 예를 들어 전자제품 매장은 스킨케어 매장과는 다른 모습을 원할 것이다. 쇼피파이는 고객이 가입할 때 원하는 테마를 한 번의 클릭으로 고를 수 있는 프로세스를 구상하고 있었다.

그는 이것이 메타랩에서 늘 하던 유료 프로젝트와는 다를 것이라고 말했다. 대신 그들은 우리가 테마를 디자인하고 구축한 후, 쇼피파이가 새롭게 만든 테마 마켓플레이스에서 판매하기를 원했다. 이는 아이폰의 앱 스토어와 비슷하며, 각 테마는 49달러부터 249달러 사이에서 판매될 것이라고 했다. 그 아이디어는 환상적으로 들렸다. 우리는 커피를 마시며 세부 사항을 이야기하다가 성장하는 조직을 관리하는 어려움으로 화제를 바꾸었다. 그 당시 우리 둘 다 직원 수가 각각 30명 정도였으며 50명 이상으로 팀을 확장하는 것은 불가능하다고 생각했다. 오늘날 내가 1,000명이 넘는 직원을 고용하고, 핀켈스타인은 그보다 열 배 많은 직원을 관리하고 있다는 점을 생각하면 정말 말도 안 되는 이야기였다.

당시 나는 여러 사업체를 운영하며 정신없이 바빴고 각 사업체는 나름대로 골치 아픈 문제가 많아서 이 쇼피파이 파트너십을 맡아서 추진할 누군가가 필요했다. 다시 한번 내 직감을 믿어보기로 했다. 당시 인턴이었던 리암 사스필드Liam Sarsfield를 호출해서 사무실에서 만났다.

"쇼피파이가 뭔지 알지?"

"예……." 그는 사무실에서 거의 대화도 없었던 내가 왜 갑자기 자신을 불렀는지 궁금해하며 두려운 듯한 미소를 지었다.

"그들의 테마 언어가 어떻게 작동하는지 알아?"

"기본 HTML은 알아요."

"좋아, 그럼. 앞으로 두 달 안에 다섯 개의 쇼피파이 테마를 만들어야 하는데 그걸 관리해 주기 바라네. 알겠지?"

그는 인턴에서 프로젝트 매니저로 올라갈 기회에 두려움과 흥미를 느끼며 수락했다. 곧이어 프로젝트를 위해 몇몇 디자이너와 개발자들을 불러 모았다. 계속되는 철야 작업 끝에 그들은 마감일을 맞췄다. 쇼피파이의 핀켈스타인은 매우 감탄했고 테마가 아름답고 실용적이라는 칭찬을 아끼지 않았다. 그는 즉시 우리에게 더 많은 테마를 만들어달라고 부탁했고, 쇼피파이 앱 개발도 시작해 달라고 요청했다.

얼마 후 쇼피파이는 테마 마켓플레이스를 출시했고, 우리의 사업은 들불처럼 활활 타올랐다. 내 전화는 마치 벌떼가 들어 있는 것처럼 울리기 시작했는데, 한 번 울릴 때마다 테마가 팔렸다는 신호였고 은행 계좌에는 추가로 50달러씩 들어왔다. 처음에는 하루에 몇 번, 그다음에는 매시간, 그리고 거의 1분에 한 번씩 전 세계의 온라인 판매자들이 우리의 테마를 구매해 자신의 온라인 상점을 꾸미는 일이 발생했다. 얼마 지나지 않아, 점심시간이 되기도 전에 배터리가 다 소모되어 알림을 끄지 않으면 안 되었다.

현금이 폭포수처럼 쏟아져 들어왔다. 5,000달러, 1만 5,000달러, 그 후 3만 달러의 수익이 매달 들어오기 시작했다. 우리는 놀라운 비즈니스 모델을 찾은 게 분명했다. 1~2주의 작업으로 테마를 한 번만 만들면 무한대로 판매할 수 있는 구조였다. 유일한 유지 비용이라고 해봤자 버그 수정이나 기술 지원 정도였다. 얼마 지나지 않아, 소규모 스타트업부터 테슬라Tesla, LA 레이커스LA Lakers 같은 글로벌 브랜드까지 모든 기업이 우리의 테마를 사용했다.

이 모든 과정에서 리암 사스필드는 나에게 깊은 인상을 남겼다. 그는 원래 평범한 인턴이었지만, 그의 리더십은 확실히 드러났고 빠르게 CEO 역할을 맡게 됐다. 우리는 회사를 분리해서 그에게 전담 팀을 맡겼으며, 그 팀을 확대해 '픽셀 유니온Pixel Union[1]'이라는 회사를 설립했다. 회사 이름은 그의 좌파 성향을 고려한 것이었다.

쇼피파이가 성장함에 따라 우리도 함께 성장했다.

---

1 Union은 '노동조합(Labor Union)' 단어에서 볼 수 있듯이 노동자들의 연대를 강조한다.

나는 가속페달, 사업 파트너는 브레이크

쇼피파이라는 거대한 고래에 달라붙은 따개비처럼 우리는 멋진 비즈니스에 올라탔다. 그리고 메타랩이나 고양이 가구 사업, 온라인 DJ 수업과는 달리 이번에는 판매가 자동으로 이루어졌다. 돈이 계속해서 들어왔다. 우리는 드디어 우리만의 금광을 찾은 것이다.

이런 결과는 아주 좋았지만 복잡한 문제를 동반했다. 겉으로 보기에 나는 부유했지만 실제로는 현금이 매우 부족했다. 메타랩과 픽셀 유니온이 수익을 올리고 있었지만 피터에게 훔친 돈을 폴에게 갚는 식이어서 모든 수익을 다른 사업의 직원 채용에 다시 쏟아부었다. 이전에 겪은 사업 실패에서 값진 교훈을 얻었다면 이제는 성공에서도 배울 때가 온 것이다. 나는 수익을 사업에 재투자하는 대신 어떻게 은행에 그대로 남겨둘 수 있을 것인지 고민해야 했다.

이 부분에서 크리스는 진짜 천재라는 걸 입증했다. 그는 우리의 재무 상황을 완전히 재정비했고, 한 푼 한 푼이 중요하다는 마인드를 철저히 각인시켰다. 사업과 관련한 온갖 항목에서 최상의 거래 조건을 만들고자 몇 달 동안 협상했고, 매일 몇 시간씩 고객들에게 결제를 독촉했다. 그리고 그가 합류하기 전까지 갖추지 못했던 엄격한 기준을 새로 도입했다.

그의 성격은 나와 거의 정반대였지만, 완벽하게 맞아떨어졌다. 우리는 서로 정교하게 맞물린 퍼즐 조각 같았다. 내가 가속페달이면 그는 브레이크였다. 내 미친 기업가적 아이디어에 대해 견제와 균형 역할을 했다. 그는 여러 번 복잡한 차트와 그래프를 만들어 내가 이러한 엉뚱한 부업을 시작하면서 얼마나 많은 돈을 낭비하고 있는지 강조했다.

"이해가 안 돼? 넌 이미 부자야!" 그가 큰 소리로 외쳤다. "새로운 사업에 손대는 것만 멈춰도 몇 년 안에 은퇴할 수 있어!"

나는 즉흥적으로 돈을 쓰는 반면, 그는 검소했다. 그는 10년 된 차를 몰았고, 점심으로 간편 음식을 먹었으며, 물건을 살 때마다 끈질기게 흥정했다. 한번은 중고차를 사려고 6개월이나 가격을 흥정하기도 했다(결국 세일즈맨이 지쳐 포기하는 바람에 거의 원가에 차를 샀다). 고등학교 시절 맥도날드 매장을 관리하며 비교적 적은 수입을 벌었던 그는, 은행에 취업하여 차근차근 경력을 쌓아가면서 절약한 돈을 신중한 주식 투자로 불려 수십만 달러를 만들었다. 반면에 나는 완전히 달랐다. 생각날 때마다 돈을 펑펑 쓰고, 가격을 협상하지 않았으며, 솔직히 말해 지루하게 느껴지는 주식에 투자하려 하지 않았다. 회사를 시작할 수 있는데, 누가 그런 것들을 하겠는가?

올바른 사업 파트너를 선택하는 일은 인생의 배우자를 고르는 것만큼이나 중요하다. 당신의 배우자가 가정에서의 행복을 결정한다면, 직장에서의 행복은 비즈니스 파트너가 결정한다. 하지만 비즈니스 파트너는 쉽게 이혼할 수 없으므로 훨씬 더 복잡하다. 지분을 매입해 내보내지 않는 한 당신은 그들과 영원히 묶여 있어야 한다. 다른 기업가들과 이야기하면서 나는 비즈니스 파트너십이 많은 위험을 동반한다는 사실을 배웠다. 어떤 파트너와는 회사 전체의 통제권을 두고 싸우기도 했고, 회사를 위해 110퍼센트의 노력을 기울이는 파트너가 있는가 하면 매일 휴가만 가는 파트너로 인해 원수가 되어 헤어지는 일도 있었다. 잘못될 가능성은 수도 없이 많았다.

다행히도 크리스에게는 이런 특성들이 없었다. 우리는 상대를 사업 파트너로 선택했다기보다는 처음부터 파트너가 될 운명이었다. 시간이 지남에 따라 그는 더 이상 CFO 역할에 머물지 않고 나의 진짜 사업 파트너가 되었다. 그리고 자신의 자금을 우리의 사업에 투자했다.

비록 각자의 전문 분야는 달랐지만 서로 중요한 부분에 집중할 수 있었기 때문에 간섭하지 않고 책임을 분담하며 효과적으로 일할 수 있었다. 우리는 몇 가지 주요한 공통점을 가지고 있었는데 사람들을 깊이 이해할 수 있는 능력, 읽고 배우는 것에 대한 집착, 그리고 옳고 그름에 대한 판단력이었다. 그런 공통점 말고는 내가 약한 부분에서 그는 강했고, 그의 부족한 부분은 내가 보완했다. 나는 앞서 나가며 시끄럽게 홍보하는 사람이었고, 그는 조용히 모든 일이 문제 없이 돌아가도록 뒤에서 챙기는 사람이었다.

크리스와 나는 종종 이런 농담을 하곤 했다. 만약 우리가 각각 아파트 건물을 소유한다면, 크리스의 건물은 낡고 허름하며 편의시설도 거의 없는 곳일 거라고. 딱 세입자들이 떠나지 않을 만큼만 유지되는 정도. 돈은 엄청나게 벌겠지만, 누구든 거기 살고 싶지도 않을 테고, 심지어 그 건물의 주인이라는 사실도 숨기고 싶을 것이다. 반면, 내 건물은 화려한 명품 아파트가 될 것이다. 끝없는 편의시설과 유니폼을 갖춰 입은 직원들이 모든 필요를 맞춰주는 곳. 아름답고 세심하게 설계된 공간. 단 하나의 문제는 수익이 전혀 나지 않는다는 것.

두 가지 접근 방식은 각각 단점이 있지만, 우리는 이를 결합해서 훌륭한 것으로 재탄생시켰다. 말하자면 다이내믹 듀오라고나 할까? 크리스는 비판적인 시각으로 내가 무모한 사업을 벌이는 것을 견제했고, 나는 크리스에게 과감한 기회를 잡으라고 권유했다. 우리의 파트너십이 모든 문제를 해결해 주지는 않았지만, 내 문제는 이제 우리의 문제가 되었다. 크리스와 나는 우리가 소대를 지휘하는 두 명의 장군 같다고 농담했다. 우리가 곧 전장에 나가야 한다는 사실을 모른 채 말이다.

6장
나를 백만장자로 만들어줄 위험한 거래

NEVER ENOUGH

모든 것이 가부키 연극처럼
치밀한 각본에 따라 움직이는 것 같았다.
나는 점점 더 방어적으로 변했다.
그러나 동시에 돈도 원했다.

휴대전화의 진동이 느껴졌다. 그것은 내 삶을 바꿀 이메일이 왔다는 신호였다. 한 친구가 나에게 브라이언Brian이라는 기업가를 소개해 주었다. 그는 우리가 잘 맞을 거라 예상했고 만나 보니 실제로 그랬다.

브라이언은 점심시간에 약속 장소에 도착해서는 테이블 위에 세련된 자전거 메신저 백을 툭 던져놓았다. 그리고 심호흡한 뒤, 마치 자비로운 기운을 내게 보내려는 수도승처럼 너그러운 눈빛으로 나를 바라보았다.

"드디어 만나서 정말 반가워요. 당신의 사업을 온라인에서 확인해 봤는데 내가 할 수 있는 말은 그저 '와우'밖에 없었어요." 그가 운을 뗐다.

나는 "그렇게 말씀해 주시니 정말 감사합니다."라고 대답했지만 그의 칭찬이 진심인지 판단이 서지 않았다.

브라이언은 50대였으며 깔끔하게 정돈된 머리를 하고 있었다. 그는 탄탄한 몸매를 유지하고 있었는데 나중에 알게 된 사실이지만 달리기에 대한 집착 덕분이었다. 그날 그는 날씬한 체형 위에 군청색의 옥스퍼드 코튼 셔츠를 입고 있었다. 그를 개에 비유하자면 미끈하고 우아한 그레이하운드 같았다. 그의 손목시계는 독일의 저명한 디자이너 디터 람스Dieter Rams가 디자인한 브라운 시계였다. 당시 내가 만나고 다녔던 전통적인 비즈니스맨들은 회색 정장과 로퍼를 신고 있었지만, 이 사람은 분명히 자기만의 스타일이 있었고 긍정적인 마인드를 가진 보통 사람 같았다. 나는 그가 10년 혹은 15년 뒤의 내 모습이라고 생각해서 그런지 바로 좋아졌다.

"여태껏 많은 사업을 벌였지만, 당신 나이 때에 나는 당신이 한 일의 절반도 못 했어요."라고 그가 말했다. 그는 분명 내게 깊은 인상을 받은 것 같았다. "사실, 그 나이 먹도록 나는 다른 사람 밑에 있었거든요."

얼굴이 화끈거렸다. 칭찬받는 것이 어색했다.

그는 과거에 치열하게 노력했던 이야기를 들려주었다. 뭐가 뭔지 잘 모르는 이사회와 맞서 싸운 이야기, 맡은 회사의 수익을 몇 달 만에 열 배로 성장시킨 이야기 등 지난 10년 동안 시작한 여러 사업에 관해 이야기했다. 음반 제작 회사부터 최근에 판매한 성공적인 급여 관리 소프트웨어 회사까지 다양했다.

"지난해 회사를 매각하고 나서 여름 내내 스페인과 이탈리아를 자전거로 여행했어요. 은행에 수백만 달러가 있어도 남은 인생을 그냥 '모히토 섬'에서 보내고 싶진 않더군요." 그가 말했다. "나는 아직 끝나지 않았어요."

"오, 그 심정을 저보다 더 잘 이해하는 사람은 없죠." 내가 웃으며 응수했다.

"다시 한번 반가워요. 난 브라이언이고, 비즈니스 중독자입니다."
그가 웃으며 악수를 청했다.

그가 활짝 웃었고, 나도 따라 웃으며 화답했다.
"이제 내 이야기는 그만하고 당신의 이야기를 듣고 싶군요."

대부분의 문제는 해결할 수 있다

그는 나와 내 회사, 그리고 내가 가고 싶은 방향에 대해 질문을 쏟아냈고 나는 거의 한 시간 동안 내 사업에 관해 상세히 이야기했다. 그 안에는 메타랩, 픽셀 유니온(쇼피파이 테마), 플로Flow(프로젝트 관리 소프트웨어), 볼파크Ballpark(청구 소프트웨어), 그리고 클라이언트 프롬 헬Clients from Hell(진상 고객을 다룬 블로그) 등 다섯 가지 회사와 각각의 문제점도 포함되어 있었다. 몇몇 사업은 잘 돌아가고 있었지만, 대부분은 성장이 더뎠고, 일부는 막대한 손실을 내고 있었다. 나는 다섯 개 사업을 동시에 운영하느라 정신이 분산되었고, 매일 아침 눈뜰 때마다 살아남기 위해, 직원들 급여를 맞추기 위해, 모두를 만족시키기 위해 고통스러운 전쟁터에 나서는 기분이었다. 단지 이야기하는 것만으로도 속이 다 후련했다. 크리스 외에는 이 모든 것을 털어놓을 사람이 없었다.

나는 회사의 임원들이 모두 내 친구들이라 아무도 사업 경험이 없다고 이야기했다. '직감에 따라 채용한다'는 내 채용 전략을 말하니 그가 얼굴을 찡그렸다. 내 여러 사업에 대해 몇 가지 수치를 알려주었더니 그의 얼굴은 더욱 일그러졌다.

"사무실에 화이트보드가 있나요?" 브라이언이 물었다.

"네, 수십 개가 있습니다."

"좋아요. 점심 먹고 가봅시다." 그가 대답했다. "거기서 모든 걸 한번 이야기해 보죠."

내가 밥값을 계산했고, 몇 분 후 브라이언은 내 회의실의 화이트보드 앞에 서 있었다. 나는 그가 앞으로 가르쳐줄 교훈을 받아들일 준비가 되어 있었다.

"그러니까 내가 제대로 이해했다면……"이라고 말하며 그는 '앤드루의 문제들ANDREW'S PROBLEMS'이라고 보드에 적었다. 나는 매우 흥미롭게 지켜보았지만, 동시에 그 장면은 약간 비현실적으로 느껴졌다. 마치 나에 대한 리얼리티 TV쇼를 보는 듯한 기분이었다. 카메라는 어디에 있는가? 이 사람은 누구이며 왜 나를 도와주고 있는 걸까? 그는 이어서 말했다.

"당신의 주요 문제는 메타랩을 운영할 CEO를 고용해야 한다는 거예요. 그렇게 해야 황금알을 낳는 거위를 얻을 수 있죠. 그러면 더 흥미로운 사업을 계속할 수 있을 겁니다."

"네. 사실 좀 지쳤다는 기분이 들어요."

비록 마크가 메타랩의 대부분을 운영하고 있었지만, 나는 문제가 발생할 때마다 해결사로 질질 끌려다니는 것 같다고 설명했다.

"저는 명목상으로는 CEO지만, 제대로 역할을 하지 못하고 있습니다. 앞으로 이런 사업을 계속 시작할 수 있을지 모르겠어요. 너무 힘들어요."

그는 고개를 끄덕였다.

"또 뭐가 있죠?" 그가 물었다. "또 다른 문제는 뭔가요?"

"음…… 저는 거의 7년 동안 이 일을 해왔고, 서류상으로 수익을 내는 사업이 두 개는 있지만, 다른 사업에서는 돈만 쓰고 벌지는 못하고 있어요. 서류상으로는 이익을 보고 있지만, 재정적으로는 안전하다고 볼 수는 없죠. 이제 진짜 비상금$^{nest\ egg}$을 쌓는 방법을 찾아야 해요."

사실 이런 말을 꺼내는 것 자체가 불편했다. 당시 나는 고작 스물일곱 살이었지만 항상 자신감 넘치게 모든 결정을 내려왔고, 직원들에게 그런 모습을 보여야 한다고 생각했다. 그런데 지금 여기 브라이언에게 내 모든 불안감을 털어놓고 있었다. 그것은 꺼림칙하기도 했지만 동시에 해방감이 들었다.

"사업 중 하나를 팔 생각을 해본 적 없어요?" 그가 보드를 바라보며 물었다.

"아니, 어떻게 그런 생각을 할 수 있죠?" 나는 목을 만지며 대답했다. 마치 술을 사기 위해 갓 태어난 아기를 팔라는 말 같았다. 내게 사업은 모든 것이었고, 팔 수 있다는 생각조차 해본 적이 없었다.

"픽셀 유니온이 매각하기에 가장 적합한 것 같아요. 트렌디하고, 쇼피파이는 요즘 인기가 있으니까요. 수익성도 좋고 조직도 별도로 있어서 분리하기도 쉽네요." 그는 나를 똑바로 보며 잠시 대답을 기다렸다. "적당한 가격에 살 사람을 알아요. 내가 매각 절차를 도와줄까요?"

신의 계시라도 받은 듯 나는 자신의 어리석음에서 구원해 줄 사업 수호자를 만난 것 같았다. 브라이언은 거래 금액의 작은 비율을 수수료로 받는 조건으로 픽셀 유니온을 팔 수 있도록 도와주겠다고 제안했다. 그리고 그는 정말로 해냈다. 그가 부자 친구 밥에게 연락했고, 몇 주 후 우리는 밥을 만났다.

700만 달러가 걸린 매각

밥은 비디오 대여업계의 거물로, 1990년대와 2000년대 초반에 수천만 달러를 벌었다. 비디오 대여 체인들이 거의 사라진 지금, 그는 다른 분야로 사업 다각화를 추진하고 있었다. 밥은 그의 '패밀리 오피스family office[1]' 명의로 회사를 사는 데 관심이 있었다(나중에 알게 된 바로는, 패밀리 오피스라는 단어는 "나는 돈이 너무 많아 내 개인 자금을 관리하는 팀이 따로 있다"는 비즈니스 용어였다).

우리는 몇 주 동안 그 회사의 CEO인 리처드를 만나 마치 카르텔의 정보원이라도 된 듯한 질문 세례에 시달려야 했다. 그럼에도 불구하고 나는 리처드가 마음에 들었다. 그는 MBA 출신으로 항상 카키 바지에 옥스퍼드 셔츠를 입고 있었고, 나보다 최소한 스무 살 이상 나이를 더 먹었지만, 사업의 멘토 같은 다정한 에너지를 느끼게 해주었다. 그는 우리가 픽셀 유니온에서 하는 일을 진정으로 이해하는 것 같았다.

---

1   초고액 자산가 가족을 위해 설립된 개인 맞춤형 자산 관리 회사.

몇 주 후 그는 픽셀 유니온을 200만 달러에 사겠다고 제안했다. 처음에 나는 말문이 막혔다. 200만 달러는 너무 큰 금액이어서 마치 얼어붙은 사람처럼 결정을 내릴 수가 없었다. 오랫동안 거래 단위가 수천 달러였는데 이제는 '100만'이라는 숫자가 눈앞에 있었다.

내가 머뭇거리자 리처드는 액수를 올려 400만 달러를 제시했다. 이 말에 나는 더욱 패닉 상태에 빠졌다. 내가 지금 역사상 최고의 결정을 내리는 건지, 최악의 결정을 내리는 건지 확신할 수 없었다. 누군가가 그렇게 빠르게 제안 금액을 두 배로 늘린다면 나는 혹시 그보다 더 큰 가치로 성장할 기회를 포기하고 있는 게 아닐까 하는 의심이 들었다.

내가 매각할지 말지에 대한 존재론적 고민에 빠져 있자 기다리다 지친 리처드가 전화를 걸어와 금액을 다시 올렸다. 그리고 또다시 올렸다. 이제 제안 금액은 내 연간 수익의 열네 배에 달했다.

"700만 달러(약 98억 원)로 올립니다."

나는 전화기 너머로 그 말을 들으며 아무 말도 하지 못한 채 그저 멍하니 앉아 있었다. 모든 협상에는 한계가 있게 마련이며 고개를 숙이고 거래에 들어가야 하는 시점이 온다. 내가 그 금액을 받아들이지 않으면 그들이 포기하고 물러난다는 것을 알고 있었다. 그래서 마침내 브라이언의 권유에 따라 나는 서류에 서명했다.

이것이 내 첫 사업 매각이었기 때문에 나는 "예!"라고 말하면 며칠 후에 송금해 줄 거라고 예상했다. 그러나 나중에 알고 보니 이것은 협상의 시작에 불과했다. 진정한 전투는 그때부터였다.

그들이 회사의 재정 상태와 은행거래 기록, 세금 납부 서류, 세부 운영 정보를 검토하는 동안 나는 다른 구매자와 협상을 금지하는 '의향서'에 서명했고, 그러자마자 분위기는 순식간에 바뀌었다. 가장 친한 친구처럼 칭찬을 쏟아내던 리처드는 끝없이 회사를 우려하는 사람으로 변해버렸다.

그중 한 가지는 특히 나를 웃게 만들었다. 난해한 회계 규칙 때문에 월별 수익에 작은 차이가 있었다. 크게 심각하지 않았으며 불과 몇백 달러가 맞지 않았다. 사실 우리의 수익에는 아무런 문제가 없었지만, 리처드는 이것이 우리 회계 품질에 대한 '심각한 우려'를 제기할 수 있다며 아무래도 재협상을 해야겠다고 말했다.

누군가가 협상을 조정한다는 느낌이 들어, 크리스와 나는 포기하기로 하고 브라이언에게 그렇게 말했다. 하지만 그는 우리를 계속 붙잡았다. "이제 거의 다 왔어요. 합의를 끌어낼 수 있어요. 당신들은 이제 백만장자가 될 거예요. 재협상이 귀찮다고 이 기회를 날리지 마세요. 난 당신들 편입니다. 내가 당신들을 위해 싸우겠습니다."

우리는 마지못해 마지막으로 리처드를 만나기로 했다. 그들의 사무실에 들어서자마자 뭔가 싸한 느낌이 왔다. 우리의 새로운 사무실은 밝고 현대적이며 자연광이 가득했고, 직원들은 미소를 짓고 있으며, 대화가 오갔다. 하지만 그들의 사무실은 NBC 드라마 〈디 오피스The Office〉에 나오는 세트장 같았다. 카펫은 구형 그레이하운드Greyhound[2] 버스에서 잘라낸 듯했고, 칙칙한 사무실 가구와 사각형 PC가 놓여 있었다. 리처드가 엘리베이터에서 우리를 맞이했고 회의실

---

2   미국의 버스 회사.

로 같이 걸어가는데 이상하리만큼 조용했다. 가끔 영업 사원의 전화 통화 소리나 키보드 치는 소리만 들렸다. 리처드가 길을 안내하며 여러 팀원에게 우리를 소개하는 동안 나는 주변을 둘러보며 그곳을 가득 채운 불안한 분위기를 느낄 수 있었다.

우리는 창문 없는 회색빛 회의실로 들어갔고 리처드의 분위기는 즉시 변했다. 그의 얼굴은 마치 블러드하운드 개처럼 축 늘어지고 무표정해졌으며 알 수 없는 눈길로 우리를 응시했다. 순식간에 바뀐 그 모습에 소름이 끼쳤고 그는 이미 이 거래에 관심이 없어졌다는 것이 확실했다. 직감적으로 이 거래가 끝났다고 생각했다.

"이보게, 리처드. 뭐가 그렇게 우려되는지 이야기 좀 해보자구." 브라이언이 화이트보드 펜을 집어 들며 말을 꺼냈다.

리처드는 우리 회사에 대한 불만 사항을 쏟아내기 시작했는데 그중 일부는 과장되었고 우리를 흔들기 위한 목적으로 보였다. 하지만 그중에도 새겨들을 만한 점이 몇 가지 있었다. 그가 경험이 부족한 인턴에서 CEO로 성장한 리암에 대한 우려를 제기했을 때, 나는 그가 틀리지 않다고 느꼈다. 물론 나는 리암을 믿었고 변화를 주고 싶지 않았다. 우리는 이미 친구 같은 관계를 형성했다. 그를 대신할 사람을 찾는 것이 현명할 수도 있었지만 그가 사업을 성공적으로 확장한 만큼 그렇게 하는 것이 옳지 않다고 생각했다.

리처드는 또한 사업 다각화 부족과 쇼피파이에 대한 지나친 의존 같은 다른 문제들도 지적했다. 고위급 경영진이 없고, 사원들로만 구성되어 회사가 나침반 없이 항해하는 것처럼 보인다고 했다. 리처드가 말할 때마다 내 불안감은 커졌고 우리의 배가 이미 가라앉고 있는 건 아닌지 궁금했다.

리처드가 우려 사항을 말할 때마다 브라이언은 어깨를 으쓱하며 동의하는 듯 고개를 끄덕이고 화이트보드에 그것을 적어나갔다. 나는 이 모든 것이 사전에 리허설한 느낌이 들었고, 어쩌면 이들이 미리 이야기를 나눠 협상을 어떤 방향으로 끌고 갈지를 정해놓았을지도 모른다고 생각했다. 이 모든 것이 가부키 연극처럼 치밀한 각본에 따라 움직이는 것 같았다.

나는 점점 더 방어적으로 되었다. 그러나 동시에 돈도 원했다. 예전에는 매각을 망설였지만 이제는 간절했다. 사람들의 목소리가 배경으로 아련해지면서 나는 부동산 중개인과 함께 둘러봤던 수백만 달러짜리 저택의 마스터 베드룸에서 아침 햇살을 받으며 잠에서 깨어나는 나를 상상했다. 4미터가 넘는 천장에 사방이 유리로 되어 있는 집, 뒷마당에서 커피를 마시며 끝없이 펼쳐진 잔디를 바라보는 상상을 해본다. 그리고 새로운 포르쉐 911을 끌고 차고에서 빠져나오는 모습도 떠올랐다.

"보세요. 나는 이 사업이 2년 이내에 두 배로 성장할 것이라고 확신합니다. 쇼피파이는 미친 듯이 성장하고 있어요. 그리고 회계 숫자 불일치에 대해서는 그리 큰 문제가 아니라고 생각해요. 그 수익이 어디 간 게 아니라니까요? 우리 사업은 견고합니다." 나는 꿈에서 깨어나며 큰 소리로 말했다.

그 순간 브라이언의 눈이 번뜩이는 걸 보았다. 그는 리처드를 슬쩍 바라보면서 말했다. "음…… 리처드, 어떻게 하면 우리가 합의점을 찾을 수 있을까?" 그는 마치 알고 있는 답을 학생에게 유도 질문하는 선생님 같았다. 리처드는 깊은 생각에 잠긴 듯 눈을 감고 턱을 쓰다듬더니 마침내 대답했다.

"보통 이런 경우 거래가 진행되려면 언 아웃earn-out[3] 방식밖에 없어요. 앤드루, 당신이 2년 안에 두 배로 성장할 거라고 확신한다면 그걸 약속하면 되잖아요?"

나는 그런 용어에 익숙하지 않았다.

"그러니까…… 이런 식으로 할 수 있다면……." 브라이언은 화이트보드에 가능한 거래 구조를 적기 시작했다.

"총액 700만 달러는 변함이 없지만…… 우리가 300만 달러를 선지급하고, 사업이 두 배로 커지면 250만 달러를 추가로 지급합니다." 그는 화이트보드에 계속 적어 나갔다. "그리고 나머지는 당신이 계속 가지고 있다가 나중에 팔 수 있는 주식으로 150만 달러를 더 준다는 말입니다."

총 700만 달러지만 시간을 두고 지급한다는 말이었다.

"그래요, 바로 그겁니다." 리처드가 동의한다는 표시로 고개를 끄덕였다.

모든 시선이 나에게 집중되었다. 나는 무슨 일이 진행되고 있는지 몰랐다. 하지만 그동안 일어난 일들을 생각하면 뭔가 이상한 느낌이 들었다. 몇 주 전만 해도 리처드는 나에게 아첨했지만, 이제 나는 블러드하운드 사냥개와 협상하고 있었다. 그의 사무실을 보고, 이 기묘한 경험을 하고 난 뒤, 난 본능적으로 뭔가 잘못되었다고 느

---

[3] 인수 대상 기업의 향후 실적에 따라 인수 대금의 일부를 추가로 지급하는 방식.

껐다. 하지만 다시 포르쉐로 돌아갔다. 선루프를 열고 머리카락을 휘날리며 도로를 질주하는 장면이 떠올랐다. 내가 상상하는 것보다 훨씬 부유해지는 순간이었다. 나는 불안한 마음을 억눌렀다.

"자, 앤드루. 다 함께 악수하고 이 거래를 성사시킵시다." 브라이언이 말했다. "리처드가 당신을 백만장자로 만들어줄 거예요."

나는 맞은편의 크리스를 바라보았다. 그의 손이 회의 테이블 위를 불안하게 두드리고 있었다. 회사의 CFO인 그는 그간 상황이 얼마나 어려웠는지 알았고 우리 둘 다 현금을 받을 생각을 하니 마냥 좋았다. 그는 나에게 알 듯 모를 듯한 동의의 신호를 보냈다.

"갑시다." 내가 저질렀다.

리처드는 활짝 웃었고 우리는 손을 맞잡았다. 그가 갑자기 다시 나의 가장 친한 친구가 되는 순간이었다.

"잘했어요!" 그는 외쳤다. "정말 대단합니다!"

브라이언은 의향서를 펜으로 수정했고, 우리 모두 새로운 조건에 서명하고 이니셜을 적었다. 나는 내 아기를 팔고 있었다.

그 후 일은 빠르게 진행되었다. 회계 문제는 모두 사라진 것 같았고, 몇 주 동안 변호사들이 서로 왕래한 후, 전화번호부와 맞먹을 정도로 두꺼운 문서들에 서명했다. 그리고 최종 서명을 하고 악수를 한 후 거래는 완료되었다. 그때까지 내 은행 잔고에는 늘 몇천 달러가 있었지만 1만 달러가 넘는 날은 없었다.

그날 저녁 돈이 계좌로 입금되었다는 문자를 받았다. 나는 재킷을 챙겨 근처 상가에 있는 현금인출기로 걸어갔다. 그리고 현금인출기 가운데 있는 작고 네모난 버튼을 눌렀다. 삐, 삐, 삐, 삐. 그리고

'계좌 잔액 확인'을 선택했다. 잠시 후 상가 주차장의 가로등 불빛 아래에서 인쇄 장치가 윙윙거리는 소리가 들렸고 종이가 나왔다. 나는 그것을 잡아 얼굴에 대고 숫자를 읽었다. 3,011,640달러.

300만 달러, 불과 스물여덟 살에 300만 달러라니.

일이 잘되면 2년 반 후에 더 많은 돈이 들어올 예정이다.

목덜미에 짜릿한 소름이 돋았다. 이것이 행복인가?

나는 7년 만에, 아니 살면서 처음으로 안락함을 느꼈다.

그러나 집으로 돌아가면서 여전히 손에 쥔 그 숫자들을 바라보며 깨닫지 못한 것이 있었다. 지금껏 들어본 그 어떤 악당들보다도 훨씬 더 나쁜 사람과 방금 거래했다는 것이었다. 나는 내 인생을 파괴하려는 남자와 사업을 시작하려던 참이었다. 하지만 아직은 아니었다. 먼저 내 주머니에 들어 있는 300만 달러가 바닥나야 했다.

7장
쾌락의 쳇바퀴에 오르다

NEVER ENOUGH

거래의 흥분이 가라앉고 몇 달이 지나자
행복감은 사라졌고, 내 화려한 새 삶도 시들해졌다.
나는 무기력함을 느꼈다. 거기엔 아무것도 없었다.
스무 번째 퍼먹는 아이스크림은 결코
맨 처음 퍼먹는 아이스크림과 맛이 같을 수 없다.
나는 쾌락의 쳇바퀴에 올라탄 것이다.

그는 마치 영화 〈베스트 키드The Karate Kid〉의 미스터 미야기Mr. Miyagi 처럼 리드미컬하게 원을 그리며 왁스를 바르고 있었다.

오른쪽으로 밀고.

왼쪽으로 당기고.

나는 친구 이안의 침실 창턱에 앉아 마치 뭐에 홀린 사람처럼 그의 아버지가 집 앞에서 차를 닦는 모습을 지켜보았다. 1990년대의 부유한 밴쿠버 아버지들이 그렇듯 그 역시 부동산 개발업자였다. 하지만 오늘 그의 일은 딱 맞는 포르쉐 볼캡 모자를 쓰고 삶의 유일한 애착 대상인 그의 애마를 돌보는 것이었다. 우리는 마치 고고학자가 섬세한 유물을 다루듯 그가 토요일 아침 의식을 엄숙하게 수행하는 모습을 지켜보았다. 아침 햇살을 받아 차의 구석구석까지 빛나고 있었다. 그것은 1996년형 검은색 포르쉐 911 카레라 S로, 내가 그때까지 본 차 중 가장 아름다웠다.

이제 거의 20년이 지난 지금, 자동차 대리점에서 화려한 빨간색 포르쉐 911의 보닛을 손으로 만지면서 나는 그때의 기억을 떠올렸다. 나는 매끄러운 911의 실루엣과 유선형 루프 라인을 감상하며 진열된 차들 사이를 천천히 걸었다. 왔다 갔다 하면서 이안의 아버지가 소유했던 검은색 포르쉐를 떠올리던 중 마침 빨간색 브레이크 캘리퍼가 달린 검은 911 GTS가 눈에 들어왔다. 그 아름답고 둥근 헤드라이트가 나를 보며 가까이 오라고 유혹하는 듯했다.

"이 차 시승해도 돼요?" 판매 사원에게 물었다. 그는 마치 소매치기를 감시하는 보안 요원처럼 내 뒤에서 나를 쳐다보고 있었다. 그는 가죽 재킷을 입고 올백 헤어스타일을 한 전형적인 자동차 판매 사원의 모습이었다. 그가 나를 위에서 아래로 천천히 훑어보았다. 나는 낡은 나이키 운동화에 후드티와 청바지를 입고 있었다. 스물일곱에도 여전히 앳된 모습이었고, 맥주를 살 때마다 신분증을 제시해야 할 정도로 다섯 살은 더 어려 보였다.

"네, 계약 후에만 시승할 수 있습니다." 못마땅한 표정으로 판매원이 대답했다. 그는 자신의 시간을 낭비하게 하는 성가신 자동차 마니아를 대하듯 했다.

"얼마죠?" 내가 물었다.

"18만 달러입니다." 그가 비웃듯이 대답했다.

"얼마 안 하네요. 시승하러 갑시다." 그는 내가 정말 '얼마 안 한다'고 생각하는지 믿지 못하는 눈치였다. 나는 그를 바라보며 '걱정 마세요, 믿어도 됩니다'라는 눈빛을 보냈다. 몇 분 후 그의 태도는 완전히 달라졌다. 도로를 전력 질주하면서 포효하는 듯한 엔진 소리가 거리로 울려 퍼지자 우리는 마치 중력가속도 시뮬레이터에 탄 우주비행사처럼 온몸이 엄청난 압력으로 가죽 시트에 달라붙는 느낌이었다.

10분 후 나는 대리점 앞에 차를 대고 시동도 끄지 않은 채 그대로 두었다.

"할부 신청서를 작성할까요?" 그는 마치 롤러코스터에서 막 내린 사람처럼 땀에 젖어 안절부절못하는 표정이었다.

"아니, 괜찮아요. 일시불로 할게요."

더 큰 비행기, 더 비싼 집, 더 빠른 차

"이게 바로 인생이지."

나는 포르쉐 매장을 떠나 머리카락을 휘날리며 새집으로 차를 몰았다. 물론 나는 그전에도 다른 사업에서 약간의 돈을 벌었고, 큰 거래가 체결될 때마다 나에게 작은 보너스를 주곤 했다. 주로 새 옷이나 컴퓨터 같은 것을 샀다. 하지만 지금은 그런 시절에 비교할 바가 아니었다. 나는 진짜 부자가 된 기분이었다. 특히 나이에 비하면 그랬다. 다른 사업들도 여전히 많은 수익을 내고 있었다. 대부분의 또래 친구들은 대학을 갓 졸업했거나, 운이 좋으면 기업에 입사해 사다리 맨 아래를 밟기 시작했을 참이었다.

현금인출기에서 처음 그 엄청난 숫자를 보고 충격을 받은 후, 특히 어려웠던 내 어린 시절을 생각하면 더욱 그랬기에, 나는 가장 논리적인 일을 하기로 마음먹었다. 그건 내 돈으로 항상 원했던 멋진 삶을 사는 것이었다.

우선 이전에는 엄두도 내지 못했던 전자제품으로 집을 채웠다.

1080P 프로젝터, 돌비Dolby 서라운드 시스템, 100인치 스크린, 매킨토시 랩스 앰프가 포함된 완전히 새로운 홈시어터를 설치했다. 수집가가 싹쓸이한 것처럼 각종 음악 앨범을 전시해 놓은 거실은 마치 레코드 가게를 연상케 했다.

나는 어디를 가나 최고만 찾았다. 레스토랑에 가면 스테이크, 굴, 캐비아caviar, 그리고 내 나이만큼이나 오래된 와인을 주문했고 팁은 50퍼센트를 주었다(레스토랑 사업으로 수십만 달러를 잃은 후 깨달았는데, 큰 팁을 주는 것이 레스토랑을 소유하는 것보다 훨씬 싸게 먹히고 그 효과는 비슷했다).

나는 빅토리아 전역의 다양한 고급 아파트와 맨션을 둘러보았다. 바닥부터 천장까지 통유리로 된 집, 어린 시절 살던 집보다 침실이 세 배나 많은 집도 있었고, 수영장이 딸린 집도 있었다. "여기에는 개인 온수 욕조가 있습니다." 부동산 중개인은 최신식 콘도를 소개하며 말했다. 다음 장소에 가서는 "이곳에는 온수 욕조와 인피니티 풀이 있습니다."라고 말했다.

어떤 곳은 와인 저장고와 빌트인 미니 바가 있었고 친구들을 초대할 수 있는 작은 영화관도 갖춰져 있었다. 10대의 차량을 주차할 수 있는 차고와 잘 다듬어진 정원 그리고 자작나무, 밤나무, 백합나무 등이 펼쳐진 마당이 있는 저택도 있었다. 심지어 헬리콥터 착륙장이 있는 곳도 있었다(물론 헬리콥터가 없으면 아무 의미가 없겠지만). 나는 아무런 거리낌 없이 이런 부동산 중 하나에 전 재산을 투자할 수도 있었다. 그러나 아무리 돈을 쓸 기대감에 들떴다 해도 얼마를 써야 하는지에 대한 한계가 분명하다는 것을 알고 있었다.

결국 나는 사우스 오크 베이에 있는 아름다운 집을 샀다. 그 집은 어린 시절의 집과 매우 비슷하게 나무가 죽 늘어선 거리에 있었다. 건축면적은 약 370제곱미터에 침실이 세 개 있었는데 하나는 사무실로, 다른 하나는 친구들이 놀러 와서 자는 방으로 사용할 계획이었다. 대리석 벽난로와 간소하지만 잘 꾸며진 현대적인 주방도 있었다. 뒷마당은 약 2,000제곱미터로 무엇보다도 평화롭고 고요했다. 그리고 해변이나 인근 윈저 공원까지 걸어갈 수 있었다. 원한다면 이곳은 내가 아이를 낳고 행복하게 살 수 있는 영원한 집이 될 수 있었다.

이사한 후, 나는 멋진 여행을 시작했다. 친구들과 함께 주말에 전용기를 타고 무조건 햇빛이 좋은 곳으로 갔다. 비용은 터무니없이 비쌌다. 이런 식의 여행에는 보통 만 달러 이상이 들었지만, 대신 여행은 훨씬 편안해졌다. 전에는 보안 검색을 거치고 공항 로비에서 환승을 기다리는 데 두세 시간을 소모했지만 이제는 차를 타고 가서 바로 비행기에 올라타 몇 분 후에는 공중에 떠 있을 수 있었다. 마치 시내버스를 타는 것과 기사 딸린 롤스로이스를 타는 것과 같은 차이였다.

그러나 이상하게도 스물일곱 살의 나에게는 이런 라이프스타일의 업그레이드에서 오는 즐거움이 오래가지 않았다. 맛있는 음식이 일시적으로 포만감을 주는 것처럼 나는 금세 다시 배고픔을 느꼈다. 나는 각 단계를 올라갈 때마다 오는 일시적인 도파민 스파이크에 중독되어 곧 비참한 상태에 빠졌다. 몇 달마다 차를 바꾸었고 점점 더 비싼 휴가를 가기 시작했다. 그 어떤 것에서도 처음 했을 때의 쾌감을 느낄 수 없었다. 나는 다음 단계를 알아보기 시작했다. 더 큰 비행기. 더 비싼 집. 더 빠른 차.

또 한 가지 놀라운 점은 친구들과의 관계가 좋아지기는커녕 더 나빠졌다는 것이었다. 과거에 나는 늘 돈이 없는 아이였다. 고등학교 때는 동급생들에게 몇 달러를 빌려서 자판기에서 코카콜라를 사곤 했고, 대학교 시절에는 친구들에게 맥주 6캔을 얻어 마시기도 했다. 그래서 부자가 되자 나는 새로 얻은 부를 나누기로 결심했다. 친구들과 놀러 가면 항상 내가 계산했고 콘서트 티켓을 사주고 술값을 대신 계산하기도 했다. 나중에는 비행기 요금과 호텔 숙박비도 내가 냈다. 그러나 곧 깨달았다. 이런 관대함이 오히려 역효과를 내고 안 좋은 결과를 초래한다는 사실을.

한번은 오래된 친구와 그의 여자친구와 함께 저녁을 먹는데 화장실에 다녀오면서 내가 먼저 계산을 해버렸다. 그런데 돌아오니 그는 내가 계산한 것에 화가 난 듯 보였다. 마치 내가 돈이 많다고 자랑하거나 아니면 그 친구가 그 정도도 부담할 능력이 안 된다는 걸 보여준다고 생각하는 것 같았다.

그 일이 있고 나서는 나누어 내거나 다른 사람이 계산하는 걸 그냥 놔두었다. 그러고 나니 이상하게도 또 다른 문제가 생겼다. 사람들은 여전히 내게 화를 냈다. 돈을 내지 않으면 나를 구두쇠라고 생각했고 부자니까 당연히 내가 사야 한다고 여겼다.

딜레마였다. 사람들이 돈을 낼 능력이 없다는 걸 암시하여 기분을 상하게 하거나 아니면 무례하고 인색한 사람이 되거나, 둘 중 하나였다. 그것은 미묘한 질투와 시기심을 촉발하여 드러나지 않은 균

열과 문제를 여기저기서 일으켰다. 나는 (얼마 안 있어 의절한) 친구들이 은근히 비꼬는 말을 하는 것을 들었다.

"좋겠다……."

"오늘 시간 내줘서 고마워……."

"너한테 그 정도는 껌값이지?"

그들이 더 이상 나를 응원하지 않는다는 걸 느낄 수 있었다. 나는 이제 잘난 척하는 경쟁자가 되어버렸다. 정을 맞을 수밖에 없는 모난 돌이었다. 가장 최근에 투자에 성공한 이야기를 들려주면 그들의 얼굴에는 시기하는 표정이 나타나고, 손해 본 이야기를 하면 친구들의 심각한 얼굴 아래 묘한 미소가 스쳐갔다.

다른 성공한 친구에게 이런 이야기를 했더니 그는 『파리대왕』의 저자인 윌리엄 골딩William Golding에 대한 일화를 들려주었다. 당시 골딩은 막 노벨문학상을 수상했었는데 한 젊은 작가가 그런 상을 받으니 어떠냐고 물었다. 그의 대답은 이랬다.

"누가 나를 싫어하는지 알게 됩니다."

돈이 생기니 이상한 친구들이 꼬였다. 나를 무제한 주류가 제공되는 사치스러운 삶으로 입장하는 티켓으로 보는 친구들이었다. 고등학교 때 나를 무시하고 막 대했던 친구들이 갑자기 친한 척하며 다가왔다. 졸업 파티에서 내 파트너를 빼앗아 간 어떤 친구는 내게 아파트를 팔고 싶어 했다. 많은 친구들이 부동산 중개인이나 영업사원이 되었는데 그들에게 나는 함께 놀기 좋은 사람일 뿐만 아니라, 돈도 벌게 해주고 진급도 하게 해주는 사람이었다.

어떤 남자는 거의 1년에 걸쳐 크리스와 천천히 친분을 쌓고 나서 지나가는 말로 크리스에게 나를 소개해 달라고 부탁했던 모양이었다. 만나자마자 그는 나에게 재산관리를 어떻게 하냐고 물었다. 스스로 한다고 했더니 그는 웃으며 재산을 분산해서 투자해야 할 텐데 자신이 도울 수 있다고 말했다. 알고 보니 그는 아니나 다를까 자산관리사wealth manager였는데, 이 단어가 '투자에 대해 아무것도 모르면서 고객의 돈을 뮤추얼 펀드mutual fund[1]에 투자하고 매년 2퍼센트를 수수료로 평생 챙겨가는 영업 사원'을 뜻하는 금융 용어라는 것을 알게 되었다. 나는 당연히 그에게 아무 말도 하지 않았고 정중하게 "고맙지만, 안 하겠다."라고 말했다. 그는 이해하고 물러나는 듯 보였다.

그런데 몇 주 후 그에게서 커피나 한잔하자는 연락이 왔다. 나는 개인적으로 만날 수는 있지만 그의 서비스는 필요하지 않다고 말했다. 그러자 그는 단지 친구가 되고 싶어서 그런다고 했다. 햇살이 내리쬐는 스타벅스 파티오에서 커피를 한 모금 마시기 시작한 지 10분도 안 되는 사이에 그는 여러 번 화제를 투자로 돌렸다. 그러더니 만나자고 한 의도를 드러냈다. 재미있는 아이디어가 있다며 이렇게 말했다. "이런 건 어때요? 당신은 100만 달러를 가지고 직접 투자하는 겁니다. 그리고 내게 100만 달러를 주면 나도 그 돈으로 투자하는 겁니다. 그리고 5년 후에 수익률이 더 좋은 사람이 이기는 겁

---

1   투자를 목적으로 설립된 법인형 기금. 주식을 발행하여 모은 자금을 전문 운용사에 맡겨, 발생한 수익을 투자자에게 배당금 형태로 분배하는 투자 회사.

니다!" (나는 정중하게 다시 사양했다.)

이런 일이 매달 일어나기 시작했다. 은행원들은 콘서트 티켓을 주면서 예금을 유치하려고 하고, 오랫동안 왕래가 없던 친구들이 연락해 와 새로운 스타트업을 시작했다며 투자를 제안하기도 했다. 이상한 이야기를 하며 돈을 빌려달라는 친구들도 있었다. 그런데 나는 아직 그렇게 부자가 아니었다! 이 모든 일은 내가 작은 회사를 팔았다는 소문이 퍼지면서 시작되었다.

이상한 점은 부자들이 이러한 술수에 빠지는 경우가 꽤 있다는 것이다. 밴쿠버에서 자라면서 느낀 한 가지는 나를 벌레처럼 취급했던 재수 없는 애들이 부자 아이들에겐 완전히 다른 태도를 보였다는 것이었다. 심지어 정말 덜떨어진 애라고 해도 부자라면 대하는 태도가 달랐다. 약한 아이들을 괴롭히는 못된 애들조차도 부자 아이들의 수영장과 게임 룸에 놀러 가서 마음껏 간식을 먹고 싶어 했다. 나를 깔보는 말을 하고 복도에서 마주칠 때 몸으로 밀어버리던 아이들도 학교에서 부자 아이들을 만나면 유쾌하게 아는 척하며 파티에 같이 가자고 했다.

내가 성인이 되어 이와 같은 현상이 다시 펼쳐지고 있었다. 이번에는 내가 덜떨어진 부자 아이였고, 좋든 싫든 모두가 내 친구가 되고 싶어 했다.

거래의 흥분이 가라앉고 몇 달이 지나자 행복감은 사라졌고, 내 화려한 새 삶도 시들해졌다. 나는 무기력함을 느꼈다. 거기엔 아무것도 없었다. 스무 번째 퍼먹는 아이스크림은 결코 맨 처음 퍼먹는 아이스크림과 맛이 같을 수 없다. 나는 쾌락의 쳇바퀴에 올라탄 것이다.

물론 돈이 전부 나쁘다는 건 아니다. 긍정적인 측면도 많았다. 마치 어디나 통하는 마법의 윤활유처럼 삶을 더 쉽게 만들어주었다. 예전에 카페에서 일할 때는 차로 20분이면 갈 거리를 사람들로 붐비는 버스를 두 번이나 갈아타며 한 시간 넘게 걸려서 출근하곤 했다. 하지만 이제는 많은 사람들처럼 차를 소유하게 되었고, 지금까지 수십 년 동안 버스를 탄 적이 없다. 이것이 돈이 하는 일이다. 즉, 장애물을 제거해준다. 하지만 동시에 새로운 장애물도 만들어낸다.

사업은 기생충과 같다

시간이 지나면서 나 스스로도 원한다고 생각해 본 적 없는 것들이 갖고 싶어졌다. 나는 시계를 한 번도 착용한 적이 없었지만, 어느새 시계에 집착하며 정보를 찾아보고 있었다. 성공한 사업가들을 만나면 자신의 시계를 이야기하고 자랑하는 경우가 많았다. 나로서는 이해가 되지 않았다. 1000분의 1초까지 정확히 알려주는 휴대전화가 있는데 왜 매일 손목에 감아야 하는 금속 덩어리에 수천 달러(혹은 수만 달러)를 쓰는지 이해할 수 없었다. 그런데도 나는 유튜브 영상을 보고 시계 관련 블로그를 읽으며 기계식 '무브먼트'에 대해 배우고 더 좋은 브랜드와 명품 브랜드에 대해 공부했다. 성공한 사람들이 착용하는 시계를 눈여겨보게 되었고 결국 나도 시계 수집을 시작했다.

이런 일이 계속해서 반복적으로 일어났다. 물건뿐만이 아니었다.

주변 사람들이 중요하게 생각하는 것이라면 어느새 나도 신경 쓰고 있었다. 비즈니스 어워드라든지, TED나 다보스 포럼처럼 권위 있는 콘퍼런스, 버닝맨Burning Man 축제나 아트 바젤Art Basel과 같은 행사들이 그렇다. 성공한 기업가들이 그러한 것들에 관심을 가지는 것 같았고 나도 그 틀에 맞추고 싶었다.

나중에 알게 된 바에 따르면, '모방 욕망mimetic desire' 때문에 이러한 현상이 발생한다. 주변 사람들이 어떤 것을 가치 있고 중요하게 여기면, 자신도 무의식적으로 그것을 중요하게 여기고 가지고 싶어 한다는 개념이다. 손목시계와 같은 패션 아이템부터 수십 년을 투자해야 얻을 수 있는 별 의미 없는 직함에 이르기까지 범위는 다양하다.

예를 들어 대부분 학자들에게 권위 있는 학술지에 논문을 발표하는 것보다 더 중요한 것은 없다. 그들은 논문을 어디에 발표하고, 얼마나 인용되는지에 따라 생사가 왔다 갔다 한다. 그들의 구호는 '출판 아니면 죽음을Publish or perish!'이다. 하지만 다른 사람들에게 이것은 전혀 의미가 없다. 세상의 99.9퍼센트에게는 출판이 전혀 그 어떤 지위를 나타내지 않는다. 그러나 학자들에게는 이것이 전부다. 베스트셀러 목록에 오르려는 작가나 상을 타려는 배우와 음악가, 심지어 회사의 고위 직함이나 전망 좋은 중역 사무실처럼 단순한 것도 마찬가지다. 우리는 모두 다른 사람들이 말하는 것을 기준으로 외적인 만족을 추구한다.

이 모방 현상의 문제점은 사람들이 자신의 진정한 욕망이 아니라, 다른 사람들이 가치를 부여한 목표를 달성하기 위해 자신의 행복을 희생한다는 것이다. 이는 누구에게나 일어날 수 있으며 특히 불안감이 높은 사람들일수록 더 취약하다. 고등학교 복도를 보면 모든 학생이 똑같이 입고 똑같이 말하려 한다는 것을 알 수 있다. 소셜 미디어에서는 인플루언서들이 알게 모르게 우리에게 어떻게 행동해야 하는지를 지시한다.

프랑스의 어떤 요리사가 요식업계에서 가장 권위 있는 영예인 미슐랭 2스타를 획득했다는 이야기를 읽은 적이 있다. 미슐랭은 수상자들이 엄격한 기준을 유지하고 정해진 방식으로 운영할 것을 요구하며 자체 비평가들이 임의로 방문해서 기준을 준수하는지 점검한다. 테이블보는 규칙대로 놓여야 하고 서비스는 완벽해야 한다. 하지만 역설적이게도 미슐랭 스타를 획득한 후, 이 프랑스 요리사는 더욱 불행해졌다. 레스토랑을 미슐랭의 기준에 맞추는 데 집착하고, 그레이비소스를 흘리는 등의 실수로 미슐랭에게 별을 박탈당할지 모른다는 강박적인 두려움에 시달렸다. 그는 자신이 사랑하는 일인 맛있는 음식을 만드는 데 도저히 집중할 수 없었다. 그 요리사는 동료들이 가치 있다고 생각하는 미슐랭 별점을 잃을까 봐 두려워하며 외부 평가에 자신의 삶을 맡기고 있었다.

만약 내가 카시오 전자시계를 차고 나타난다면, 업계의 모든 거물은 어떻게 생각할까? 상상할 수 없는 치욕일 것이다. 나는 이제 돈이 있지만 일상적인 불안감은 여전히 남아 있었다. 어떤 면에서는 더 심해졌다고 할 수 있다. 여러 회사를 운영하며 일이 밀리지 않도록 열심히 노력했지만, 이제는 더 많은 것이 걸려 있어 더욱 부담이 커졌다. 책임도 커지고 위험도 더 커졌다. 돈이 필요해 열심히 일하는 단계는 지나갔지만, 내가 가진 것을 잃고 동료들 앞에서 창피를 당할까 봐 두려워졌다.

그리고 아니나 다를까 예의 친숙한 목소리가 나에게 "다음엔 뭐 할 거야?"라고 물었다. 그것은 더 이상 아버지의 목소리가 아니라 내 머릿속에 있는 헐벗은 농부의 목소리였다.

"이제 무엇을 해야 할까?"

"다음엔 무엇을 해야 하지?"

"다음은……."

모든 성공적인 기업가는 항상 "왜 계속해야 하는가? 이제 충분하지 않은가?"라는 질문을 받는다. 사업을 시작한 초기에 나는 동생 윌리엄과 충돌한 적이 있다. 그는 직원 수를 10명 이하로 유지해야 친밀하게 관리할 수 있다고 주장했기 때문이다. 사람들은 사업이라는 것이 살아남기 위해서 무조건 **성장해야 하는 기생충과 같다**는 사실을 잘 모른다. 성장이 없으면 시간이 지나도 급여를 올려줄 추가적인 수익이 발생하지 않는다. 만약 뛰어난 직원이 승진을 요구했는데 "어쩌지? 우리는 올해 성장을 중단하기로 해서 승진시켜줄 수가 없네."라고 말한다면 그가 회사에 남아 있을까? 그럴 가능성은 거의 없다.

그래서 우리는 몸집을 키웠다. 성장하고 또 성장했다. 대부분 연평균 최소 25퍼센트는 성장했으며 어떤 해에는 두 배로 증가하기도 했다. 그러던 어느 날, 회사 다용도실에서 누군가와 부딪혔는데 그가 물었다. "사장님이 여기서 뭐 하세요?"

그 순간 이상하다고 느꼈다. 밖에서 보면 나는 반짝이는 성에 사는 왕처럼 보였다. 그러나 내부적으로 나는 요새의 약점을 너무 잘 알고 있었다. 성벽을 더 확장하고 재건축해야 하며, 해자를 더 깊게 파야 할 필요가 있었다. 내 시민들, 즉 직원들은 사회적으로 성장할 기회가 없다면 점점 불만을 품게 될 것이다. 그리고 가장 중요한 것은, 만약 내가 일을 제대로 하지 않고 보석이나 모으고 파티에서 여자들을 유혹하는 데만 전념한다면 내 왕국은 강도들에게 침략당하고 약탈당할 것이라는 사실이었다.

아름답게 디자인된 새집의 거실에 앉아, 최첨단 기술이 집약된 TV를 바라보며, 맥킨토시 오디오에서 흘러나오는 음악을 들으며 머릿속으로 계산을 시작했다. 사고 싶은 걸 실컷 다 사고도 남은 수백만 달러를 투자할 수 있었다. 주식이나 부동산에서 8퍼센트의 평균 수익률만 올리면 다른 사업이 없어져도 손가락 하나 까딱하지 않고 편안한 삶을 살 수 있다는 계산이 나왔다. 하지만 내게는 다른 사업들도 있었고 그중에는 꽤 수익성이 좋은 것도 있었다.

여전히 불안감은 가시지 않았다. 300만 달러가 있어도 이런 기분을 느낀다면, 분명히 더 많은 돈이 필요하다고 생각했다. 당연히 사업을 더 키워야 하며 그때가 되어야 머릿속에서 "이제 뭐 하지…… 이제 뭐 하지…… 이제 뭐 하지?"라는 목소리가 줄어들리라 생각했다.

"이제 뭐 하지?"

8장 세상에서 가장 지루하면서도 놀라운 투자

NEVER ENOUGH

"내가 최고의 인생 해킹 공식을 찾아냈어. 워런 버핏이라고 알아?"
"알지." 그는 살짝 긴장하며 대답했다.
또 무슨 미친 스타트업 아이디어가 나올까 싶었던 모양이었다.
"우리 아버지가 늘 그 사람 얘기를 했었어."
"잘 들어, 이 책은 진짜 읽어야 해. 그럼 모든 게 송두리째 뒤바뀔 거야."

만약 누군가가 나를 잠들게 하고 싶다면 주식에 관해 이야기하면 된다. 나에게 주식은 지루한 괴짜들의 영역이었다. 아무런 가치도 창조하지 못하는 서류 더미만 들고 왔다 갔다 하는 사람들이었다. 정말 재미있고 성장 가능성이 무궁무진한 사업을 하면 되는데 왜 주식을 사는지 이해가 되지 않았다. 나만 해도 2만 달러로 시작한 쇼피파이의 테마 비즈니스인 픽셀 유니온으로 불과 몇 년 만에 수백만 달러를 벌었다. 사업을 구축하는 것은 재미있었다. 이전에 존재하지 않았던 것을 만드는 게 좋았다.

하지만 나는 뭔가를 깨달았다. 늘 그랬듯이 샤워할 때나 산책할 때 아주 훌륭한 비즈니스 아이디어가 떠올랐다. 하지만 그걸 실행하는 데 필요한 노력을 생각하면 주저 없이 포기하는 일도 많았다. 내게는 더 이상 과거에 가지고 있던 열정이 없었다. 나는 사업을 시작하는 데 따르는 필연적인 스트레스가 싫었다. 아니, 솔직히 말해서 더 이상 내가 하던 일을 하고 싶지 않았다.

나는 새로운 일상과 새로운 생활 리듬에 정착하고 있었다. 수년간 끝없이 일과 출장, 파티를 즐긴 후 마침내 누군가를 만나 가정을 꾸려서 정착하는 일이 내게도 찾아왔다. 어떤 나이트클럽에서 홀리Holly를 만난 것이다. 우리는 동시에 음료를 주문하기 위해 바bar로 가다 눈이 마주쳤고 그녀가 나를 보고 웃었다. 적당히 술에 취한 상태였던 나는 자신 있게 홀리에게 다가가 이야기를 시작했다. 그녀의 머리는 길고 검었으며 눈에 띄는 녹색 눈을 가지고 있었다. 그리고 뭔가 친근한 느낌이 들었는데 알고 보니 나는 그녀의 오빠와 같은 고등학교를 나왔고, 그녀는 내 동생 윌리엄과 같은 학년이었다.

그녀의 전화번호를 물었고, 몇 주 후에 우리는 첫 데이트를 했다. 한 번의 데이트는 두 번으로 이어졌고 우리는 사랑에 빠져 곧 함께 살기 시작했다. 그리고 가정을 꾸리는 것에 대해서 이야기하기 시작했다. 나는 한 번도 경험해 본 적 없는 가정적인 리듬에 적응해 나갔다. 그 생활은 건강하고 평온했다. 홀리는 술을 마시거나 파티에 가는 대신 집에서 조용히 저녁을 보내거나 영화 보는 것을 더 좋아했기 때문에 나도 DJ를 하고 콘퍼런스 파티에 참석하는 삶을 그만두었다. 거의 10년 동안 매일 밤 외출해서 법인카드를 펑펑 썼던 나로서는 신선한 변화였다. 2015년에 우리는 결혼했다. 평온함을 유지하고 싶다면, 나는 일과 관련된 내 생활이 근본적으로 변해야 한다는 것을 깨달았다. 계속해서 다른 사업을 시작할 수는 없기 때문이다.

이 모든 것은 긍정적인 문제였지만, 어쨌든 문제는 문제였다. 나는 막대한 현금 더미 위에 앉아 있었지만 그렇다고 계속해서 새로운 사업을 시작할 수도 없는 노릇이었다. 그래서 어쩔 수 없이 내 투자 전체를 돌아볼 시간이라고 생각했다. 어느 날 퇴근길에 내가 가장 좋아하는 서점인 볼런 북스Bolen Books에 들러 투자 코너를 돌아보았다.

그리고 바로 수년 전 아버지의 사무실 책장에서 본 여러 투자서 중 하나인 『워런 버핏의 완벽투자기법』이 눈에 들어왔다. 나는 아무 생각 없이 책을 집어 들고 카운터로 걸어가서 책값을 냈다.

워런 버핏의 성공 비법

워런 버핏이 역사상 가장 위대한 투자자라는 말은 여러 번 들었지만 사실 난 별로 관심이 없었다. 투자라는 건 매우 지루한 일이라고 생각했다. 알고 보면 버핏은 자신의 지주회사 외에는 사업을 해본 적이 없었고 단지 주식을 사고팔며 거래했을 뿐이었다. 겉으로 보기엔 그가 괜찮은 사람 같았지만, 나는 주식과 채권을 사고파는 일이 세상을 더 나은 곳으로 만든다고는 도저히 생각할 수 없었다. 집에 가서 소파에 등을 기대고 책을 펼쳤지만 얼마나 오래 버틸지는 장담하기 어려웠다.

하지만 놀랍게도 나는 책에 빠져들었다. 마치 마약 중독자처럼 글을 흡입했다. 버핏은 자신이 하기 싫은 일은 하지 않으면서 최고의 성공을 이루는 방법을 알아낸 것 같았다. 그는 **비즈니스의 치트키**를 발견한 것 같았고, 그 모든 것이 바로 내 손에 있는 이 책에 적혀 있었다. 나는 밤늦게까지 책을 읽으며 마치 미친 교수가 뛰어난 에세이를 채점할 때처럼 중요한 페이지를 접고 특정 구절에는 밑줄을 그었다.

나는 즉시 버핏의 천재성에 감탄했고, 그간 그를 오해했다는 것을 깨달았다. 버핏은 단순히 주식을 사고파는 거래자가 아니라 회사 운영을 극한까지 위임할 줄 아는 뛰어난 경영자였다. 버크셔 해서웨이는 65개 기업과 260개 자회사에 걸쳐 37만 명이 넘는 직원을 거느리고 있지만 그의 네브래스카 오마하에 있는 사무실에는 단지 26명만이 일하고 있다. 그는 세상에 대한 아무런 스트레스나 걱정이 없는 사람처럼 보였다. 내가 알기로 그는 주로 신문, 책, 재무제표, 수많은 연례 보고서를 읽는 등 자신의 관심사를 자유롭게 추구하면서 다른 모든 책임은 관리자에게 맡겼다. 그가 소유한 회사에는 각각 CEO가 있어서 전적으로 운영을 책임지고 있었고, 그는 오마하에서 조용히 결과를 모니터링할 뿐이었다. 그는 CEO들이 조언을 구할 때만 개입했고, 평소에는 그들이 자율적으로 회사를 운영하도록 내버려 두었다. 1년에 한두 번, 기업을 인수하거나 투자를 하지만 대부분 시간은 그냥 휴식하며 책을 읽었다.

버핏은 자신의 경영 전략을 "나태에 가까운 온화한 방치benign neglect, bordering on sloth"라고 농담하곤 했다. CEO들은 그와 함께 일하는 것을 좋아했는데 버핏은 다른 회장들과 달리 단기 성과에 집착하지도 않았고 그들의 경영 전략을 가지고 이러쿵저러쿵 간섭하지도 않았기 때문이다. 사실 그는 CEO가 몇 년 동안 전화 한 통 하지 않아도 전혀 개의치 않았다.

한편 사람들은 그에게 회사를 팔기를 좋아했다. 그는 빠르고 공정하게 거래하는 것으로 유명했다. 그리고 무엇보다도 그들이 애정을 쏟은 회사를 망치지 않을 것이라는 기대가 있었다. 그는 판매자가 원하는 가장 유리한 조건으로 기업을 인수했다. 픽셀 유니온 거래에서 경험했던 것처럼, 다른 사람들은 거래 하나를 마무리하는 데 6개월에서 12개월까지 지독한 협상을 이어가며 진흙탕 속으로 질질 끌고 가기 일쑤였다. 그러나 버핏은 5분짜리 전화 한 통으로 결정을 내렸고, 몇 주 안에 단 한 장짜리 계약서만 보고 창업자에게 10억 달러를 송금했다. 거래가 끝난 뒤에는 회사를 원래 하던 방식대로 운영하도록 그냥 내버려두었다.

게다가 그는 사치스러운 삶을 살지도 않았다. 비슷한 수준의 억만장자들처럼 말도 안 되게 비싼 스포츠카를 사거나 거대한 요트를 사서 기분 내는 법도 없었다. 버핏에게 돈이란 단지 비디오게임의 포인트처럼 재미있게 점수를 매기는 방법에 불과했다. 그는 여전히 억만장자가 되기 전인 1958년에 구입한 오마하의 작은 집에 살고 있었다.

책을 읽으면서 나는 비즈니스에 관한 완전히 새로운 사고방식을 깨달았다. 여태껏 모든 것을 잘못 이해하고 있었다. 그의 접근 방식은 훨씬 덜 고통스러웠다. 이미 운영 중인 회사를 사서 성장시키는 것이 훨씬 쉬운데도 나는 밑바닥부터 비즈니스를 시작하고 있었다.

한 가지 비유가 떠올랐다. 시애틀에서 하와이까지 바다로 이동한다고 해보자. 내 접근 방식은 해변에서 발견한 통나무를 이용하여 평생 배를 만들어본 적이 없는 몇몇 친구들과 함께 배를 직접 만드는 것과 비슷했다. 물론 이런 방식으로도 어찌어찌 하와이까지 갈 수는 있겠지만 그것은 비참하고 긴장감 넘치는 여정이 될 것이며, 어쩌면 중간에 익사할 수도 있었다.

한편 버핏의 방식은 이미 항로를 계획하고 출항할 준비가 된 전문적인 선장이 모는 크루즈 선박을 타는 것이다. 그가 해야 할 일은 단지 티켓(많은 주식 증서 중 하나)을 사고, 선상에서 휴식을 취하며 여행을 즐기는 것이었다.

버핏은 자신이 '해자moat'라고 부르는 특징을 가진 기업에 투자하는 것을 좋아했다. 만약 사업이 성castle이라고 상상한다면 해자는 성을 보호하고 특히 공격하기 어렵게 만드는 특성이 있다. 그의 가장 큰 투자 중 하나인 코카콜라를 예로 들어보자. 코카콜라는 경쟁이 거의 불가능할 정도로 엄청나게 강력한 브랜드를 가지고 있다. 물론 코카콜라와 똑같은 맛의 콜라를 만들 수는 있지만 맥도날드에 진짜 코카콜라가 없다면 고객들은 엄청 화를 낼 것이다. 코카콜라는 소비자들이 가장 많이 선택하는 브랜드이며 이러한 경쟁 우위(해자) 덕분에 브랜드 가치가 강력하게 보호되므로 '고민할 필요가 없는no brainer' 투자로 만든다.

내가 위험한 스타트업 사업을 추진할 때, 버핏은 경쟁이 제한적이며 실적이 좋으면서도 구조가 단순한 사업을 찾는 데 집중했다. 한마디로 크루즈 선을 찾은 것이다. 그는 해자를 갖춘 고품질의 사업, 지적이고 윤리적인 경영진, 그리고 공정한 가격이라는 세 가지를 기준으로 삼았다. 놀랍게도 이렇게 무관심한 접근 방식에도 불구하고 그가 투자한 기업들은 번창했고 그중 일부는 그가 인수한 이후로 50배나 성장했다.

나는 버핏과는 아주 다른 사람이었다(재무제표를 뒤적거리며 하루를 보내느니 차라리 깨진 유리그릇을 씹어 먹는 게 낫다고 생각했었다). 하지만 이제는 나도 그 크루즈 선에 올라타고 싶었다. 더는 아슬아슬한 뗏

목 여행을 견딜 수 없었다.

다음 날 아침, 나는 크리스에게 전화를 걸어 잔뜩 들뜬 목소리로 말했다.

"내가 최고의 인생 해킹hacking 공식을 찾아냈어. 워런 버핏이라고 알아?"

"알지." 그는 살짝 긴장하며 대답했다. 또 무슨 미친 스타트업 아이디어가 나올까 싶었던 모양이었다. "우리 아버지가 늘 그 사람 얘기를 했었어."

"잘 들어, 이 책은 진짜 읽어야 해. 그럼 모든 게 송두리째 뒤바뀔 거야."

나는 가고 싶은 방향을 알고 있었지만 실제로 거기에 어떻게 도달해야 할지는 몰랐다. 사실 이전에는 그 어떤 것에도 투자한 적이 없었다. 지금까지 내 유일한 주식 투자는 선물로 받은 애플 주식이 전부였는데, 그마저도 가장 팔아서는 안 될 시점에 팔아버렸다. 얼마 지나지 않아 워런 버핏과 그의 사업 파트너인 찰리 멍거는 비즈니스 세계에서 나의 영웅이 되었다. 그들은 나의 투자와 기업 인수 방법에 큰 영향을 주었고, 궁극적으로 그들에게서 얻은 교훈을 나만의 방식으로 적용할 수 있게 해주었다. 하지만 그 당시에는 내가 막 시작하려는 이 여정에 이제껏 겪어보지 못한 배신과 배반이 휘몰아칠 줄은 미처 몰랐다.

9장
속고 속이는 관계

NEVER ENOUGH

사실 브라이언은 내가 상상했던 것 이상으로 성과를 내고 있었다.
나는 전보다 더 많은 돈을 벌었고 더욱 부자가 되었다.
다른 사람들이 비슷한 의구심을 느끼고 있을 때, 나는 브라이언한테 주워들은 제로섬 게임이라든가 ARR, EBITDA를 반복해서 지껄이고 있었다.
소설가 업턴 싱클레어가 한 유명한 말이 있다.
"사람은 자신의 밥줄이 달려 있으면 진실을 외면하기 쉽다."

하마터면 질 뻔했다. 내가 가까스로 그의 서브를 막아내자 우리는 듀스 상황이 됐다. 내가 서브를 넣었지만 실패했고, 이마의 땀을 닦다가 험한 말이 튀어나왔다. 그날은 목요일 오후였고 나는 치열하게 경기에 몰두했다. 모든 문제는 머릿속에서 다 사라져 버렸고, 오직 노란 공에만 집중하고 있었다. 그 공을 최대한 세게 치고 상대를 뛰게 만드는 것만 생각했다.

테니스 코트에 발을 딛는 순간 세상은 사라진다. 나와 내 상대, 그리고 모든 것을 지배하는 형광색 노란 공만 남는다. 나는 라켓에 공이 부딪치는 소리와 온 힘을 다해 질주할 때 코트에서 운동화가 미끄러지는 소리가 좋았다. 퍽, 퍽, 퍽, 공을 주고받는다. 마치 댄스 스텝처럼 서로 샷을 주고받으며 한쪽이 도전적인 질문을 하면 상대는 재빠르게 대답하는 모습과 같았다. 여러 복잡한 사안에 시달렸던 나에게 테니스 코트는 피난처였다. 여기서는 혼자였고, 오로지 이기는 데만 집중했다.

그러다 갑자기 애플워치가 진동하기 시작했다. 이를 무시하고 계속 경기했다. 두 번째 서브를 완벽하게 넣었다. 마침내 그를 앞섰다. 그래, 바로 이거야.

다시 애플워치가 진동했지만 무시했다.

또다시 진동이 울렸다.

혹시 마크인가 하고 흘깃 보았다.

요즘 마크는 내게 안 좋은 소식만 전했다.

나는 코트에서 빠져나와 전화를 받았다.

"좋은 소식은 아닌데, 북몬스터라는 고객이 다시 문제를 일으키고 있어. 네가 좀 나서서 해결해 줘야 할 것 같은데."

북몬스터는 메타랩의 가장 큰 고객으로 회사 월 매출의 30퍼센트 이상을 차지했다. 그 회사의 변덕스러운 CEO는 예측 불가능한 인물이었다. 그는 우리가 팀을 세 배로 확장해서 무리한 마감일을 맞추면 수백만 달러를 주겠다고 해놓고 막상 이전에 합의했던 청구서를 보내면 불같이 화를 내고는 했다. 심지어 몇 달 동안 결제가 이루어지지 않을 때도 있었다. 직원들의 급여를 맞추고 아직은 적자 상태인 여러 사업들을 어떻게든 유지하려면 반드시 그 돈이 필요했다. 메타랩 외에도 내가 여전히 자금을 지원하는 스타트업 사업이 몇 있었고, 이런 기업들은 아직 자리를 잡지 못해 현금을 소모하고 있었다. 북몬스터가 대금을 지불하지 않아 직원 수십 명에게 급여를 지급하지 못하면 문제는 심각해진다.

픽셀 유니온은 매달 안정적으로 현금을 확보했지만 나머지 스타트업들은 나의 한정된 자금을 쓰기만 했다. 마치 모래시계의 모래가 줄어드는 걸 보면서, 상황이 반전되길 간절히 바라는 기분이었다. 픽셀 유니온을 매각하기 전에는 잃을 것이 없다고 느꼈다. 큰 도전을 해도 잃을 게 거의 없었고, 실패해도 그만이었다. 다시 시작하면 됐으니까. 하지만 이제는 상황이 달랐다. 매달 줄어드는 돈더미가 눈앞에 놓여 있었고, 남은 돈을 어디에 투자해야 모래시계가 더 빠르게 비워지지 않을지 고민해야만 했다.

그즈음 나는 친구 라지브와 비콘 힐 공원을 걸으면서 그에게 내 문제를 이야기한 적이 있었다.

"아하!" 그가 다 안다는 듯 말했다. "너는 '몰 힐 마인드셋Mole Hill Mindset'에 빠져 있어. 그것에 대해 내가 좀 알지."

"몰 힐? 대체 그게 뭐야?"

"너에게는 얼마 안 되는 현금, 즉 '몰 힐'이 있는데, 그걸 보호하고 싶은 거야. 이제는 잃을 것이 생긴 거지. 내가 돈을 많이 벌기 시작했을 때도 그랬어."

그의 말이 맞았다. 내겐 처음으로 잃을 것이 생겼고, 나는 두려웠다. 그것이 나를 움츠리게 했고 불타오르는 열정을 빼앗아 갔다. 난 두려움에 빠졌다.

테니스 경기가 끝나고 마크와 통화를 하면서 나는 이 북몬스터 문제를 두고 머리를 쥐어짰다. 그러다 깨달았다. 마크는 뛰어난 운영 관리자였지만 CEO가 되고 싶어 하지는 않는다는 사실을. 그는 아주 뛰어난 넘버 투였다. 그렇다면 결국 넘버 원은 여전히 나였다. 이런 문제가 발생했을 때 사람들이 가장 먼저 찾는 사람은 다른 아닌 나였다. 그런데 나는 회사에 무관심했다. 회사에 거의 신경을 쓰지 않았다. 무언가 잘못되었을 때만 끼어들었다.

우리에게는 새로운 넘버 원, 더 유능한 새아버지가 필요했다. 하지만 누가 그 역할을 할 것인가?

픽셀 유니온을 매각하면서 전체 프로세스에서 빛났던 존재는 브라이언이었다. 그는 역할에 맞는 옷을 입고 그에 어울리는 말을 했다. 내 회사를 팔겠다고 했고, 실제로 그렇게 했으며, 내 기대를 뛰어넘는 거래를 성사시켰다.

브라이언은 어른이었다. 숙련된 비즈니스 전문가였다. 협상하는 와중에 금세 친구가 되었고, 이야기해 보니 비즈니스 운영에 대해 나와 비슷한 생각을 가지고 있었다. 그는 또한 경험이 풍부했다. 나보다 열다섯 살 많았고, 그에 걸맞은 외모와 말투를 지니고 있었다. 비즈니스에 관해 이야기할 때 그는 ROI(Return on Investment, 투자 수익률), ARR(Annual Recurring Revenue, 연간 반복 수익), ARPU(Average Revenue Per User, 고객당 평균 매출), IRR(Internal Rate of Return, 내부 수익률), LTV(Lifetime Value, 고객 생애 가치) 같은 약어를 쏟아냈는데, 나는 그의 말을 따라가기 위해 몰래 구글 검색을 하곤 했다. 그리고 그는 나에게만 강한 인상을 남긴 것이 아니었다. 나는 그가 픽셀 유니온을 인수한 리처드를 포함해 수많은 다른 사업가들을 어떻게 달콤한 말로 매혹하고 마음을 사로잡는지 지켜보았다. 내가 그를 소개한 모든 상대방은 그를 좋아하는 것 같았다. 그 사람은 누구에게든 무엇이든 팔 수 있는 능력이 있었다.

그는 자신을 연쇄 창업자라고 소개하며 이렇게 말했다.

"한 번의 성공은 행운이지만 반복되면 실력입니다, 앤드루."

그리고 자기가 설립한 다양한 사업과 각 사업에서 얻은 이익에 대한 놀라운 이야기를 들려주었다("어떤 억만장자에게 그 회사를

1,200만 달러에 팔았습니다.") 그리고 그는 나 자신과 크리스를 포함해 그 누구도 파악하지 못했던 메타랩의 문제점을 정확히 지적했다. 메타랩이 너무 바쁘거나 너무 느려서 끊임없이 도전에 직면하고 있으며, 균형을 찾는 방법을 전혀 알지 못한다고 설명하자 브라이언은 즉시 문제가 무엇인지 파악했다.

"앤드루, 당신의 사업에는 시스템이 부족하고 판촉이나 마케팅에도 문제가 있습니다." 그는 차분하게 말했다. "마치 간판도 없이 골목 안쪽에 위치한 맛집처럼 완전히 입소문에 의존하고 있어요. 밖에 나가서 영업하는 사람이 없는데 어떻게 수요를 예측하고 뛰어난 인재를 고용할 수 있을까요?"

브라이언은 시너지synergy나 창조적 파괴disruption 같은 비즈니스 용어를 동원해 이해하기 어려운 경영 전략을 한참 설명했다. 덧붙여 이전 회사에서 이 전략을 성공적으로 활용하여 수백만 달러의 수익을 창출했다고 말했다. 나는 정확히 이해는 안 되었지만 그냥 고개를 끄덕이고 받아들였다.

브라이언은 우리가 간과했던 잠재적 비즈니스 기회를 발견하는 능력이 있는 것 같았다. 그것은 로켓 과학 같은 복잡한 일이 아니었지만 나는 이런 것들이 내가 그처럼 회사를 15년 동안 키우며 얻어야 할 교훈이라고 생각했다.

나는 브라이언에게 전화를 걸어 점심 약속을 잡고, 다시 한번 모든 문제점과 걱정을 그에게 털어놓았다.

"당신 회사는 다 마음에 들어요." 라멘을 먹으며 그가 말했다. "당신은 훌륭한 아이디어를 가지고 있다고 생각합니다."

"고마워요. 하지만 사실은 회사 설립은 그만하고 투자를 시작하고 싶어요."

"잘할 겁니다. 당신은 제가 만난 사람 중 몇 안 되는 억만장자가 될 가능성이 있는 사람이에요." 그는 내 쪽으로 가까이 몸을 기울이더니 비단처럼 부드러운 머리카락을 뒤로 넘기며 말했다. "당신은 재능을 타고났어요. 대단한 재능이죠."

그동안 이러한 칭찬을 많이 받기는 했지만 그래도 기분이 좋았다. 나는 스물여덟 살이었고 그는 멘토라고 부르기에 가장 어울리는 존재였으며, 가까이서 모든 결점을 보고도 여전히 내 사업을 칭찬한다는 것은 많은 의미가 있었다. 매우 성공적이며 경험이 많은 연쇄 창업자가 지금 내 머리를 쓰다듬으며 내가 할 수 있다고 말하는 것이다.

"내가 나서서 문제를 해결해 볼까요? 도움을 줄 만한 것이 많아 보입니다." 우리는 배가 불러 뒤로 등을 기대며 안 들리게 트림했다.

"그러면 정말 좋죠." 그와 같이 일한다면 영광이라고 생각하며 내가 대답했다.

우리는 향후 행동 계획에 대한 세부 사항을 이야기하고 내가 지난 몇 년 동안 배운 교훈을 공유했다. 나는 회사마다 CEO를 고용하고 수익이 안 나는 비즈니스는 매각하여 나와 크리스가 투자에 집중할 수 있도록 해달라고 말했다.

"걱정 말아요. 내가 알아서 할게요."

그건 마치 미국 대통령한테 "내가 뒤에서 지켜줄게."라는 말을 들은 느낌이었다. 스타트업계의 슈퍼스타로 최근 큰 성공을 거두었다는 브라이언이 마침내 우리 팀에 합류해 도움을 줄 준비가 되어 있었다. 그는 자기가 빅토리아로 가서 며칠 동안 우리와 함께 브레인스토밍하며 우리 회사들의 문제점과 미래 전략에 대해 살펴보자고 제안했다.

비즈니스의 세계는 냉혹하다

일주일 후 브라이언은 우리와 아이디어를 이야기하기 위해 빅토리아에 있는 사무실에 도착했다. 그는 내가 기대했던 것만큼 뛰어났다. 심지어 기대보다 더 훌륭했다. 그는 모든 문제의 핵심을 파고드는 놀라운 능력이 있었다.

우리는 그를 회의실로 데려갔고, 태양이 만bay을 가로질러 항해하는 배들을 향해 따스한 황금빛 광선을 쏘는 동안 회사가 직면한 모든 문제를 설명했다. 그 어떤 거짓말도, 사탕발림도, 가식도 없었다. 단지 순수하게 문제 그 자체를 설명했고, 그는 속사포처럼 해결책을 제시했다.

이 사람은 고용하고 저 사람은 해고하세요.

이 사업은 종료하고 이 조직은 개편하세요.

시간이 지나면서 나는 안도감을 느꼈다. 브라이언이 항상 정답을 알고 있는 건 아니었지만, 그는 언제나 문제를 해결하겠다고 확신에 차서 말했다. 매주 이러한 대책 회의를 했는데 할 때마다 마치 테트리스 세계 챔피언이 힘들이지 않고 가장 어려운 레벨을 해결하는 걸 보는 것 같았다.

이 조각을 저기로 옮기고, 저 조각을 여기로 옮기면…… 문제 해결 완료!

솔직히 말하자면, 이 대책 회의 이전에 나는 브라이언이 그저 겉만 번지르르한 영업 사원일지 모른다고 생각했었다. 픽셀 유니온 매각 협상 당시 마지막 몇 시간 동안은 그가 미리 각본을 짜놓은 것 같다는 생각이 들기도 했다. 하지만 결국 그는 내가 200만 달러에 팔았을 회사를 700만 달러에 팔도록 했다.

그의 대책을 적용해서 오랜 우리의 문제가 해결되는 모습을 보니 그의 엄청난 재능을 더 깊이 알게 되었다. 이 문제들은 우리가 몇 달, 심지어 몇 년 동안 해결하려고 노력해 왔던 것들이었다. 브라이언은 우리가 장단점을 똑바로 파악하고 앞으로 나아갈 최선의 길을 찾는 데 도움을 주었다. 우리는 두 가지 불완전한 해결책 중 하나를 선택하는 것을 피하기 위해 존재하지도 않는 플랜 C를 기다렸다.

브라이언 덕분에 우리는 플랜 C 같은 건 없다는 사실을 깨달았다. 이 모든 일을 거치면서 내 마음 한구석에는 당연한 질문이 떠오르고 있었다. '왜 이 사람이 나를 도와주는 거지? 그가 이걸로 얻는 게 뭘까?' 브라이언은 급여나 스톡옵션, 지분에 대해 한마디도 하지 않았고 출장 비용이나 호텔 비용도 자기가 냈다. 하지만 곰곰이 생각해 보니 내가 만약 그의 입장이 된다면(그처럼 엄청나게 돈이 많다면) 멘토링하고 지도할 수 있는 후배를 찾아 그를 돕기 위해 최선을 다할 수도 있겠다는 생각이 들었다. 어쩌면 브라이언은 이미 '충분히' 가지고 있기 때문에 지루함을 느끼고 있었고, 이것이 그가 할 수 있는 일종의 기부 행위라고 생각하는지도 몰랐다. 자신보다 훨씬 어린 사람을 통해, 사업을 다시 시작하는 것처럼 대리만족을 느끼려는 것일 수도 있었다. 또 어쩌면 브라이언이 자신의 존재에 대해 회의를 느꼈고 내가 그의 불안감에 대한 해결책일 수도 있다고 생각했다.

몇 주 동안 우리는 사업 문제를 계속 검토했다. 그는 우리 회사의 주요 인물들과 만났고, 모든 사람이 그를 좋아했다. 정말 모든 사람이 좋아했다. 심지어 지루한 업무 이야기를 싫어하는 창의적인 사람들조차도 그랬다.

그는 사람에 맞추어 접근 방식을 달리하는 엄청난 재능이 있었다. 그는 그들이 무엇을 이야기하고 싶어 하는지, 그들의 성격이 어떤지를 파악하고 그에 맞춰 자신의 태도를 바꾸었다. 옆에서 보기만 해도 대단하다고 느껴졌다.

내 변덕스러운 아이디어에 주저하며 회사의 방향이 또다시 바뀌는 것은 아닌지 불안해하던 직원들은 브라이언과 함께 있을 때 차분함을 되찾았다. 드디어 우리를 끝까지 도와주는 성숙한 어른이 우리 사무실에 있게 되었다. 매일 면도하고, 후드티가 아니라 양복을 입은 진짜 비즈니스맨 말이다.

어떤 문제든 그가 손만 대면 다 해결되는 것처럼 느껴졌다. 예를 들어 메타랩에서 더 큰 계약을 따내지 못해 힘들어할 때, 브라이언은 그걸 해결하는 방법을 제시했다. 그는 뛰어난 영업 사원들을 채용했고, 그들이 대형 프로젝트를 따내기 시작했다. 거의 즉시 회사가 살아나 매출이 급상승했고 직원들은 그 어느 때보다 의욕이 넘쳤다.

언젠가 그가 결국 돈 이야기를 하리라 예상했기 때문에 그날이와도 나는 놀라지 않았다. 아니 오히려 안도했다.

"앤드루 사장님," 평소처럼 같이 점심을 먹던 어느 날 그가 말을 꺼냈다. "지금까지 해온 일에 대한 보상을 받고 싶습니다."

사실 내 걱정은 그가 보상을 원한다는 게 아니었다. 그렇게 뛰어난 사람에게 어떻게 보답할 수 있을지 모르겠다는 것이었다. 여러 거래를 통해 벌어들인 수백만 달러를 어떤 식으로 갚아야 할지 몰랐다.

"물론이죠." 내가 말했다. "당연히 보상을 해드려야죠. 얼마를 제안하시나요?"

"내 생각에는 시간당 요금으로 시작하는 것이 좋을 듯합니다."

"시간당 요금이요?" 놀라서 물어보았다. 이렇게 엄청난 가치를 지닌 사람이 어째서 시급을 원하는 걸까? 브라이언은 내가 놀란 걸 보더니 금세 안심시켰다.

"그냥 이렇게 하는 것이 더 간편해요. 우리는 변호사나 고용 계약서 같은 건 필요 없어요. 그냥 옛날 방식으로 시간을 따져 계산하면 됩니다."

그가 요점을 잘 말한 것 같았다. 그의 말을 듣고 보니 시급으로 가는 것이 합리적이라는 느낌이 들었다. 약간의 흥정 끝에 우리는 시간당 250달러로 합의했다. 많은 것처럼 보일 수 있지만, 그가 가져오는 놀라운 결과를 고려하면 매우 합리적이었다. 브라이언이 좋아하는 약어를 빌리자면, 그 시급의 열 배를 주더라도 나는 여전히 그의 조언에서 엄청난 ROI를 얻는다.

스타트업, 아니 사실상 모든 작은 사업에는 조직 내에 특유의 친밀감이 존재한다. 경계가 사라지고, 모두가 서로 무엇을 하고 있는지 알고 있으며, 부서 간 장벽이 낮고 위계는 더더욱 찾아보기 어렵다. 그 결과 우리는 브라이언을 속속들이 알게 되었다. 우리는 하루에 열네 시간을 함께 일하면서 모든 결정을 논의하고, 채용과 고객 관리, 심지어 점심 메뉴도 그의 의견을 들었다. 그는 때때로 무자비한 방식으로 행동할 때가 있었다. 내가 그게 꼭 필요한지 물어보면 그는 사업은 때로 그렇게 해야 한다고 대답했다. 상대를 파악하고, 그들에게 친절로 다가가야 할지 아니면 날카로운 칼날처럼 단호하게 처리해야 할지를 알아야 한다는 것이었다.

리암도 마찬가지였다. 우리가 픽셀 유니온을 팔았을 때, 리처드는 당시 CEO인 리암의 경험 부족을 문제 삼았지만 나는 동의하지 않았다. 리암은 자신이 재임하는 동안 회사를 크게 성장시켰고 나는 그의 감각을 신뢰했다. 비록 그가 이 일에 익숙하지는 않았지만, 나는 그가 빠르게 배우고 있다고 느꼈다.

반면에 리처드는 구세대였다. 그는 사업에 소위 '경험 많은 흰머리'가 필요하다고 느꼈다. 더 나이 많고 경험이 풍부한 CEO를 원했다. 그는 비디오 대여 회사에서 함께 일했던 오랜 경영진 중 한 명을 리암 대신 임명하고 싶어 했다. 비디오 대여 회사의 경영자가 쇼피파이 테마 비즈니스를 이끌다니 이상한 조합처럼 보였다. 크리스와 나는 반대했지만, 몇 주가 지나면서 결국 픽셀 유니온은 그의 회사라는 걸 깨달았다.

리처드는 우리가 리암을 고용했으니 그를 해고하는 것 또한 우리가 처리해야 한다고 말했다. 그때까지 나는 단 한 명도 해고한 적이 없었다. 나는 경험이 부족한 관리자였고 나쁜 소식을 전하는 것을 싫어했다. 대신 모래 속에 머리를 처박고 문제를 무시하며 그 사람이 알아서 회사를 떠나기만을 기다렸다. 브라이언한테 이 이야기를 하니 그는 자기가 알아서 처리하겠다고 했다.

브라이언은 외과 수술식으로 이 일을 처리하기로 했다. 며칠이 지나고 그가 내 사무실에 들어와 진행 상황을 이야기했다. "이건 할머니를 지붕 위에 올려놓을 기회라고 생각합니다." 그는 자신의 계획을 이렇게 표현했다.

"할머니를 지붕 위에 올려놓는다는 게 무슨 뜻이에요?"

브라이언은 우리의 순진함에 웃었다. "오래된 비즈니스 격언이죠. 할머니가 매우 늙고 연약해져도 당신의 할머니이기 때문에 당연히 친절하게 보내고 싶어 하죠. 그런 경우 할머니를 그냥 지붕에서 불쑥 밀어내면 안 됩니다."

크리스와 나는 이게 무슨 이야기인가 의아해하며 긴장한 표정으로 서로 쳐다보았다.

"먼저, 할머니를 정말 편하게 해주고 맛있는 차를 대접하는 겁니다." 브라이언은 계속 말했다. "그런 다음 할머니에게 '할머니, 집을 구경시켜 드릴게요.'라고 말하며 위층으로 같이 올라갑니다. '아, 여기 경치가 정말 아름다워요. 밖에 나가서 같이 봐요.' 그리고 할머니가 지붕으로 나가 경치를 감상할 때 뒤에서 미는 겁니다. 쿵!"

크리스와 나는 믿을 수 없다는 듯 서로를 바라보았고, 이것이 농담인지 아니면 실제 비즈니스 우화인지 분간할 수가 없었다.

"그건 좀……." 크리스가 부드럽고 심각한 목소리로 말했다.

"가혹한 것 같은데……." 내가 크리스의 말을 마무리했다.

"누군가를 제거해야 할 때는 그렇게 해야 합니다." 브라이언은 자신 있게 단정 지었다.

"그건 정말 맞지 않는 비유인 것 같아요." 농담이 아닌 것을 깨닫고 내가 말했다.

"비즈니스는 맞지 않는 비유로 가득 차 있어요." 브라이언이 설명했다. "중요한 건 당신이 이 비유를 사용하는 사람이 되어야 하고, 누군가가 당신을 이야기할 때 이 비유의 대상이 되지 않도록 하는 겁니다." 그는 일어서며 내 어깨를 잡았다. "그래서 내가 여기 있는 겁니다. 당신들을 돕고, 지붕에서 밀려 떨어지는 할머니가 되지 않도록 하는 겁니다."

밖으로 걸어 나가며, 내가 지금까지 잘 키워서 놀랄 만큼 일을 잘했던 리암이 지붕에서 밀려날 처지라는 사실을 깨닫자 나는 속이 메스꺼워졌다.

절대 진실을 외면하지 마라

브라이언은 놀랍고도 수상한 방식으로 자신의 계획을 실행했다. 그는 몇 주에 걸쳐 리암과 멘토 관계를 형성하고 신뢰를 얻었다. 그는 점심시간에도 리암과 몇 시간씩 대화하며 그의 이야기를 들어주고 우리 사업을 팔면서 바뀔 수 있는 일들에 대한 그의 우려를 경청했다. 몇 주 후 브라이언은 리암에게 정말 사람이 필요하다고 말했고, 팀에 합류할 수 있는 경영진을 모집하겠다고 말했다. 물론 이것은 브라이언의 교활한 책략이었다. 그는 결국 리처드가 추천한 휜머리 경영진을 '선발'했고 그 사람이 나중에는 COO가 되어 리암의 자리를 빼앗았다. 할머니가 지붕에서 밀려난 것이다. 그동안 리암은 픽셀 유니온의 모든 것이 자신의 아이디어라고 생각했는데 순식간에 당한 것이다. 이미 너무 늦어버리고 말았다.

크리스와 나는 겁쟁이처럼 행동했다. 우리는 시선을 피하고, 투자 서적에 집중하는 척하며, 인턴에서 출발하여 우리 사업 중 가장 큰 회사의 CEO 자리에 오른 사람이 부당하게 해고되는 것을 멀찌감치 지켜보았다. 정말 끔찍했지만, 그 당시에는 내 감정이 올바른 건지 의문이 들었다. 어쩌면 이게 바로 비즈니스에서 말하는 약육강식의 세계가 아닐까?

모두가 브라이언의 '비즈니스' 성향을 좋게 받아들이는 것은 아니었다. 브라이언과 일한 지 몇 달 후 내 동생 팀이 내게 오더니 걱정스럽게 말했다. "그 사람과 거리를 두는 게 좋을 것 같아. 그는 좋은 일을 많이 하고 있지만, 어딘지 모르게 좀 불안해."

내 안에서 계속되는 의구심에도 불구하고 나는 방어적으로 반응했다. "무슨 소리 하는 거야? 그가 얼마나 놀라운 결과를 내고 있는지 봐! 그는 우리에게 수백만 달러를 벌어주고 있어!" 그리고 나는 내 멘토의 말을 반복했다. "이건 그냥 비즈니스일 뿐이야."

사실 브라이언은 내가 상상했던 것 이상으로 성과를 내고 있었다. 나는 전보다 더 많은 돈을 벌었고 더욱 부자가 되었다. 다른 사람들이 비슷한 의구심을 느끼고 있을 때, 나는 브라이언한테 주워들은 제로섬 게임이라든가 ARR, EBITDA(이자와 법인세, 감가상각비 차감 전

이익)를 반복해서 지껄이고 있었다.

소설가 업턴 싱클레어Upton Sinclair가 한 유명한 말이 있다.

"사람은 자신의 밥줄이 달려 있으면 진실을 외면하기 쉽다."

지금 이 순간, 이 인용구는 분명 나에게 해당했다. 나는 원래 브라이언에게 도움을 청한 진짜 이유를 점점 더 절실히 깨닫고 있었다. 즉 나는 일상적인 회사 운영에서 벗어나는 방법에 대한 조언이 필요했던 것이다. 브라이언은 새로운 직원을 고용하거나, 수익을 늘려줄 새로운 고객을 확보하는 것 같은 부분에서 나를 도와주고 있었지만, 나는 여전히 메타랩을 운영하면서 불행했다. 궁극적으로 최종 책임은 나에게 있었다. 나는 여전히 CEO의 직함을 가지고 있었고 그 모든 변화가 일어나는 와중에 직원들의 시선은 나를 향하고 있었다.

직원들뿐만 아니라, 기업을 운영하는 생활 전체가 나를 힘들게 했다. 변덕스러운 고객들, 롤러코스터처럼 오르내리는 호황과 불황, 끝없는 경영 회의, 그리고 고집으로 똘똘 뭉친 사람들을 만나러 가는 샌프란시스코 출장 등 나는 얼마나 더 버틸 수 있을지 자신이 없어졌다.

그러던 어느 날 사무실에 앉아 있다가 결국 무너지고 말았다. 그날은 특히나 힘든 날이었다. 메타랩의 COO였던 동생 팀과 함께 스트레스 가득한 전화 회의를 마친 직후였다. 한 고객이 우리의 청구서를 끝까지 지불하지 않겠다고 버티고 있었다. 그 순간, 나는 한계를 넘어서고 말았다.

나는 일어나 복도 맞은편에 있는 크리스의 사무실로 걸어갔다. 크리스의 사무실은 유리로 된 어항 같은 재미있는 공간으로, 바깥 테라스를 바라보는 큰 창문이 있었다. 나는 그 앞에 놓여 있는 의자에 털썩 주저앉았다. 크리스와 나는 함께 일한 지 몇 년이 되자 매우 가까워져서, 입을 열기도 전에 뭔가 잘못되었다는 것과 잘못된 것이 무엇인지 즉시 알아차릴 수 있었다.

"오늘은 별로구나?" 크리스가 노트북을 닫으며 나를 쳐다보았다.

"은행에 수백만 달러가 있는데, 어째서 여전히 쓰레기 같은 놈들을 상대하며 스트레스를 받아야 하는 걸까?" 나는 고개를 절레절레 저으며 말했다. "더 이상 못 하겠어."

크리스는 마치 미친 사람 보듯 나를 쳐다보며 물었다. "우리 같이 노력해서 대단한 회사를 만들었잖아? 그리고 우리는 계속 성장하고 있다고."

"대단한 회사라는 건 알아. 하지만 난 더 못 해."

크리스는 내가 무슨 말을 하는지 알았고, 이건 그냥 별로인 날이 아니라는 것도 알았다. 난 진심이었다. 회사를 운영하는 것이 지겨워 긴급 탈출 버튼을 누르고 싶었다.

"다 때려치우고 싶어."

"그렇게까지 할 필요 없어." 크리스가 나를 진정시키며 말했다. "그렇게 힘들면 다른 사람을 고용해 메타랩을 운영하면 어떨까?"

우리는 그것이 어떤 모습일지에 관해 이야기했고, 크리스는 우리가 능력 있는 CEO를 찾아내면 회사가 알아서 굴러갈 테니 우리의 다음 과제인 투자에 집중할 수 있다고 나를 설득했다.

"그런데 어디서 새 CEO를 구하지?" 내가 물었다.

"브라이언에게 얘기해 보면 어떨까?" 크리스가 답했다.

"좋은 생각이야. 그는 어떻게 하면 되는지 정확히 알 거야." 나는 크리스의 사무실에서 바로 브라이언에게 전화를 걸었다. 브라이언은 기꺼이 도와주겠다고 했고, 다음 비행기로 당장 오겠다고 했다.

그날 밤 내가 회의실 안을 왔다 갔다 하면서 메타랩에서 벗어나려는 이유를 털어놓는 동안 브라이언은 아무 말도 하지 않고 그저 고개만 끄덕였다. 말을 끝내자 그는 내가 한 말을 곱씹으며 한동안 아무 말도 하지 않았다. 침묵 속에서 몇 분이 지나간 것 같은 느낌이 들었다. 내가 들을 수 있는 것은 브라이언이 생각하는 소리뿐이었다. 그러고 나서 그는 마침내 입을 열었다.

"여러분, 걱정할 거 없어요." 캐시미어 스웨터를 입은 브라이언이 언제나 그렇듯이 부드러운 미소와 노련한 태도로 우리 앞에 앉아 말했다. "내가 알아서 처리하겠습니다."

"정말요?" 내가 진심으로 안도감을 느끼며 말했다. "어떻게 한다는 말이죠?"

"맞아요, 어떻게 할 건데요?" 크리스도 거들었다.

"업계에서 가장 뛰어난 CEO를 찾을 겁니다." 그가 대답했다. "최고 실력자가 있을 겁니다. 모든 게 다 잘될 거예요."

크리스와 나는 안도의 한숨을 내쉬며 서로를 바라보았다. 마치 브라이언이라는 복권에 당첨된 듯한 기분이 들었다. 그가 우리의 문제를 해결해 줄 것 같았다. 그는 일어나더니 칠판에 우리가 원하는 CEO 후보의 특성을 적기 시작했다. 그가 적어 나가는 동안 나는 새로운 CEO가 회사에 합류했을 때 내 인생이 어떻게 될지 상상했다. 나는 그 어느 때보다 편안하고 흥분된 기분이 들었다. 브라이언이 제시한 비전은 메타랩이 올바른 방향으로 나아가는 미래에 대한 것이었다. 일상에서 조금 벗어나면 크리스와 나는 다음 목표에 집중할 수 있을 것 같았다.

그날 밤, 난 두 동생을 불러 앉히고 이 소식을 전했다. 브라이언처럼 그들도 잠자코 듣더니 마침내 팀이 입을 열었다.

"브라이언한테 형 후임자를 찾으라고 한 거야?"

"응, 그가 메타랩을 운영할 최고의 실력자를 찾아줄 거야. 그가 다 처리할 거야."

"형, 그 사람 꼭 상어 같아." 윌리엄이 말했다.

"알아." 나는 자신감 있게 대답했다. "그래도 우리 편 상어야."

그리고 어쩌면 동생보다 나 자신을 설득하려고 그랬는지 다시 이렇게 말했다.

"모든 게 잘될 거야. 그 사람이 알아서 다 처리할 거야……."

10장
세상에 공짜는 없다

NEVER ENOUGH

"엄청난 금액이 송금될 겁니다."
스티브가 미소를 지으며 내 손을 잡고 악수했다.
나도 이빨까지 드러내며 환한 표정을 지었다.
너무 좋아 믿을 수 없었다.
하지만 그때는 몰랐다. 이 결정으로
향후 2년간 고난이 시작되리란 것을…….

지난번 거래 이후 처음으로, 스물아홉 살의 나는 다시 자유를 맛볼 수 있었다. 받은 메일함을 확인할 때마다 심박수가 치솟는 것을 느끼지 않아도 되는 자유, 심지어 받은 메일함을 아예 확인하지 않아도 되는 자유 말이다. 그리고 나는 그러한 자유를 선물해 준 사람에게 감사했다. 바로 브라이언이었다.

우선, 내 자리를 대신할 사람을 고용해야 했다. 브라이언은 전혀 걱정하지 말라고 했고 난 정말 걱정하지 않았다.

"괜찮은 사람이 한 열 명 정도 있어요." 브라이언이 나와 크리스에게 말했다. "여러 분야에서 최고 경영진을 역임했고, 수억 달러 규모의 회사를 운영해 본 사람들입니다."

면접을 하기 전에 나는 크리스마스 아침의 아이처럼 들떠 있었고 가능성에 대한 기대로 흥분했었다. 브라이언이 약속한 후보들을 만나고 싶었다. 최고의 인재들, 내가 할 수 없는 일을 할 수 있는 리더들 말이다. 그들은 디자인에 대해 타고난 감각이 있을 것이다. 감각은 배운다고 배울 수 있는 것이 아니니까 말이다. 그리고 그들은 비즈니스 관리 능력도 뛰어날 것이다. 그들은 현재 직원들을 소중히 여기고 새로운 직원을 고용할 때는 신중할 것이다. 그들은 현재의 고객들을 소외시키지 않으면서 전에 보지 못한 이익을 창출할 것이며, 새로운 고객을 유치하는 방법을 알고 있을 것이다.

나를 대신할 후보들을 만나는 날 아침, 나는 다가올 자유로운 삶에 정말 들떴는지 잠에서 깨어나 몸을 돌려 침대에서 일어나면서 입가에 환한 미소가 절로 지어졌다. 잠시 후에 나는 커피를 따르면서 우리 회사의 약 50명 직원 앞에 서서 내가 왜 회사를 떠나는지 연설하는 모습을 상상했다. 이어서 우리의 새로운 CEO가 소개되고, 그는 경외감을 불러일으키는 명연설을 할 것이다. 우리는 힘차게 악수하고, 나는 직원들을 향해 활짝 웃은 다음 정문을 나서서 햇빛 속으로 걸어 들어가 마침내 자유로워질 것이다.

후보들을 만났다. 그들은 끔찍하고 형편없었다. 완전히 바보들이었다. 전부 다 그랬다. 그들은 디자인이나 비즈니스를 몰랐다. 크리스와 내가 기본적인 질문만 던져도 금방 밑천을 드러냈다. 그들에게는 특별한 감각도 없었고, 경험은 부족했으며, 메타랩을 특별하게 만든 것이 무엇인지도 이해하지 못했다.

"그 사람은 아주 기초적인 파워포인트 자료도 디자인할 수 없을 거 같은데." 한 후보를 만난 다음 크리스에게 나는 이렇게 말했다. 그는 50대 남성으로, 카키색과 군청색의 양복을 입고 있었으며 회계법인에서 경력을 쌓은 사람이었다.

"브라이언이 데려온 사람들이 왜 전부 이 모양이지?" 크리스가 물었다. "우리가 어떤 사람을 찾는지 잘 모르는 건가?"

브라이언에게 따졌지만, 그는 이것도 과정이라고 말했다. "새로운 CEO를 고용하는 것은 CEO가 맡은 일 중 가장 어려운 일입니다." 그러면서 우리를 안심시켰다. "더 많은 후보를 만나봅시다."

두 번째 그룹의 후보들은 더 최악이었다. 마치 그가 뇌 절제 수술을 받은 환자들을 모아서 정장을 입힌 다음 하루에 50달러를 주고 동원하는 것 같았다. 크리스와 나는 그들 중 누구든 메타랩을 책임지면 회사가 망하는 건 뻔하다고 생각했다. 짧게 자유를 누리다가 그 바보에게서 회사를 구하기 위해 돌아와야만 될 것 같았다.

우리는 또다시 한심한 후보자들을 대상으로 면접을 진행했고 이번에는 면접에 참여했던 브라이언도 조용히 고개를 저었다. 그도 실망한 것 같았다. 브라이언이 마지막 면접자를 데리고 나가자 크리스와 나는 우울한 기분으로 이메일을 확인했다. 브라이언이 다시 들어와 의자에 풀썩 주저앉더니 다시 고개를 저었다. "실망하게 해 미안하지만, 이 사람들이 내가 찾을 수 있는 최고의 사람들이었어요." 그는 한숨을 쉬며 우리에게 말했다. "여기저기 다 찾아보고 최고의 헤드헌터들을 고용했지만 이 사람들이 전부였어요."

여전히 사업에서 탈출하고 싶었지만, 후임을 채용하는 데는 더 많은 시간이 걸릴 것이라는 사실을 깨달았다. 나는 크게 실망했다.

두 번째 매각 결정

우리는 검색 범위를 넓히기 시작했고, 곧 업계의 관심을 받기 시작했으며, 브라이언의 오랜 친구인 알렉산더가 운영하는 새로 설립된 사모펀드와 접촉하기 시작했다. 그는 최근에 수억 달러를 벌었다고 하는데 배경은 완벽해 보였다. 이전에 캐나다에서 가장 큰 디지털 회사 중 하나를 키워서 몇 년 전에 상장회사에 매각한 적이 있었다.

나는 이것이 완벽한 플랜 B가 되리라 생각했다. 즉 회사를 팔아서 탈출하는 것이다. 브라이언도 동의했고, 즉시 매각 협상에 참여했다. 그는 이전처럼 시간당 수수료를 받겠다고 말했다. 그리고 뒤늦게 생각났다며 거래가 완료될 때까지 자신이 임시 CEO를 맡을 용의가 있다고 말했다. "강요하는 건 아닙니다. 필요한 리더를 찾지 못해 나 자신에게 실망했고, 그것을 바로잡는 데 도움을 주고 싶어요."라며 우리를 설득했다.

나는 깜짝 놀랐다. CEO에서 벗어나고 싶었지만 브라이언이 내 자리를 인수하겠다고 하니 착잡한 생각이 들었다. 물론 그는 똑똑했고 약속을 지켰지만, 내 피와 땀과 눈물로 만들어온 사업을 할머니를 지붕에서 밀어내는 비유를 써먹는 사람에게 넘겨야 할까? 상어 같은 그가 우리 편이어서 좋았지만, 무언가 잘못되면 저 상어는 우리 편에서 어떤 일을 벌일까? 수년 동안 우리와 잘 지낸 내 형제들과 직원들을 어떻게 대할지 궁금했다.

그러나 나는 끔찍하게 불행했다. 잠깐의 자유를 맛본 뒤, 다시 그 힘든 일상으로 돌아올 수밖에 없는 현실이 너무 싫었다. 게다가 우리는 곧 사업을 팔 예정이기 때문에 그의 제안을 받아들여도 그다지 해가 될 일은 없을 거라고 생각했다. 장단점을 따져본 다음 크리스와 나는 브라이언을 임시 CEO로 임명하기로 결정했고, 그가 특정한 목표를 달성하면 메타랩 지분의 최대 15퍼센트를 구매할 수 있는 조건으로 계약했다. 이 거래의 구조상 그가 그 목표를 달성하면 우리의 지분 가치는 한층 더 커질 것이므로 완벽한 거래처럼 보였다.

브라이언이 CEO 자리에 앉으면서 나는 일상적인 경영 스트레스에서 벗어날 수 있었다. 한 달이 지나도록 비행기를 타지 않았고 내 간은 고객들과의 술자리와 저녁 식사에서 벗어나 휴식을 취할 수 있었다. 홀리와 나는 첫 아이의 출산을 고대하고 있었고, 아들이 태어나기 전 이렇게 평화로운 시간을 보낼 수 있어서 정말 감사했다. 신문을 읽고 테니스를 치며 평화로운 아침을 보냈다. 기타 수업을 듣기 시작했고, 이렇게 새롭게 얻은 자유 시간에 감탄했다(다행히 온라인 기타 사업을 시작하려고 하지는 않았다). 그사이 브라이언은 메타랩에서 우리가 몇 년 전 슬랙을 디자인했다는 사실을 홍보하고 다녔다. 그때쯤 슬랙은 이미 수십억 달러 규모의 회사가 되어 있었다. 이 사실은 엄청난 관심을 끌었고, 그는 이를 활용해 《포춘》 선정 500대 고객사를 유치했다.

1년도 채 지나지 않아, 브라이언은 우리 수익을 두 배로 늘린 것 같았다. 같은 시점에, 우리와 접촉했던 사모펀드가 메타랩을 5,000만 달러(약 700억 원)에 사겠다는 제안을 해왔다. 정말 믿기지 않는 금액이었다. 1년도 채 되지 않아 픽셀 유니온 거래 금액의 일곱 배를 부른 것이었다. 그렇게만 되면 크리스와 나는 완전히 회사를 떠나 CEO한테 일을 맡겨둔 채 5,000만 달러를 은행에 쌓아놓고 새롭게 자그마한 투자회사를 설립할 수도 있었다. 모든 일이 잘 풀리고 있는 것 같았다.

지난 거래에서는 주저하는 사이에 매각 금액이 올라갔지만, 그런 기회는 인생에 단 한 번 있다는 것을 알았기 때문에 이번에는 즉시 수락했다.

이 거래도 지난 거래와 비슷하게 진행되었다. 이제는 그러려니 했다. 그들은 이런저런 조건으로 우리를 압박했고, 별것도 아닌 문제를 부각하기도 했다. 물론 우리도 반박했다. 당연히 변호사들은 변호사답게 수십만 달러를 청구했다. 그리고 몇 개월 후, 크리스와 나는 우리의 화려한 새 법무법인인 파스켄 마티노Fasken Martineau의 사무실로 승강기를 타고 올라갔다. 그들의 본사는 엄청났고, 바닥부터 천장까지 온통 유리로 되어 있었으며, 벽에는 내가 잘 모르는 (그렇지만 알아야 할 것 같은) 현대 미술가의 작품으로 장식되어 있었다.

우리의 담당 변호사 스티브가 프런트 데스크에 나와 큰 회의실로 안내해 주었다. 그곳에는 스무 명이 앉을 수 있는 회의 테이블이 있었다. 직원이 두꺼운 서류 더미를 카트에 싣고 들어왔는데 그건 마치 네 권의 전화번호부처럼 보였다. 서류에 서명할 때 손이 떨렸다. 그렇게 나는 두 번째 회사를 넘겼다.

"엄청난 금액이 송금될 겁니다." 스티브가 미소를 지으며 내 손을 잡고 악수했다.

나도 이빨까지 드러내며 환한 표정을 지었다. 너무 좋아 믿을 수 없었다. 하지만 그때는 몰랐다. 이 결정으로 향후 2년간 고난이 시작되리란 것을……

11장
상어가 남긴 상처

NEVER ENOUGH

멍거는 "문제는 종종 역으로 생각할 때
쉽게 해결된다."라고 말하며,
내가 원하는 것보다 원하지 않는 것을
떠올리는 일이 훨씬 쉽다고 설명했다.
싫어하는 것을 염두에 두고,
그것을 피해 삶을 최적화해 나가는 방식이다.

수천만 달러가 곧 내 개인 계좌로 입금된다는 사실을 아는 기분은 말로 표현하기 어렵다. 마치 나 혼자서 하는 판타지 게임에서 점수가 점점 최고점을 기록하는 느낌이었다. 아드레날린이 솟구치고, 흥분과 불안이 뒤섞여 압도적인 감정이 밀려왔다. 갑자기 모든 꿈과 욕망이 손 닿을 수 있는 곳에 있는 것처럼 보였다. 은행 잔고의 자릿수가 7자리에서 8자리로 바뀐다는 의미였다. 가족을 끝까지 돌볼 수 있으며, 어리석게 모든 것을 잃거나 불태우지 않는 한 평생을 편안하게 살 수 있다는 의미였다.

법무법인의 주차장에서 차를 빼내 은행으로 운전할 때 느꼈던 감정은 오직 희열뿐이었다. 수천만 달러가 있는 계좌를 보는 것이 어떤 느낌일지 매우 기대되었다. 하지만 그런 일은 일어나지 않았다. 확인해 보았지만 돈은 들어오지 않았다. 그 즉시 알렉산더에게 전화했다.

"왜 송금이 안 됐죠?" 나는 거친 목소리로 물었다.

"금방 될 겁니다. 투자자들과 약간의 문제가 있어서요. 며칠만 기다려주세요."

그래서 며칠을 기다렸고 다시 계좌를 확인했지만 역시 아무것도 들어온 게 없었다.

난 다시 그에게 전화했고 우리의 대화는 날카로워졌다. 그는 며칠만 더 기다려달라고 요청했다. 그리고 몇 주 후 연락이 끊겼다. 실제 그들은 돈이 없으며 돈을 구할 방법도 없다는 것을 깨달았다. 브라이언에게 말하자, 그는 화가 나서 변호사에게 전체 거래를 중단할 것을 요청해야 한다고 했다. "그 쓰레기와 다시는 거래하지 않겠어요!" 그는 전화기에 대고 소리쳤다.

5,000만 달러의 현금이 가득 담긴 가방을 받을 거라고 기대했는데 막상 그 가방에 아무것도 들어 있지 않다면 분명 실망할 것이다. 하지만 사업을 많이 해본 사람이라면, 내 아버지가 깨달은 것처럼 "잘못될 가능성이 있는 일은 결국 잘못되게 마련이다."라고 정확하게 예상할 수 있다. 나는 생각만큼 실망하지 않았다. 사실 매각엔 실패했지만 거기서 배울 점이 있다는 것을 알고 오히려 안도감이 들었다. 회사를 넘기는 과정에서 우리 회사의 장부를 자세히 살펴보니 실제로 회사는 그 어느 때보다 잘되고 있었다. 새로운 비즈니스가 늘어나면서 돈이 들어오고 있었다.

물론 브라이언과 의견이 부딪히면서 다시 경영권을 되찾고 싶던 시기도 있었지만, 내가 물러나는 것이 메타랩에 올바른 결정이었다는 사실도 알고 있었다. 대부분의 창업자는 자신도 마크 저커버그Mark Zuckerberg나 빌 게이츠처럼 아무것도 없는 데서 출발해《포춘》500대 기업으로 성장시키는 내내 계속 경영권을 쥐고 있어야 한다고 생각한다. 하지만 나는 저커버그나 게이츠를 예외로 여긴다. 초기 단계에서 뛰어난 역량을 보이는 창업자들은 많다. 무에서 유를 창조하기 위해서는 광적인 열정이 필요하다. 그러나 회사의 성장 단계에 필요한 기술까지 갖춘 사람은 매우 드물다. 나 역시 그런 능력이 없었고, 그래서 성장하는 회사를 관리한다는 생각이 엄청난 스트레스를 주었다. 나는 내가 마라톤을 뛰려는 단거리 육상 선수와 같다는 것을 깨달았다. **내가 잘하는 것은 대규모 회사의 운영이 아니라 창업이며, 당연히 이에 집중해야 한다고 생각했다.**

실패한 매각에는 또 다른 긍정적인 점이 있었다. 돈이 들어오기를 기다리는 동안(결국 들어오지 않았지만), 크리스와 나는 앞으로 우리의 삶이 어떻게 보일지를 돌아볼 시간과 여유가 생겼다. 우리는 당시 워런 버핏에 관한 모든 책을 읽어치우고 그의 사업 파트너인 찰리 멍거의 책으로 넘어갔다. 우리가 인상적으로 생각한 멍거의 명언이 있다.

"역으로 생각하라. 항상 역으로 생각하라!"

멍거는 "문제는 종종 역으로 생각할 때 쉽게 해결된다."라고 말하며, 내가 원하는 것보다 원하지 않는 것을 떠올리는 일이 훨씬 쉽다고 설명했다. 싫어하는 것을 염두에 두고, 그것을 피해 삶을 최적화해 나가는 방식이다. 그래서 우리도 거꾸로 생각하는 방식으로 결정을 내렸다. 우선 불만을 나열해 보기로 했다. 우리를 불행하게 만드는 모든 일을 적어보았다.

길고 지루한 회의.

밤늦게 오는 이메일.

꾸준히 지적하고 피드백을 줘야 하는 사람들.

빽빽한 일정표.

아이들과 떨어져야 하는 출장.

리스트는 계속해서 늘어갔다.

그렇게 '반대목표Anti-Goals'라고 부르는 목록을 작성했다. 일단 크리스와 내가 우리 업무에서 싫어하는 것들을 추출한 후, 몇 주에 걸쳐 그것들을 위임하고 구조를 조정해서 그 일에서 벗어날 방법을 궁리했다. 우리의 문제 대부분은 각 회사의 내부 문제와 관련이 있었다. 브라이언이 합류한 후 메타랩과 관련한 모든 문제를 관리하는 것은 임시 CEO인 그의 책임이 되었고, 그 덕분에 우리의 삶은 매우 편안해졌다. 그래서 우리는 각 회사에 경영자를 고용하고 반드시 꼭 필요할 때만 우리에게 연락하라고 했다. 우리는 본거지라 할 만한 사무실을 마련했고 그곳에서는 오직 독서에 집중했으며 필요할 때만 그들이 우리를 호출할 수 있도록 했다.

이 시기에 얻은 핵심 통찰은 오늘날 내 비즈니스 운영의 중심 원칙이 되었다. 바로, **좋아하는 일을 하는 것만으로는 불충분하며 싫어하는 일을 그만두는 것도 필요하다는 깨달음이다.** 목표는 사람들이 생각하는 것처럼 전혀 일하지 않는 것이 아니라, 좋아하는 일만 하는 것이었다. 아무런 대가가 없더라도 할 수 있는 그런 일이다.

우리는 곧 작은 사무실을 임대했다. 메타랩과 다른 회사의 일상적인 요구에서 벗어날 수 있는 완충 공간을 제공하는 소박한 방으로, 새로운 투자를 중심으로 한 생활에 집중할 수 있었다. 그곳은 매우 평범해서 색 바랜 카펫, 오래된 큐리그Keurig 커피머신 그리고 한 개의 창문만 있는 사무실이었다.

하지만 크리스와 나는 그런 데 신경 쓰지 않았다. 조용하고 임대료도 저렴했다. 드디어 우리는 문을 닫고 있어도 아무도 노크하지 않는 호사를 누리게 되었다. 설사 야자수만 있는 외딴섬이더라도 별 불만이 없었을 것이다. 우리는 변신했다. 경기장 안의 선수에서 옆에서 고함치는 코치로, 그리고 마침내 귀빈 관람석의 느긋한 구단주로 변신한 것이다.

브라이언은 메타랩의 CEO로서 우리가 예상했던 것보다 훨씬 더 잘했고, 크리스와 나는 거의 모든 사람, 특히 우리의 고객들에게 긍정적인 피드백을 듣고 있었다. 심지어 내 동생 팀도 그에게 호의적으로 변해갔다. 매출을 추적해 보니, 회사는 내가 생각했던 것보다 더 빠르게 성장하고 있었다. 나 없이도 회사가 잘된다는 사실에 속상할 것 같지만, 나는 오히려 필요하지 않은 존재가 되었다는 사실이 기뻤다. 여러 복잡한 절차가 필요한 사무실 리모델링 같은 일도 브라이언이 알아서 처리하도록 허락했다. 그는 모든 것을 기꺼이 받아들였다.

나는 내 삶을 되찾았다.

은밀하게 반격하라

크리스와 나는 투자의 세계에 깊이 뛰어들었다. 우리는 몇 권의 전기를 읽었지만, 이제는 세부 사항을 파헤치고 싶었다. 나는 버크셔 해서웨이의 연례 보고서 사본을 확보하고 그것들을 마치 고대의 원서를 연구하듯 숨겨진 전략을 찾기 위해 숫자들을 면밀히 분석했다. 우리는 하워드 막스Howard Marks, 모니시 파브라이Mohnish Pabrai, 빌 애크먼Bill Ackman 같은 다른 유명한 가치 투자자들에 관해서도 공부했다. 이들은 각각 부실채권NPL 투자, 역발상 투자, 주주 행동주의 운동 같은 독특한 투자 스타일로 우리를 매료시켰다.

하지만 가장 우리의 관심을 끈 인물은 찰리 멍거였다. 멍거는 다니던 대학교를 중퇴하고 하버드대 법학대학원을 졸업한 인물로 40대 중반까지 변호사로 활동하다 투자자가 되기로 결심했다. 그렇게 그는 가장 위대한 투자가 중 한 사람이 되었다. 그는 수십 년 동안 버크셔 해서웨이에서 일하며 저평가된 회사를 매수하여 엄청난 수익을 올렸다. 그는 거의 모든 면에서 전통적인 투자자들과 반대되는 접근 방식을 취했다.

대부분의 투자자가 분산투자를 추구하는 반면, 멍거는 이를 '다악화deworsification[1]'라고 부르며 이렇게 질문했다.

"왜 굳이 당신의 100번째 아이디어에 투자하려고 하는가?"

다른 이들이 주식시장의 단기 변동을 예측하며 사고팔기 바쁠 때 멍거는 투자자들에게 '훌륭한 회사를 사서 아무것도 하지 말라'고 주장했다. 그것도 때로는 수십 년 동안.

---

[1] 'diversification(다양화)'에서 만들어진 말로, 다양화했으나 결과가 안 좋은 투자 사례를 일컫는다.

버핏이 일관된 발언을 유지하며 불필요한 비판을 삼가는 스타일이었다면, 멍거는 경제 범죄부터 암호화폐에 이르기까지 거의 모든 문제에 솔직하게 자신의 의견을 밝혔다. 버핏이 전형적인 블루스 음악이라면 멍거는 실험적인 재즈였다. 그가 다음에 어떤 흥미로운 말을 쏟아낼지 전혀 알 수 없었다.

그는 마치 명언 제조기 같았다. 그의 촌철살인 같은 말들은 내 머릿속에 새겨 넣고 싶을 정도였다. 그중 하나는 다음과 같다.

"내가 어디에서 죽을지를 알기만 하면, 절대 그곳에 가지 않을 텐데."

이는 죽음에 관한 명언이 아니라 역발상과 실수를 피하는 것에 관한 것이다. 최악의 시나리오(기업의 경우 파산)를 예상하고 그것을 피하는 방법을 알아내라는 것이다. 결국 세계 최고의 투자자들은 승자만을 고르며 이 자리에 오른 것이 아니라 어리석은 실수를 피하면서 진정으로 위대한 투자자가 되었다. 그들은 군중 심리의 함정을 이해하고, 다른 사람들의 탐욕스러운 상상을 사로잡은 서브프라임 모기지부터 암호화폐에 이르기까지 거품과 광기를 피하고 위대한 업적을 달성할 수 있었다.

그의 접근 방식은 신선했으며 특히 두 가지 이유로 크리스와 나에게 대단히 매력적으로 느껴졌다. 첫째, 간단하고 이해하기 쉬웠다. 몇 가지 훌륭한 결정을 내린 다음 아무것도 하지 않는 것이다. 둘째, 사업에 투자한 후 영원히 보유하는 방식이 마음에 들었다.

메타랩의 매각을 실패한 후 (그 뒤로도 우리의 다른 사업체에 대한 인수 제안이 더 있었다) 우리는 회사 매각을 꺼리게 되었다. 심지어 아무리 큰돈을 제시받아도, 좋은 회사를 매각하기 아까웠다. 회사는 일반적으로 시간이 지남에 따라 계속 성장하지만 누구도 미래의 잠재적 가치까지 포함해 대가를 지불하려 하지 않았기 때문이다.

멍거의 접근 방식은 인간 본성에 대한 깊은 이해로 이어졌다. 기업을 분석하는 것이 정성적인 측면, 즉 인간의 행동과 심리에 관한 것이라고 말했다. 반면에 숫자로 나타나는 정량적인 측면은 냅킨에 적을 수 있을 만큼 간단하다고 말했다. 만약 어떤 투자가 고려해야 할 요소가 많다면 차라리 포기하는 것이 좋다고 조언했다. 현금을 비축하면서 그가 "아주 쉬운 결정 no-brainer"이라고 부르는 상황이 오기를 기다리라고 권장했다. 이는 너무 좋아 놓칠 수 없는 거래를 뜻한다.

멍거는 "통 안에 있는 물고기를 잡으려면 먼저 통의 물을 빼야 한다."라고 말했다. 나는 누추한 작은 사무실에서 이케아 작업 의자에 앉아 쓴 커피를 마시고 있었지만 이러한 교훈을 흡수하고 내 삶에 적용하려고 노력했다.

이제는 투자 대상을 찾아야 했다. 크리스와 나는 우리의 새로운 영웅들에게서 모든 것을 흡수하면서 몇 주를 보냈다. 우리는 올바른 질문을 하는 법을 익혔고 멍거의 프레임워크를 우리의 테크 기업에 어떻게 적용할지를 고민했다.

코카콜라는 경쟁하기 어려운 회사였다. 누군가 천억 달러를 써서 새로운 콜라 브랜드를 만든다고 해도 코카콜라와 경쟁하는 건 어림없는 일이다. RC Royal Crown 콜라, 버진 Virgin 콜라, 졸트 Jolt 콜라 같은 브랜드를 누가 기억하겠는가? 사람들은 그냥 코카콜라를 좋아하고 그 브랜드에 충성한다.

나는 테크 기업 중에서 코카콜라와 같은 기업을 생각해 내기 위해 머리를 쥐어짰다. 여러 경쟁력 있는 기업을 조사하던 중, 한 회사가 눈에 띄었다. 바로 네트워크 효과network effect[2]에 경쟁력이 있는 기업이었다. 1960년대 비자Visa는 신용카드를 개발하고 전 세계에 광범위한 네트워크를 구축하는 데 선구자 역할을 했다. 이 작업은 비용이 많이 들고 시간을 소모하는 일로, 수십 년이 걸렸지만 지금은 토론토에서 아프리카 팀북투까지 어느 매장에서나 비자 카드를 사용할 수 있다. 그리고 누군가가 신용카드로 결제할 때마다 비자는 거래를 중개한 대가로 몇 센트씩 가져갔다. 이런 구조가 네트워크 효과를 창출하고 경쟁하기 어렵게 만든다. 매장 주인이 신용카드를 받으려면 비자 또는 유일한 경쟁사인 마스터 카드를 받아들여야 한다. 다른 매장도 다 그렇게 하고 있으며, 이 카드들이 가장 널리 사용되고 있기 때문이다.

네트워크 효과에 대해 생각하던 중 나는 페이스북Facebook을 떠올렸다. 내가 아는 거의 모든 사람, 친구들부터 부모님까지 페이스북 계정을 가지고 있었다. 이는 거대한 네트워크를 형성했다. 누군가 사회적 네트워크에 가입한다는 건 혼자 놀기를 원하지 않는다는 의미다. 그들은 친구들이 있는 곳에서 놀고 싶어 한다. 그런데 그들의

---

2   어떤 상품이나 서비스를 사용하는 사람이 많아질수록 그 상품이나 서비스의 가치가 더욱 높아지는 현상.

친구들은 페이스북에 있었다.

물론 지구상의 모든 투자자가 페이스북에 대해 같은 생각을 했겠지만 나는 더 작은 페이스북, 더 작은 코카콜라가 있는지 궁금했다. 이런 생각 끝에, 나는 내가 우상처럼 여기던 웹디자이너 댄 시더홈을 떠올렸다. 2009년 시더홈과 그의 사업 파트너인 리치 소넷Rich Thornett은 디자이너들이 자신의 작업 이미지를 공유하고 서로 피드백을 주고받는 온라인 커뮤니티인 드리블Dribbble을 시작했다. 이 사이트는 상당히 괜찮았고 캐나다 서부의 작은 섬에 있는 초보 디자이너인 나에게, 비슷한 생각을 가진 여러 디자이너와 연결될 수 있는 기회를 주었다. 나는 이 플랫폼을 통해 나의 첫 직원들을 찾았고, 몇몇 고객도 얻었다. 그 이후 몇 년간 드리블은 100명의 괴짜 디자이너를 위한 웹사이트에서 거의 모든 디자이너가 사용하는 플랫폼으로 성장했고 전 세계 상위 3,000개 사이트 중 하나로 자리 잡으며 매달 수백만 명의 방문객을 끌어모았다.

몇 년 전 나는 팬으로서 시더홈에게 몇 가지 질문을 보냈고 그는 친절하게 답변해 주었다. 덕분에 그의 이메일 주소를 가지고 있었다. 나는 그에게 간단한 메일 하나를 보냈다.

"시더홈 씨, 안녕하세요? 잘 지내고 계신가요? 혹시 드리블을 매각하는 것에 대해 고려해 보신 적이 있는지 모르겠지만, 관심이 있다면 한번 이야기해 보고 싶습니다."

몇 시간 후에 그로부터 친절한 답장이 왔다.

"아니요, 어쨌든 연락해 줘서 고마워요."

그와 소넷은 재미있게 지내고 있으며 아직 매각할 생각은 없다고 했다. 하지만 나는 그 생각을 떨쳐낼 수 없었다. 다른 기업을 살펴볼수록 그 어느 것도 드리블만큼 경쟁력 있는 기업이 없었다. 그 회사는 완벽하게 느껴졌다. 디자이너이자 사용자로서 나는 깊이 있는 무언가가 그 회사에 있다는 것을 알 수 있었다. 내가 존경하는 사람이 운영하고 있었으며, 내 추측으로 그 잠재력이 엄청나게 컸다.

나는 매달 한 번 시더홈에게 이메일을 보내며 그를 살살 자극했다.

"안녕하세요, 시더홈 씨. 그냥 안부 인사 드립니다. 제가 귀찮게 해드리고 있다는 걸 압니다만, 혹시라도 마음이 바뀌면 꼭 연락 주세요."

그는 매번 기분 나쁘지 않게 내 제안을 거절했다. 우리는 몇 번 전화로 이야기도 했는데, 그가 내 초창기 경력에 미친 영향 때문에 통화하면서도 신이 났다. 하지만 거래는 이루어질 것 같지 않았다. 하지만 메타랩에서 손을 떼고 가능성 있는 기업 인수에만 집중하는 것은 내가 몇 년간 경험한 최고의 일이었다. 비록 그가 매각에 관심이 없어 아직 거래는 성사되지 않았지만 나는 이 역할을 정말 즐기고 있었다.

한번은 본가에서 가족들과 함께 크리스마스 저녁 식사를 한 적이 있었다. 모두가 식탁에 둘러앉아 칠면조를 먹으며 이런저런 이야기를 나누던 중, 나는 동생 팀에게 내가 없는 동안 사무실 문화가 어떻게 변했는지 물어보았다.

"브라이언은 정말 좋은 사람이야." 팀이 말했다. "그는 잘하고 있고 모두 좋아해."

"정말 다행이다." 내가 말했다. "재무 사정도 좋은 것 같네."

그런데 팀이 잠시 말을 멈추고 나를 쳐다보았다.

"무슨 일인데?" 내가 물었다. "뭐 문제 있어?"

"아, 아냐. 별거 아니겠지."

"별거 아닌 게 뭐야?"

팀은 잠시 침묵하더니 다시 입을 열었다. "지난주에 좀 이상한 일이 있었어." 그리고 다시 입을 다물었다. "아냐, 아무것도 아니야. 걱정하지 마. 불편하게 하고 싶지 않아."

하지만 이미 돌이키기엔 늦어버렸다. 누군가가 나에게 "걱정하지 마."라고 말할 때만큼 걱정되는 순간도 없다. 내가 더 다그치자 동생이 마침내 입을 열었다.

"우리가 새 사무실 건물 짓는 거 알지?"

나는 포크를 내려놓고 고개를 끄덕였다.

"그런데 승인 절차 때문에 조금 지연되나 봐. 브라이언이 짜증을 내면서 준공 허가를 빨리 받으려면 검사관에게 뇌물을 주라고 하더라고."

"뇌물? 진짜야?"

동생은 고개를 끄덕였다.

"미쳤구나. 잘못하면 감옥에 갈 수도 있어! 그가 진짜 그런 말을 했어?"

"슬랙 메시지로 내게 보냈어." 팀은 자신의 휴대전화를 건네주었고 난 내가 읽고 있는 내용이 믿기지 않았다. 브라이언이 팀에게 보낸 메시지에는 빨리 허가를 받으려면 준공 검사관들에게 "뇌물을 줘야 한다.", "기름칠을 좀 해야 한다."라고 되어 있었다.

다행히 검사관에게 뇌물을 주지 않아 안도했지만 잘못하면 동생은 크리스마스를 감방에서 보냈을 수도 있었다(그리고 나도 그 옆방에 수감되었을 수도 있었다). 나는 불안해졌다. 만약 브라이언이 새 사무실로 몇 주 빨리 이사하기 위해 검사관에게 뇌물을 주려 했다면, 다른 편법은 쓰지 않았을까?

혼란스러웠다. 나는 이제 투자자로 변신했지만, 준공 검사관 이야기가 계속 생각났고 지붕 위의 할머니도 잊을 수 없었다. 그날 밤 자는 둥 마는 둥 하다 새벽 3시에 불편한 마음으로 잠을 깼다. 내가 회사를 맡긴 사람은 누구인가? 속이 메스꺼웠다.

다음 날 브라이언을 아는 내 친구에게 전화를 걸어 지금 일어나고 있는 일을 이야기했다.

"이해가 안 돼. 왜 그런 어리석은 일로 모두를 위험에 빠뜨리려는 거지?" 내 목소리가 떨렸다. "그는 수백만 달러를 가진 사람이야. 잘못하면 이런 일로 감옥에 갈 수도 있어!"

그러자 내 친구가 말했다. "브라이언, 그는 수백만 달러 자산가가 아니야. 100만 달러도 안 될걸!"

갑자기 가슴이 답답해졌다.

그 말을 믿고 싶지 않았다.

하지만 이미 늦었다. 나는 이미 수조에 상어를 풀어놓은 꼴이었다.

당황해서 크리스에게 전화를 걸었다.

"즉시 브라이언을 해고해야 해." 그에게 말했다. "도대체 말이 되지 않아." 나는 크리스에게 친구와의 전화에 대해 이야기했다. 준공 검사관과 브라이언의 슬랙 메시지에 대해서도 도저히 이해되지 않는다고 말했다.

우리는 전화로 지난 몇 달 동안 일어난 모든 일을 되짚어보았고 마치 스릴러 영화를 두 번째로 보는 것처럼 이상한 점들을 발견하기 시작했다. 그가 했던 말들, 그가 소개했던 사람들, 질 낮은 후보들로 가득 찬 CEO 면접 과정은 지금 생각해 보니 전부 연극 같았다.

"바로 해고해야 해. 즉시." 크리스에게 말했다.

하지만 크리스는 "잠깐만 참아봐. 참아야 해."라며 나를 말렸다. 그리고 우리가 내일 브라이언을 바로 해고할 수 없다는 점을 상기시켰다. 조심하지 않으면 그가 역으로 수백만 달러에 달하는 소송을 제기할 수 있다는 것이었다. 우리는 모든 것을 철저히 문서화하고, 증거를 준비해야 했다. 우리는 **탄약이 필요했다**.

크리스의 말이 옳았다. 우리는 마치 연쇄 살인범과 함께 살고 있지만 다음 희생자가 될까 봐 두려워 아무 말도 하지 못하는 피해자 같았다. 이 모든 것이 처음부터 그의 계획이었을까? 나는 무슨 일이 벌어지고 있는지 더 깊이 파고들어야 한다고 생각했지만 그에게 어떤 질문도 할 수 없었다. 잘못하면 브라이언이 내 두려움과 불안함을 쉽게 감지할 것이기 때문이었다.

나는 회계 장부를 들여다보았고 회사에서 발생한 모든 거래 내역을 살펴보았다. 매달 수천 건의 지출 대부분에 이상한 신용카드 회사의 거래 코드가 붙어 있었다. 청구서를 분석하는 데 며칠이 걸렸지만, 시간이 지나면서 점점 더 명확하게 드러났다.

지출은 어마어마했다. 지난 몇 달 동안 브라이언은 출장에 수십만 달러를 썼다. 지난달에는 포시즌스 호텔에 묵으며 며칠 만에 2만

2,000달러를 썼다. 호화로운 스위트룸도 비쌌지만 청구서 대부분은 주류와 객실 요금 및 수천 달러의 저녁 식사 비용이었다.

내가 이 청구서에 관해 물어보면 그가 뭐라고 말할지 예상이 되었다. 보나 마나 그는 별거 아니라고 가볍게 넘긴 다음 ROI에 대해 떠들고 새 고객을 호텔에서 어떻게 접대했는지 장황하게 이야기할 것이다. 그리고 크리스와 내가 실제 세상이 어떻게 돌아가는지 모르고 있다는 식으로 이야기할 것이 뻔했다. 그의 말대로 회사는 큰 거래를 추진하고 있었고 사업은 잘 돌아가고 있었다. 하지만 여전히 이 모든 것이 지나치게 비싸고 부당하게 느껴졌다. 이 상어는 일등석으로 여행하며 세계 최고의 호텔에서 샴페인과 캐비아를 즐겼고 그 비용은 내가 내고 있었다.

이 시점에서 나는 브라이언을 해고할 마음의 준비를 마쳤다. 그가 포시즌스의 가장 비싼 스위트룸을 이용하고, 일등석으로 세계를 돌아다니면서 내 동생에게는 검사관에게 뇌물을 주라고 지시하는 모습을 생각하니 이루 말할 수 없는 분노가 치밀어 올랐다.

크리스와 나는 다음 비행기를 타고 밴쿠버로 가서 업계 최고 수준의 고용 문제 전문 변호사를 만나기로 했다. 수면 부족으로 몸은 피곤했고 불안감 때문에 식사를 제대로 하지 못해 속이 쓰린 상태에서 우리는 유리로 된 사무실 건물에서 변호사를 만났다. 그와 마주 앉아 저간의 사태를 이야기했다. 그 사람 앞에 서류 더미를 쌓아놓고 여러 사실과 항목을 조목조목 설명했다. 변호사가 서류를 조용히 검토하는 동안 나는 창밖을 바라보았다. 유리와 철골 구조물이 산과 해안의 웅장한 풍경을 액자에 담은 듯 둘러싸고 있었다. 내가 얼마나 바보같이 행동했는지 그리고 어떻게 매번 이 남자에게 속았는지 이해가 되지 않았다. 변호사의 심각한 표정을 보니 어쩌면 모든 것을 잃을 수도 있겠다 싶었다.

"보시죠." 변호사가 몇 분 후에 말했다. "상황이 만만치는 않은데 그래도 그를 해고할 근거는 충분하다고 생각합니다. 이 사람을 내보내야 합니다. 그가 당신에게서 모든 것을 빼앗기 전에 최대한 빨리 해고해야 합니다."

크리스와 나는 안도의 한숨을 크게 내쉬었다.

호텔로 돌아가 우리는 계획을 세웠다. 나는 브라이언에게 이메일을 보내 며칠 후 밴쿠버에서 만날 수 있는지 물어봤다. 그는 즉시 문제없다고 답변했으며 다른 질문은 하지 않았다. 우리에게는 그를 해고하는 데 사용할 영수증이 수십 장 있었지만 그래도 위험을 감수하고 싶지 않았기 때문에 확실한 도움이 필요하다고 느꼈다. 그래서 전화를 들고 동생 팀에게 연락했다.

"별일 없지?" 내가 물었다.

"응, 형. 나 지금 막 팜스프링스에 도착했어. 지금 호텔에 짐 풀고 수영하러 가려고." 젠장, 생각해 보니 팀은 이번 주에 휴가였다. 잠시 멈칫하고 다른 방법이 없을까 생각했지만, 뾰족한 수가 없었다.

"미안하지만, 너 지금 바로 밴쿠버로 돌아와야겠다."

긴 침묵 끝에 팀이 이렇게 대답했다. "나 여자친구랑 지금 막 팜스프링스에 도착했어. 이번 휴가는 형한테도 미리 이야기했잖아?"

맞는 말이었다. 하지만 상관없었다. "정말 미안한데, 오늘 당장 돌아와야 해. 지금 바로 행동해야 해. 우리는 브라이언을 해고할 거고, 네 도움이 필요해."

긴 침묵 후, 그는 체념한 듯 한숨을 쉬었다.

"알았어, 갈게."

그날 오후, 나는 비즈니스 문제로 자주 도움을 받는 친구를 만났다. 그는 수십 년간 사업을 해온 연쇄 창업자였다. 내가 말을 꺼내자 그는 차분하게 고개를 끄덕이며 들어주었다.

"너무 성급하게 판단하지 마." 그가 말했다. "지금 이 사람을 해고할 수는 없어. 내가 보니 그는 너무 똑똑하고, 너는 충분히 준비가 안 되어 있어. 그의 무분별한 지출과 뇌물 사건이 너에게는 명백할지 모르지만, 그는 사업하다 보면 들어가는 비용일 뿐이라고 주장할 거야. 그리고 건물 준공 검사 관련 문제는 그저 오해라고 말할 거야. 어쨌든 그는 고객을 유치했잖아? 그리고 너에게 많은 돈을 벌어다 주고 있지? 그는 너를 고소할 것이고, 회사 지분의 일부를 요구할 거야. 잘못하면 완전히 망할 수도 있어. 이런 사람들에 대한 속담이 있어. '돼지랑 씨름하지 마라. 둘 다 더러워지지만, 돼지는 재미있어할 것이다.' 너는 그가 잘못을 저지르는 현장을 잡아야 해."

나는 믿고 싶지 않았지만 어쩌면 그의 말이 맞을지 모른다고 생각했다. 단순한 사건으로 보이지만 1년 이상 재판을 질질 끌면 변호사 비용이 엄청날 수도 있었다. 그는 이런 사람들의 능력을 잘 알고 있었다.

친구와 미팅을 마친 후 두 가지 끔찍한 사실을 깨달았다. 첫째, 동생이 팜스프링스에서 밴쿠버로 돌아오는 비행기에 타고 있었지만 이제 그럴 필요가 없었다. 둘째, 나는 여전히 브라이언과의 약속이 예정되어 있었다.

동생이 도착했을 때 그는 엄청 화가 나 있었다. 내가 상황을 설명하려고 했지만 너무나 엉망이어서 도무지 말이 통하지 않았다. 그리고 설령 상황을 이해한다고 하더라도 그것을 해결하는 것은 그의 책임이 아니라 내 책임이었다. 나는 불안감에 휩싸여 차분히 생각할 수가 없었다.

그다음 이틀간 아무리 궁리해도 크리스와 나는 브라이언과의 회의를 취소할 방법이 떠오르지 않았다. 갈 수밖에 없었다. 브라이언을 해고하는 게 아니라 크리스와 나는 궁여지책으로 그에게 분기 보너스 수표를 직접 전달하기로 했다. 그랬다. 아무런 신뢰도 없고, 우리가 10년 동안 쌓아온 회사를 말아먹을까 경계하는 사람에게 보너스 수표를 주는 것이었다. 이것 말고 그의 예민한 경각심을 자극하지 않는 다른 방법을 생각할 수 없었다.

다행히 이 방법은 통했다. 브라이언은 자화자찬에 빠져 우리의 두려움을 눈치채지 못했다. 그는 회의 내내 우리가 얼마나 대단한지, 그리고 회사가 얼마나 잘되고 있는지를 늘어놓았다.

크리스와 나는 고통스러운 한 시간을 보내야 했다. 우리는 뒤에서 무슨 일이 벌어지는지 알면서도 웃으며 그를 칭찬하고 그가 우리를 위해 해준 모든 것에 감사하는 척했다. 우리의 연기는 오스카상을 받을 만큼 감쪽같았다.

회의가 끝나자마자 우리는 즉시 변호사 사무실로 돌아가 소송 준비에 들어갔다. 브라이언이 저지른 모든 일에 대해 엄청난 양의 자료를 모으기 시작했다. 이메일, 슬랙 메시지, 상세 영수증과 뇌물

공여 시도 등. 우리의 목표는 그가 지분을 요구하는 일을 생각하지 못할 만큼 확실하게 소송을 준비하는 것이었다.

인생은 칠전팔기

몇 주 안에 끝날 것으로 생각했던 작업은 4개월이나 걸렸다. 그 기간은 너무 길었고 비용도 엄청나게 들어갔다. 우리는 모든 슬랙 대화, 문자 메시지, 회사 이메일, 모든 비용 지출 등을 검토할 변호사를 추가로 고용했다. 그리고 다행히 브라이언은 거짓말을 잘하면서도 의외로 허술한 구석도 있어서 많은 증거를 찾을 수 있었다.

조사의 일환으로 변호사들이 브라이언의 메타랩 이메일 계정을 검토했다. 그러던 중 이상한 점을 발견하고 우리에게 보고했다. 그는 계속해서 고객 정보를 업무 메일에서 자신의 개인 이메일로 보낸 다음 업무용 이메일 계정에서는 이를 삭제했다. 이것이 심각한 문제라는 경고음이 내 머릿속에서 울려댔다.

우리는 브라이언이 메타랩의 경쟁자가 될 수 있는 자신의 비밀 디자인 회사를 세우는 과정에 있다고 확신했다. 그는 개인 이메일을 사용하여 메타랩의 고객들에게 정보를 전달하고 있었으며, 이 고객들은 응답하지 않는 듯했다.

브라이언은 너무 대담하고 무모하게도 비서에게 자신의 새로운 사업체를 위한 사무실 공간을 찾으라고 지시하기도 했다. 더욱 괘씸한 것은 그가 우리와 오랜 인연을 맺은 고객들에게 접근하여 새로운 메타랩 '자회사'를 준비하고 있으며 더 고급 서비스를 제공할 수 있다고 말한 점이다.

이제는 충분했다. 우리는 회사 정책을 개정했다. 비행기 일등석과 5성급 호텔 이용을 금지하고 만 달러 이상의 모든 지출은 내 개인 서명을 받도록 했다. 우호적인 분위기에서 새로운 규칙을 도입했지만 우리의 목표는 그의 행동을 저지하고 그와 다른 직원들이 초래할 수 있는 잠재적 피해를 줄이는 것이었다. 그러자 그는 개인 이메일과 유죄를 입증할 수 있는 수천 개의 메시지를 삭제하기 시작했다. 그러나 우리는 이미 그것들을 백업해 놓았고 그의 삭제 시도도 문서화해 두었다.

마지막 결정타는 브라이언이 회사 업무용 이메일을 사용해 우리의 주요 고객과 회의를 약속한 후, 그 대화 메일을 삭제한 것이었다. 우리는 그가 고객에게 자신의 새로운 에이전시를 소개하려는 것이 아닌가 의심했다. 이 미팅은 그의 메타랩 공식 일정에도 없는 것이었다. 그는 실제로 자신의 고객과 샌프란시스코에서 만나기로 해놓고 이를 은폐하기 위해 같은 시간에 밴쿠버에 여러 개의 가짜 미팅을 설정해 놓았다. 결국 들통이 난 것이다.

우리는 메타랩의 회의실을 하나 차지하고 들어가 안에서 문을 잠갔다. 동생 팀과 인사 책임자인 엘렉사는 우리 양옆에서 보초를 서며 상황을 지켜봤다. 회의실 안을 왔다 갔다 하면서 브라이언의 비행기가 이륙할 때까지 초조하게 기다렸다. 마침내 그의 비행기가 샌프란시스코에 착륙했다는 소식을 접하고 우리는 번개처럼 행동했다. 나는 그에게 해고 내용을 담은 음성 메시지를 남겼고 이메일로도 후속 조치를 했다.

　마침내 현장에서 그를 잡았다. 하지만 브라이언은 순순히 물러날 생각이 없었다. 그는 메타랩의 여러 부하들이 자신에게 충성할 것이며, 사건에 대한 자신의 설명을 믿을 것이라고 생각했다. 불행히도 브라이언은 자신의 영향력을 과대평가했다. 그는 사람들에게 깊이 이해받는 듯한 착각을 불러일으키는 능력이 있었고, 물론 여전히 많은 직원에게 인기가 있었지만 동시에 많은 이들에게 일종의 인지 부조화를 남기기도 했다. 무언가가 잘못되었고 앞뒤가 맞지 않는다고 생각하는 사람들이 많았다. 말과 행동이 달랐으므로 사람들은 그의 가면을 깨닫기 시작했다.

　브라이언은 해고 통보를 받자 불같이 화를 냈다. 그는 자신이 몰래 계획했던 새로운 에이전시 설립에 끌어들였다고 생각한 임원에게 다급히 전화를 걸었다. 하지만 그 임원은 브라이언의 행동이 얼마나 비윤리적이었는지를 깨닫고, 오히려 우리에게 모든 사실을 털어놓았다. 그는 브라이언이 샌프란시스코에서 무슨 일을 벌였는지, 어떻게 새로운 에이전시를 홍보하며 고객을 빼돌리려 했는지를 자세히 설명해 주었다. 우리는 그의 말을 들으며 사무실 회의실에서 함께 앉아 있었고, 그때 브라이언이 전화를 걸어왔다. 스피커폰 너머로 들리는 그의 목소리는 분노로 가득했다. 그는 스피커폰이 지직댈 만큼 격앙된 목소리로 "이게 어떻게 된 거야?"라고 외쳤다.

　우리는 소송을 대비해 그 통화 내용을 전부 녹음하고 있었다. 그 순간 브라이언의 동료는 그가 선을 넘었다는 사실을 완전히 깨달았다. 이제 그는 우리 편이었다. 우리는 환호하고 포옹하며 모두를 위해 위스키 한 잔씩 따랐다. 나는 눈물이 나올 뻔했지만 간신히 참았다. 우리는 그의 몰락과 우리의 승리를 축하했다.

몇 달 후, 브라이언의 법률 대리 사무소에서 메타랩에 1,500만 달러(약 210억 원)의 소송을 제기한다는 무서운 편지가 날아왔다. 우리는 이를 예상하고 싸울 준비가 되어 있었다. 법적 공방은 그로부터 수년간 지속되었지만 결국 만족스러운 결론에 도달했다. 증거 개시 절차에서 브라이언과 나는 각각 상대방 변호사에게 차례로 질문을 받았다. 브라이언은 우리의 주장에 반박하려 했지만, 다행히도 우리는 매번 그의 말을 뒤집을 수 있는 충분한 증거를 가지고 있었다.

그가 내 동생을 시켜 준공 검사관에게 뇌물을 주라고 한 적이 없다고 부인하자 내 변호사는 우리가 슬랙 메시지에서 발견한 내용을 다음과 같이 소리 내어 읽었다. "검사관에게 뇌물을 주어야 한다, 기름칠 좀 해야 한다."

그가 경쟁 회사를 설립하려 한 적이 없다고 말하자 내 변호사는 그와 다른 임원 간의 문자 메시지 대화를 제시했다. 그 메시지에서는 주요 고객사 두 곳을 가져올 계획과 어떤 메타랩 직원들을 설득해 새로운 사업에 참여시킬 것인지가 구체적으로 정리되어 있었다.

이런 상황이 몇 시간이나 지속된 후 브라이언의 변호사가 그에게 무언의 신호를 보냈다. 그 순간 나는 끝났다는 것을 알았다. 몇 년 만에 처음으로 정말 마음 편하게 숨을 내쉬었고, 짜릿한 해방감이 나를 감쌌다.

그 후 불과 얼마 지나지 않아 그의 변호사에게서 10만 달러(약 1.4억 원)로 합의하자는 제안이 왔다. 브라이언이 지난 몇 년간 내 일상을 지배했지만 나는 그만 끝내고 싶었다. 법정에서 그와 싸우고도 싶었지만 한편으론 그를 잊고 앞으로 나아가고 싶었다. 내 인생에는 더 중요한 일이 있었다. 그에게 한 푼도 주고 싶지 않았지만, 내가 쓴 법률 비용을 고려했을 때 브라이언 역시 수십만 달러의 법률 비용을 부담해야 할 것이라 예상했다. 내가 바라던 통쾌한 법적 승리까지는 아니었지만 적어도 작은 정의가 실현된 듯한 기분이었다.

브라이언이 떠난 후, 나는 메타랩의 CEO로 돌아갈 수밖에 없었다. 투자자로서의 내 삶은 일시 중단되었다. 투자 관련 책들을 치워 두고 작은 사무실을 폐쇄한 다음, 다시 본업으로 돌아갔다. 내 이메일 수신함은 넘쳐났고 일정은 형형색색의 블록으로 빡빡했다. 나는 다시 불행해졌다. 다른 사람들도 내 불행을 알아차렸다. 나는 같이 일하기 까다로운 사람이 되었다. 그 이유 중 하나는 브라이언 이후로 아무도 신뢰할 수 없다고 느꼈기 때문이었다. 나는 학대받은 개처럼 갑작스러운 움직임이나 소음이 있으면 짖고 물어대곤 했다. 모든 사람과 모든 상황을 의심했고, 내 직감조차도 신뢰하지 않았다. 내가 또 누군가에게 속고 있는 건 아닌지 두려웠다.

더욱 안타까운 것은, 우리가 주의를 기울이지 않던 사이 브라이언이 회사의 고정비용을 끔찍하게 증가시켰다는 사실이었다. 감당할 수 없을 정도로 오른 급여, 터무니없이 비싼 새 사무실, 불필요한 임원의 증가 때문이었다. 내가 살아남을 유일한 희망은 그야말로 무자비한 전시 사령관 같은 CEO가 되는 것뿐이었다. 비용을 절감하고, 무능력한 직원을 해고하고, 직장 내에 긴장감을 조성하는 것. 하지만 어떻게 회사를 바로잡아야 할지 전혀 감이 잡히지 않았다. 내 동생은 여전히 내게 분노하고 있었다. 오래 기다렸던 휴가를 망쳤을 뿐 아니라, 모든 것을 잃을 수 있는 위험한 상황에 몰아넣었기 때문이다. 내가 바로잡아야 할 것이 너무 많았지만, 어디서부터 시작해야 할지 알 수 없었다.

그때 떠오른 말이 있었다.

'원하는 일을 찾는 가장 좋은 방법은 먼저 원하지 않는 일을 아는 것이다.'

이제 한 가지는 확실해졌다. 나는 다시는 브라이언 같은 사람과 일하지 않겠다는 것이다.

12장
반대목표 획득 전략

NEVER ENOUGH

수년간 시행착오를 겪으며
쌓아온 경험이 마침내 보상을 가져다주었다.
드리블이 점차 성장하는 모습을 지켜보면서
이것이 바로 내 미래라는 것을 알았다.
내 미래가 나를 향해 활짝 웃고 있었고
나는 그게 너무 좋았다.

로건 국제공항을 빠져나와 보스턴의 흐린 아침 속으로 들어가자 매서운 바람이 얼굴을 때렸다. 나는 짐으로 빵빵해진 캐리어를 끌고 있었고 굵은 빗방울이 떨어지자 얇은 재킷이 금방 젖었다. 피로 때문에 온몸이 힘들었지만 몸이 떨리는 것을 꾹 참았다.

크리스가 운전사와 목적지에 대해 몇 마디 나눈 다음 우리는 아늑한 택시에 탔다. 우리 둘 다 잠을 자지 못했고, 여기 온 목적인 이 거래를 어떻게 성사시킬지 걱정하고 있었다. 정말로 거래가 가능한 것인지조차 알 수 없었다. 택시가 이른 아침 구불구불하게 시내를 이동할 때 나는 창밖을 멍하니 바라보았다. 보스턴은 안개와 비에 휩싸여 있었다. 몇 시간이 지나면 크리스와 나는 수백만 달러의 제안을 테이블에 올려놓고 처음으로 기업을 인수할 것이다. 열심히 준비한다고는 했지만, 여전히 부족한 느낌이 들었다.

깊게 한숨을 내쉬니 유리가 뿌예졌다. 크리스는 나를 힐끗 쳐다보고는 아무 말도 하지 않았다. 전날 밤 제대로 쉬지 못한 데다 속이 쓰려왔다. 최소한 자신감이라도 가질 수 있다면 좋을 텐데. 그러나 차가 번쩍이는 포시즌스 호텔에 도착했을 때 내가 할 수 있는 일이란 고작 얼굴을 쫙 펴고 안으로 들어가 어려움을 헤쳐 나가기 위해 최선을 다하는 것뿐이었다.

지금 이 순간이 더욱 힘든 이유는 이 인수를 통해 더 부유해지려는 게 아니라, 현재의 곤경에서 벗어나려는 것이기 때문이었다. 나는 하루 열여섯 시간 일하며 브라이언이 엉망으로 만들어놓은 회사를 정상화하기 위해 노력했다. 마치 법정관리를 받는 회사의 CEO처럼 힘들게 살고 있었다. 밤에 쉬려고 소파에 누워서도 첫 번째 투자로 무엇을 선택할지를 고민했다. 버핏과 멍거의 전략을 내 분야에 어떻게 적용할 수 있을까? 나는 면도날, 화물 철도 또는 주택 화재보험에 대해 잘 알지 못했지만, 디지털 에이전시와 창의적인 커뮤니티에 대해서는 잘 알고 있었다. 그러다 보니 내 생각은 항상 웹디자이너 커뮤니티인 드리블을 벗어나지 못했다.

그래서 계속해서 시더홈에게 이메일을 보냈다. 보내고 또 보내고 거의 1년을 그렇게 했다. 그러던 어느 날 전화가 왔다.

"잘 지냈나요?" 시더홈이 다정하게 말했다. "소넷과도 이야기했는데 매각에 대한 이야기를 한번 들어보고 싶어요. 혹시 다음 주에 보스턴에 올 수 있나요?"

확실히 된다는 보장은 없었지만 마침내 기회의 문이 열린 것이다. 우리는 즉시 비행기를 예약했다. 그로부터 일주일이 지난 바로 오늘 우리는 보스턴 퍼블릭가든 바로 맞은편 포시즌스 호텔 회의실에 앉아 있다. 브라이언이 여기서 샴페인을 주문하고 흥청망청 돈 쓰는 모습이 떠올랐지만 지금은 그런 것에 신경 쓸 때가 아니었다. 빨리 털어버리고 당면한 과제에 집중해야 했다.

시더홈은 두꺼운 뿔테 안경을 썼고 수염은 깔끔하게 손질되어 있었다. 디자인 세계에서의 위상에도 불구하고 그는 조용하고 사려 깊으며 매우 현실적이었다. 만약 그가 동물이라면, 테디 베어일 것이라고 생각했다. 소넷은 친절하고 사려 깊은 태도의 깔끔한 엔지니어 타입이었다. 그들은 모두 캐주얼한 청바지와 후드티를 입고 있었다. 누구도 잘난 척하려는 사람은 없었다. 다행히도 우리는 즉시 친해졌다.

그들 역시 우리처럼 어쩌다 보니 회사의 규모가 커진 경우였다. 그들은 여전히 회사를 어떻게 다루고 이해해야 할지 모르고 있었다. 서로 힘들었던 시기를 이야기하고 공통적으로 아는 사람들에 대해 수다를 떨고 나서 소넷은 자신들의 상황을 설명하기 시작했다.

"우리는 드리블에서 근무하는 걸 정말 좋아합니다. 웹사이트를 디자인하고 기능을 추가해서 더 편리하게 만드는 것을 좋아하죠. 헤드폰을 끼고 음악을 들으면서 코딩하는 것이 제 행복입니다. 하지만 더 이상 그렇게 할 수 없어요. 우리에게는 관리해야 할 직원들이 있고, 원하지 않는 일에 끌려다니고 있습니다."

나는 고개를 끄덕였다. 그 기분을 잘 알았다. "나도 그 기분을 잘 알죠." 내가 맞장구쳤다. "변화가 쉬운 것은 아니지만, 좋아하지 않는 일을 다른 사람에게 위임하는 방법이 있습니다. 우리 함께 모든 걸 검토해 보고 모두가 만족할 만한 거래를 한번 찾아보죠."

우리는 그들과 함께 '반대목표 워크숍'을 진행하기로 결정했다. 이는 브라이언이 회사를 장악한 후, 우리가 작은 사무실에서 처음 시도했던 방법이었다. 우리는 시더홈과 소넷에게 사업에서 그들이 좋아하지 않는 모든 분야를 나열해 보라고 했다. 가장 싫어하는 업무가 무엇인지 물은 것이다. 그들이 마음을 여는 데는 오래 걸리지 않았다. 시더홈이 먼저 입을 열었다.

"나는 광고 영업 전화를 정말 싫어합니다."

소넷도 고개를 끄덕이며 동조했다. "나도 그런 전화를 하는 게 너무 싫어요. 그리고 대규모 인원을 관리하는 것도 스트레스가 크죠. 문제가 터지면 우리가 해결해 주길 기대하니까 언제 어떤 문제가 터질지 몰라 항상 불안합니다."

시더홈이 그 말을 듣고 고개를 끄덕였다.

그런 대화는 계속 이어졌고 화이트보드는 불만으로 가득 찼다. 주요 내용은 사람 관리의 어려움, 계약 및 변호사와의 문제 처리, 지원 요청과 피드백으로 넘쳐나는 이메일 처리 등이었다. 그들이 반대목표를 모두 나열하자 나는 각 항목을 하나씩 동그라미 치기 시작했다.

"이 문제는 우리가 해결할 수 있습니다."라고 말하며 한 항목에 동그라미를 쳤다. "그리고 이 문제도 할 수 있습니다." 나는 항목별 전략을 하나하나 설명하면서 모든 반대목표에 동그라미를 쳤다. 그리고 마커를 내려놓고 그들 앞에 앉았다. "우리가 이 모든 문제를 해결할 수 있습니다. 여러분은 이제 내일 아침에 일어나서 좋아하는 일만 할 수 있습니다. 더 이상 광고 전화, 계약, 인원 관리의 스트레스는 없을 겁니다. 좋아하는 일에 집중할 수 있도록 우리가 여러분이 싫어하는 일을 처리할 겁니다."

그런 다음 나는 화이트보드를 뒤집고 시더홈과 소넷에게 반대목표가 사라진다면 무엇에 집중할 건지 말해보라고 했다. 시더홈은 더 적게 일하고 회사를 위해 프리랜서 디자인 작업을 하고 싶다고 말했다. 그는 또한 창의적인 사람들과 대화하고 드리블 브랜드를 홍보하기를 좋아했기 때문에 팟캐스트에 집중하고 싶어 했다. 소넷은 한편으로는 제품에 집중하면서 수년간 고민해 온 다른 활동을 하고 싶다고 말했다. 이 중 하나는 야간 대학원에서 석사 학위를 취득하고 싶다는 것이었다. 그리고 드리블에서는 새로운 기능을 생각해 내는 데 전념하고 싶다고 말했다.

나는 그들이 내 아이디어에 공감하고 있음을 느낄 수 있었다. 시더홈과 소넷에게 회사를 매각한다는 것은 단순히 금전적 이익을 얻는 것이 아니었다. 물론 그들은 위험을 줄이고, 집과 차를 사고 자녀를 대학에 보내는 등 모든 평범한 일을 하려면 돈이 필요했다. 그러나 그들에게는 드리블을 제대로 된 적합한 사람에게 넘기는 것 또한 중요하다는 걸 알았다.

픽셀 유니온을 매각할 때의 경험 때문에 우리는 그들의 독특한 심리 상태를 이해했다. 본질적으로 우리는 우리가 판매하려는 회사의 구매자가 되고 싶었다. 회사를 망치지 않을 사람, 시더홈과 소넷이 원하는 만큼 계속 회사에 머무를 수 있게 해줄 사람, 직원들을 잘 대우하고 그들이 열심히 구축한 DNA를 보호하면서도 회사를 발전시킬 사람이 되고 싶었다. 무엇보다도 우리는 할머니를 지붕에서 밀어내겠다고 협박하는 사람이 아니었다.

미팅이 끝날 때쯤 우리는 시더홈과 소넷에게 주말까지 제안서를 제출하겠다고 말했다.

투자회사 타이니의 시작

다음 날 우리는 몇백만 달러에 달하는 높은 평가액으로 드리블의 과반수 지분을 매입하겠다는 메시지를 보냈다. 회사 규모를 고려할 때 이는 엄청난 금액이었고, 내가 지금까지 발행한 수표 중 가장 큰 금액이었다. 하지만 우리는 이 결정에 확신이 있었다.

그들과 반대목표에 관해 이야기할 때 그들이 전화로 이야기하는 것을 좋아하지 않는다는 말을 들은 적이 있었다. 나는 그들이 어떤 방식으로 광고 영업 활동을 했기에 광고 수익이 이렇게 적은지 궁금해서 물어보았다. 전화하지 않았다면 직접 만났을까?

시더홈은 어깨를 으쓱하며 겸연쩍은 듯 말했다. "사람들이 매일 우리에게 이메일을 보내고 '잠깐 통화할 시간 될까요?'라고 말했지만 우리는 계속 전화를 미루기만 했죠."

알고 보니 이들은 대부분의 광고 업무를 외부 회사에 일임했고, 그곳에서 매달 고작 2만 달러를 받고 있었다. 그러나 내가 얼핏 계산해 보니 우리가 광고 영업팀을 꾸려 직접 광고 자리를 판매한다면 드리블은 그 금액의 열 배 이상, 즉 20만 달러가량의 수익을 낼 것이 분명했다. 당시 드리블은 몇백만 달러의 매출을 올리고 있었기 때문에 우리는 그것을 최소 1,000만 달러까지 성장시킬 수 있다고 믿었다. 이 성장 전략 하나만으로도 우리의 투자를 안전하게 만들고, 손실 위험을 방지할 수 있다고 확신했다.

워런 버핏과 찰리 멍거가 가르쳐준 것처럼 매우 수익성이 높고 경쟁력 있는 해자를 보유하고 있으면서도 우리가 그 내부를 잘 아는 기업을 찾은 것이다. 게다가 우리는 이 회사를 안전 마진을 확보한 공정한 가격으로 인수할 수 있었다. 우리가 바라는 대로 성장하지 않더라도 결국 투자금을 되찾을 수 있을 것이 확실했다. 반대로 회사가 잘 성장한다면 엄청난 성과를 거둘 수도 있었다.

이메일을 보낸 후 크리스와 나는 가만히 있지 못하고 아무 말 없이 호텔 방만 왔다 갔다 하며 계속해서 휴대전화를 확인했다.

마침내 얼마 후 그들에게서 거래에 응하겠다는 전화를 받았다.

그러나 한 가지 문제가 있었다.

빠른 시일 안에 수백만 달러를 마련해야 했다.

그 뒤 며칠간 우리는 보스턴을 여기저기 돌아다니며 어떻게 해서든 자금을 조달할 방법을 찾았다. 우리에게는 약 300만 달러의 현금밖에 없었으므로 수백만 달러가 더 필요했다. 은행 대출을 받으려 했지만 드리블은 담보로 잡을 유형자산이 없었다. 현지 은행을 방문했지만 드리블에게는 부동산이나 공장 또는 그 어떤 재고자산도 없었다. 공장도 없을뿐더러 물리적인 사무실도 없었다(그들은 시대를 앞서 완전한 재택근무 중이었다). 드리블은 완전히 비트와 바이트로만 이루어진 회사였다. 부동산 거래나 전통적인 거래에 돈을 빌려주는 은행의 관점에서 소셜 네트워크 기업에 대출해 준다는 것은 상상도 할 수 없는 일이었다. 그들에게는 이해할 수 없는 사업이었다.

우리는 다양한 금융 전문가들에게 이러한 무형자산의 잠재적 가치를 설명하기 위해 많은 회의를 했다. 그러나 그들은 이해하지 못했다. 임차인이 있는 건물이라면 가치를 계산할 수 있지만 창작자를 위한 소셜 네트워크? 그것은 불확실했다. 그리고 은행은 불확실성을 싫어한다.

마감일이 거의 다가와 속을 태우고 있을 때 크리스가 캐나다 왕립은행Royal Bank of Canada에서 대출을 받는 기적을 일으켰다. 엄청난 설득 공세 끝에 그들은 우리가 거래를 마무리하는 데 필요한 돈을 빌려주기로 동의했다. 그러나 그들은 우리가 예상하지 못한 한 가지 조건을 추가했다. 크리스와 내가 개인적으로 지불을 보증한다는 조건이었다. 이는 드리블이 실패하면 은행이 우리의 주택과 차량을 압류하고 우리를 파산시킬 수 있다는 의미였다.

그런 상황이 무섭기는 했지만 우리는 광고 영업팀을 조직해서 성장 전략을 잘 이행하면 괜찮을 거라고 생각했다. 드리블은 너무나 좋은 회사였기 때문에 우리는 일이 조금 잘못되더라도 살아남아 성장할 것이라고 예상했다.

우리는 신속하게 드리블을 소유할 새로운 투자회사를 설립하고 타이니라고 이름 붙였다. 다른 사모펀드나 투자회사들이 블랙록BlackRock, 그레이울프Greywolf, 매버릭Maverick처럼 어울리지 않게 과장된 (또는 악마를 연상시키는) 이름을 가지고 있었지만 우리는 이 이름이 좋았다. 현실적이고 친근하며 솔직히 말하면 다소 아이러니하고 재미있다고 느꼈다.

현금을 더 많이 가지고 있는 내가 80퍼센트를 투자하고 나머지 20퍼센트는 크리스가 투자했다. 내 지분이 더 많았지만 동등한 파트너로 운영하기로 했다. 그리고 만일 우리가 어떤 거래를 할 때 의견이 다르면 그냥 진행하지 않는 것을 원칙으로 삼았다. 파트너십 계약서를 작성하거나 비싼 변호사를 참여시키지도 않았다. 우리는 아무 조건 없이 회사를 설립했다. 그동안 같이 고생했기 때문에 크리스는 형제나 다름없었다. 악수 외에는 아무것도 필요하지 않았다.

그런 다음 우리는 숨을 크게 쉬고 서명할 준비를 했다. 구매자의 입장에 서니 기분이 좋았다. 내 회사를 매각하면서 안 좋은 경험을 한 후, 내가 거래하고 싶었던 회사의 구매자가 되니 믿을 수 없을 정도로 멋졌다. 모든 뛰어난 기업이 그렇듯, 우리는 우리 자신이 겪었던 어려움을 해결했다. 가려운 부분을 스스로 긁은 셈이다. 그런 다음 마지막 서명을 하자 거래는 완료되었다. 우리는 이제 드리블의 새로운 소유자가 되었다.

실패까지 이용하라

우리는 재빠르게 크리에이티브 마켓Creative Market이라는 회사의 공동 창업자이자 친구인 잭 오니스코Zack Onisko를 영입했다. 그 역시 전에는 디자이너로 일하다가 나처럼 회사 운영을 맡게 된 경우였다. 그는 항상 창의적인 기업을 이끌어왔고, 일반적으로 상업적인 냄새가 나는 일을 꺼리는 디자이너들과도 잘 소통하는 능력이 있었다. 우리는 그가 드리블에 잘 맞고 회사의 DNA를 잘 이해할 것이라고 확신했다.

그리고 우리의 믿음은 옳았다.

그는 예상했던 대로 광고 영업팀을 신속하게 꾸렸고 매월 수십만 달러 규모의 광고를 판매하기 시작했다. 이후 그는 지속적으로 성장의 기회를 찾아내기 시작했다. 시더홈과 소넷이 피하고 있던 지루한 일들을 모두 처리했다. 나도 마크를 고용하기 전에 이런 일을 싫어했었다.

이 과정을 통해 나는 메타랩에서 얻은 교훈(그것이 개인적으로나 재정적으로 큰 대가를 치르고 얻은 것이라 해도)을 드리블 같은 사업에 적용할 수 있음을 깨달았다. 이는 곧 실패에서 배운 것이 이제 곱절의 효과를 내게 된다는 의미였다. 여러 회사에 걸쳐 내가 배운 것을 활용할 수 있었기 때문이다. 이제까지의 실수들이 나에게 엄청난 보상을 가져다주기 시작했다.

타이니는 작은 버크셔 해서웨이가 되어갔다. 나는 버핏과 멍거에게 매료되었다. 그들에게는 자신들만의 독특한 전략이 있었다. 그들은 강력한 브랜드, 안전한 시장 지위, 안정적인 수익을 올리는데도 잘 알려지지 않은 기업을 찾아내는 데 탁월한 능력을 발휘했다.

그렇다면 우리의 비결은 무엇이었을까? 자신이 애정을 쏟아온 회사를 단순히 숫자로만 바라보는 사모펀드에 회사를 넘기고 싶지 않은 창업자들은 우리의 제안에 매력을 느꼈다. 그런 펀드는 회사를 조각내어 최고 입찰자에게 되팔아버리곤 했다. 하지만 우리는 달랐다. 우리 역시 그들과 같은 창업자들이었으니까. 우리는 그들에게 큰 수익을 안겨주고, 그들의 문제를 해결하기 위해 최선을 다할 수 있었다. 우리가 힘들게 답을 찾아낸 그런 문제들이었다. 또한 창업자들이 반드시 떠날 필요도 없었다. 우리는 그들이 회사에 남아서 계속 회사를 경영하고 이익을 챙길 수 있는 형태의 거래를 제안한다. 또는 창업자가 원한다면 자문 역할만 하고, 일상 업무는 우리에게 맡길 수도 있다. 어떤 창업자들은 모든 걸 우리에게 넘긴 뒤, 차에 현금을 가득 싣고 황혼 속으로 사라져 다시는 나타나지 않기도 한다.

수년간 시행착오를 겪으며 쌓아온 경험이 마침내 보상을 가져다주었다. 드리블이 점차 성장하는 모습을 지켜보면서 이것이 바로 내 미래라는 것을 알았다. 내 미래가 나를 향해 활짝 웃고 있었고 나는 그게 너무 좋았다.

인수를 발표하자마자 아버지께 그 소식을 알렸다. 이번에는 아버지도 미납 세금에 대해 언급하지 않고 그냥 자랑스럽다고만 말씀하셨다. 지금 생각해 보면 아버지는 그제야 나에 대한 불안감을 덜어낸 것 같았다. 아이들이 모두 자립했으니 이제는 가족을 부양하느라 힘들게 살지 않아도 된다는 것을 인정하는 듯했다. 자식들도 모두 어엿한 일자리를 가지고 있어서 더 이상 아버지에게 의지할 필요가 없었다. 나는 아버지가 오랫동안 추구했던 안정적이면서도 다양화된 사업을 구축하는 데 성공했다. 이제 아버지의 바통은 내게 넘어왔고, 우리 가족이 짊어졌던 경제적 부담도 덜 수 있었다.

그 무렵 아버지에게 커피 한잔하러 가자고 제안했다. 내가 기억한 바로는 아버지는 비행에 대한 열정이 대단했다. 여유 시간이 생기면 비행 잡지를 읽거나 우리를 데리고 각종 에어쇼나 항공 박물관을 돌아다녔다. 어렸을 때 아버지와 소통하기 위해 스핏파이어 전투기 모형을 수도 없이 만들었고 항공 영화란 영화는 빼놓지 않고 보았다. 그러나 아버지는 일 중독자였기 때문에 비행 교습에 시간을 낼 수 없었다. 비행은 아버지에게 늘 환상이었다. 이제 아버지도 여유를 가지게 되었고 더 이상 누구를 부양하지 않아도 되니 그 환상을 실현할 때가 왔다.

"아버지, 지금 연세가 60세잖아요. 앞으로 20년에서 40년 정도는 더 사실 텐데 이제는 조종 면허를 따셔야죠." 아버지께 내가 대신 등록해 놓은 비행 학교의 안내서를 건네주었다.

아버지께서는 매우 기뻐하며 내 등을 툭툭 치며 웃으셨다. "이게 꿈이냐 생시냐? 정말 고맙다!"라고 외치며 안내서를 한동안 들여다보았다.

하지만 아버지는 내가 아버지의 꿈이었던 단발 엔진 다이아몬드 Diamond[1] DA20 비행기를 사서 공항의 격납고에 준비해 두었다는 사실은 모르고 계셨다.

이제 앞에 놓인 과제는 더 많은 드리블을 인수할 방법을 찾는 것이었다.

---

1   오스트리아의 항공기 제조사.

13장
빌 애크먼의 투자 레슨

NEVER ENOUGH

기술의 문제는 계속 변화한다는 것이다.
그것도 아주 빠르게.
우리 발밑의 지반은 끊임없이 변화하면서
스트레스와 예상치 못한 손실을 발생시킨다.

커피를 한 모금 마시며 생각에 잠긴 크리스를 바라보았다. 우리는 평소처럼 좋아하는 카페 중 하나인 트레판타스티코의 늘 앉던 자리에 앉아 지금 당면한 문제에 대해 한탄하고 있었다. 몇 시간이 흐른 것처럼 느껴졌지만 실제로는 몇 분 정도밖에 지나지 않았을 것이다. 자전거를 탄 남자가 느긋하게 지나가고, 개가 킁킁거리며 땅 냄새를 맡고, 새들이 단풍나무에 앉아 있는 모습을 지켜보았다. 세상은 그저 평범하게 돌아가고 있었다.

우리가 성인이 된 이후로 온 힘을 다해 만들어온 시스템이 이제 완성되었다. 우리가 열심히 일궈낸 작은 투자 농장은 다양한 작물을 생산하고 있었다. 물론 문제도 있었다. 제어가 안 되는 CEO, 다루기 어려운 성격의 직원들과 잘못된 채용, 그리고 끝없이 이어지는 배고픈 임원들과의 보상 협상 등이었다. 모두 당연하다는 듯이 물었다.

"내 몫은 어디 있지?"

드리블을 인수한 후 우리는 원격 작업을 위한 인기 있는 마켓플레이스인 위워크리모틀리We Work Remotely, 식단계획 앱인 밀라임Mealime, 디자이너들이 글꼴, 그래픽 및 웹 템플릿과 같은 디지털 자산을 판매할 수 있는 플랫폼인 크리에이티브 마켓 등을 포함해 수십 개의 테크 기업을 인수했다.

또한 전에 매각했던 픽셀 유니온을 재인수하기도 했다. 그건 마치 오래전 잃어버렸던 형제를 다시 집으로 데려오는 것 같은 엄청난 승리였다. 픽셀 유니온 인수자들과 우리 관계는 좋지 않은 상태였다. 우리가 브라이언과 있었던 일들을 모두 설명했음에도 불구하고, 그들은 그를 지원해 메타랩의 경쟁사가 될 새로운 에이전시를 설립하는 데 도움을 주었기 때문이다. 예상대로 새로운 회사는 실패로 끝났지만, 우리에게 남은 감정의 상처는 여전히 아물지 않았다. 하지만 픽셀 유니온을 사들이기 위한 자금은 예상치 못한 파트너에게서 나왔다.

억만장자와의 점심 식사

4년 전에 크리스와 나는 우리의 투자 영웅 중 한 명인 빌 애크먼 Bill Ackman과 매우 비싼 점심을 먹었다. 수년간 애크먼의 활동을 멀리서 지켜보고, 그의 모든 인터뷰와 메일을 꼼꼼하게 기록하면서 결국 그의 상장회사에 수백만 달러를 투자하기까지 했다. 그의 투자 스타일은 많은 면에서 버핏과 닮았지만, 그는 좀 더 직접적인 접근 방식을 선호했다. 애크먼은 투자한 회사들과 긴밀하게 협력하는 것을 좋아했으며 종종 놀라운 결과를 얻었다. 그는 캐나디안 퍼시픽 레일웨이 Canadian Pacific Railway에 대한 투자로 가장 잘 알려졌는데 캐나다에서 가장 비효율적인 철도 회사를 가장 효율적으로 바꾸었고, 그 과정에서 무려 26억 달러(약 3조 6,400억 원)의 수익을 창출했다.

2016년 애크먼은 그와 함께하는 한 시간짜리 점심을 경매에 내놓았다. 여기서 발생하는 모든 수익은 자선단체에 기부하기로 했다. 비록 우리는 그의 투자금 대비 100분의 1에도 미치지 않는 적은 금액을 투자하고 있었지만, 직접 그를 만나서 배우고 싶었다. 그건 인수하려는 기업의 최종 계약서에 서명하기 전에 거치는 일종의 '실사 과정due diligence'이라고도 할 수 있었다. 그의 회사 주식을 많이 보유하고 있었기 때문에 그가 재수 없는 사람이라면 주식을 팔고, 그가 좋은 사람이라면 더 사기로 했다. 또한 경매에서 낙찰받아 최악의 점심을 먹더라도 자선단체에 돈을 기부하는 것이니 나쁘지 않다고 판단했다. 하지만 얼마큼의 돈이 들어갈지 미처 예상하지 못했다.

온라인 경매 당일 오후 떨리는 손으로 5-7-0-0-0을 입력하고 엔터를 쳤다. 5만 7,000달러(약 8,000만 원). 미친 짓이라는 생각도 들었지만 우리는 흥미로운 사람들을 만나는 것이 항상 예상치 못한 방식으로 보상받는다는 것을 알고 있었다. 한두 마디 조언이나 뜻밖의 소개로 훌륭한 회사를 사거나 뛰어난 인재를 고용하기도 하고 새로운 것을 배울 수도 있었다.

우리는 컴퓨터의 시계가 초 단위로 카운트다운되는 것을 보며 앉아 있었다. 그러다 놀랍게도 '딩' 소리가 나며 우리가 애크먼과의 점심에 낙찰되었음을 알렸다.

몇 주 후 우리는 뉴욕으로 날아가 센트럴파크 근처에 있는 고급 이탈리안 레스토랑인 마레아Marea에 들어섰다. 오레가노와 바질, 갓

구운 빵 향기가 실내에 가득했다. 크리스와 나는 분주한 바 반대편의 큰 원형 테이블로 안내받았다. 우아하게 차려입은 월스트리트 사람들이 주변에서 웃고 떠드는 소리가 들렸고 콧수염을 기른 웨이터들은 김이 피어오르는 파스타와 해산물 요리를 들고 춤추듯 테이블 사이를 누볐다. 청바지에 구겨진 셔츠를 입은 우리는 깔끔한 정장을 차려입은 사람들 사이에서 어딘가 어울리지 않는 듯한 느낌이 들었다. 게다가 야간 비행기에서 두 시간밖에 못 잤기에 신경이 날카로웠다. 긴장하지 않았다면 거짓말이었다.

갑자기 그가 나타났다. 190센티미터의 키에 은발과 사파이어 블루색의 눈동자를 가진 그는 큰 체구에 잘 어울리는 맞춤형 정장을 입고 있었다. 그는 매력이 철철 넘쳤다. 우리와 힘찬 악수를 한 뒤 의자에 앉아 손을 앞에 모은 다음 우리를 쳐다보았다. 그가 말했다.

"만나서 반갑습니다. 계산해 보니 1분에 958달러(약 140만 원)더군요. 시간이 없으니 무엇이든 물어보세요. 하지만 먼저, 여러분에 대해 듣고 싶습니다."

우리가 만났던 여러 성공한 사람들은 일방적으로 자기 이야기만 하는 경우가 많았지만 그는 내내 우리에게 질문을 쏟아냈다. 그는 우리의 사업, 우리의 생각, 그리고 우리에게서 배울 수 있는 테크 기업의 세계에 대해 깊은 호기심을 가지고 있었으며 마침 이 분야에 투자를 시작했다고 말했다. 그는 열심히 경청하고 적당한 반응을 보이며 열정적인 태도를 보였다.

드디어 우리 차례가 왔다. 우리는 비행기에서 적은 메모를 보며 생각할 수 있는 모든 것에 대해 수십 개의 질문을 퍼부었다. 그는 투자, 비즈니스 파트너십, 결혼 및 자녀 양육에 이르기까지 모든 것에 대해 지나칠 정도로 솔직하게 답해 우리를 놀라게 했다. 너무나 솔직해 정말 우리를 압도했다. 그가 도중에 화장실로 달려가자 크리스와 나는 서로를 바라보며 씩 웃었다. 우리의 투자 영웅 중 한 명과 이렇게 깊게 대화할 수 있다는 것이 믿기지 않았다. 집요한 질문이 한 시간 더 이어진 후, 그가 일어서며 말했다.

"두 분 다 내 사무실에 와봐야 할 것 같습니다."

몇 시간 후 그는 우리에게 사무실을 보여주고 직원들을 소개했으며 그의 경력에서 겪은 전쟁 같은 이야기들을 들려주었다. 회의실에는 구형 전투기에서 가져온 사출좌석[1]이 있었는데 이는 더 이상 의미가 없는 투자에서 탈출할 것을 상기시키는 용도였다. 사무실을 나올 때쯤 우리는 오랜 친구처럼 친해졌고 그는 놀랍게도 "당신들이 마음에 듭니다. 혹시 거래에 파트너가 필요하면 전화 주세요."라고 말했다.

그래서 2019년에 우리가 판매했던 회사로부터 픽셀 유니온을 다시 사고자 했을 때(우리가 판매했던 가격의 거의 네 배에 달하는 금액으로), 우리는 이전에 한 번도 하지 않았던 일을 하기로 했다. 그것은 바로 파트너를 구하는 것이었다. 그리고 우리의 첫 번째 전화 상대는 애크먼이었다. 수십억 달러에 달하는 그의 순자산에 비하면 몇백만 달러라는 금액은 아무것도 아니지만 그것은 우리 세 사람의 멋진 비즈니스 파트너십의 시작이었다. 그 후로도 우리는 다양한 회사에

---

1 항공기에서 사고가 났을 때 조종사를 비행기에서 비상 탈출시키기 위한 안전장치.

공동으로 투자했고, 그는 친구이자 멘토가 되었다. 특히 어려운 문제에 부딪혀 고민할 때마다 우리에게 경험 많은 '비즈니스 아빠' 역할을 해주었다.

카페에 앉아 있던 나는 애크먼이 점심 자리에서 우리에게 해준 조언을 떠올렸다. 그는 최고의 투자자는 주, 월 또는 심지어 연 단위가 아니라 수십 년 단위로 생각한다고 말했다. 일상적인 변동에 흔들리지 않고 장기적인 관점에 집중하는 것이 중요하다는 말이다.

하지만 우리는 여러 훌륭한 회사에 투자하고 심지어 투자 우상 중 한 명과 파트너 관계를 맺었음에도 불구하고, 마치 위험한 롤러코스터를 탄 것처럼 상승과 하락의 변동을 견디기가 쉽지 않았다.

가구처럼 오래도록 안정적인 기업을 찾아라

기술의 문제는 계속 변화한다는 것이다. 그것도 아주 빠르게. 우리 발밑의 지반은 끊임없이 변화하면서 스트레스와 예상치 못한 손실을 발생시킨다. 우리는 투자에 있어 신중했고, 종종 3년 이내에 투자금을 회수하곤 했다. 그러나 몇몇 사업들은 장기적으로 취약할 수도 있다는 불안감을 느끼고 있었다.

"모래성을 쌓고 있는데 파도가 계속 밀려오는 기분이야." 샌드위치를 먹으며 크리스에게 말했다.

우리는 다음에 어디에 돈을 투자할지 같이 고민하기 위해 일주일에 한 번씩 점심을 함께하기로 했다. 그 전주에 로봇 공학과 인공지능 같은 최신 기술 발전에 관한 책을 읽었지만 어떤 분야에 투자해야 할지 막막했다. 크리스와 나는 우리가 보유한 사업 중 어떤 것이 기술혁신으로 인해 발전이 저해될지, 그리고 또 다음 타자로 떠오를 분야는 무엇인지 끊임없이 논의했다. 특히 막대한 자금을 보유한 실리콘밸리 벤처 자본가들의 지원을 받는 경쟁 회사들이 우리에게 미칠 영향에 대해서도 많은 논쟁을 했다.

대부분의 벤처 자본가들은 기술을 지구상에서 최고의 투자 대상으로 보는데, 그 이유는 엄청난 수익을 올릴 수 있기 때문이다(때로는 투자금의 수백 배 또는 수천 배를 수익으로 돌려준다). 하지만 기술 분야는 세계에서 가장 경쟁이 치열한 업계 중 하나이기도 하다. 일례로 기술 스타트업의 95퍼센트 이상이 실패한다.

성공하는 스타트업조차도 대부분은 제2의 페이스북이나 우버 또는 구글이 되지 못한다. 대다수는 사라져 버리고 소수의 예외적인 사례만이 수십억 달러 규모의 스타트업이 된다. 소위 말하는 '유니콘[2]'이다.

테크 사업을 도박에 비유한다면, 찾을 수 있는 장점 중 하나가 첫 판돈이 그렇게 크지 않다는 점이다. 아이디어에서 시작하여 프로토타입prototype[3]을 만들고 최종적으로 회사를 설립하는 데 드는 비용은 거의 무시할 수 있을 정도다. 내 작은 디지털 에이전시는 내가 빈털터리 바리스타였을 때 아파트에서 팬티만 입고 시작했으며 약 20달

---

2 기업가치가 10억 달러 이상인 스타트업.
3 제품이나 시스템의 초기 모델 또는 샘플.

러의 초기 비용이 들었다. 사업자 등록에 9.99달러, 웹사이트의 도메인을 등록하는 데 또 9.99달러가 들었다. 나머지는 그냥 코딩과 디자인 작업으로 둘 다 내가 직접 했다. 비싼 교육이나 자격증도 필요하지 않았다. 공장이나 매장을 설립할 필요도 없었고, 구매해야 할 장비도 없었다. 사무실조차 필요하지 않았다. 인터넷만 연결되면 어디서든 일할 수 있었다.

하지만 여기에는 함정이 있다. 수억 달러의 부를 창출한 이 놀라운 디지털 혁신은 말하자면 양날의 검이었다. 만약 우리가 기술혁신의 흐름을 잘못 읽는다면, 투자한 사업 중 하나 혹은 그 기술이 얼마나 빠르게 발달하는지에 따라 해당 사업체가 순식간에 사라질 수도 있었다.

우버가 택시 산업을, 에어비앤비가 호텔 산업을 침범하듯 기술혁신은 모든 전통적인 비즈니스 시장을 파괴할 수 있지만 동시에 자신들의 분야에서도 여러 뛰어난 스타트업을 파괴할 수 있다. 이는 구글, 페이스북 그리고 트위터가 작은 새로운 기능을 추가해서 수많은 기발한 스타트업을 사라지게 한 사례에서 충분히 목격했다.

수익성이 높은 틈새 비즈니스를 타깃으로 기술에 투자하는 우리의 전략은 대체로 효과적이었다. 우리는 다른 사람들이 관심을 두지 않거나 죽은 시장으로 간주한 영역을 살펴보는 것을 좋아했다. 그러나 가끔 벤처 자본가들이 우리가 사업을 하는 분야에 흥미를 느끼고 경쟁자들을 쏟아내기 시작하면 우리는 속수무책이었다. 우리는 마치 무한 자본으로 연료를 공급받는 고속정 함대와 경주하는 오래된 돛단배와 같았다.

이런 일은 여러 번 일어났다. 2010년 우리는 프로젝트 관리 앱인 플로를 외부 자본 없이 설립하여 수백만 달러의 수익을 올렸다. 그러던 중 아사나Asana가 등장했고, 그다음에는 먼데이닷컴Monday.com과 라이크Wrike가 나왔다. 벤처 자본가들은 경쟁사에 수억 달러를 쏟아부었지만 우리는 포커판의 초짜처럼 더 이상 자금을 모으지 않았다. 우리는 실력으로 이길 수 있다고 계속 생각했다. 우리의 소프트웨어가 더 세심하게 설계되었고, 더 뛰어나며, 기술적으로 우수하다고 믿었다. 그러나 그것은 완전히 틀린 생각이었다. 우리는 도살장에 끌려간 양처럼 아무것도 하지 못한 채 결국 몇 년 사이에 1,000만 달러 이상을 잃고 말았다. 마치 미국을 침공하려는 피지Fiji처럼 우리에게는 전혀 승산이 없었다.

수년간에 걸쳐 우리는 사업 실패를 다룬 책들을 많이 읽었다. 예를 들어, 과거에는 특정 도시에서 가장 큰 신문사를 소유하고 있다면 엄청난 사업이었다. 반경 100킬로미터 이내의 크고 작은 모든 회사가 광고를 내고 싶어 하며 시민들은 삼단 광고를 이용하려 한다. 왜냐하면 아무도 더 작은 신문에 광고하거나 분류 광고를 게시하려 하지 않기 때문이다. 사람들은 이미 구독하는 신문이 있으므로 누군가가 경쟁 신문을 새로 낸다고 해도 잘될 가능성은 거의 없었다. 새로운 신문을 시작하는 것은 많은 자본이 필요한 일이다. 인쇄기에 수천만 달러를 써야 하고 기자와 광고 판매 직원, 인쇄기 운영 직원을 고용하는 등 몇 년 동안 돈을 잃을 각오를 해야 한다. 게다가 시장 점유율을 높여 충분한 독자와 광고주를 확보하고 흑자를 내려면 상당한 시간이 걸린다. 견실한 신문사의 수익은 매년 수억 달러에 달할 정도로 엄청났다.

그러나 인터넷이 인쇄 비용을 거의 제로로 만들자 신문은 세계 최고의 사업 중 하나에서 세계 최악의 사업 중 하나로 전락했다. 고커나 기즈모도Gizmodo 같은 블로그는 내가 디자인 회사를 시작할 때와 똑같이 도메인 등록에 9달러를 지불하고 나처럼 방에 들어앉아 파자마만 입은 채 블로그에 뉴스와 의견을 썼다. 치명적인 타격을 입은 《크레이그리스트Craigslist》[4]는 모든 주요 도시에서 광고를 무료로 제공할 수밖에 없었다. 거의 하룻밤 사이에 신문은 독점기업에서 끝없는 경쟁에 직면하는 기업으로 추락했다.

오늘날 신문업은 수익이 안 나며 대부분 파산하거나 헐값에 매각되었다. 크리스와 내가 당시에 했던 일은 신문사나 택시 회사처럼 되지 않을 투자처를 발굴하는 것이었다. 간단히 말해 투자란 모퉁이 가게든, 맥도날드 프랜차이즈든, 마이크로소프트Microsoft든, 당신이 인수하는 기업이 계속 살아남아 장기적으로 당신이 지불한 것보다 더 많은 현금 흐름을 창출할 것이라고 믿고 베팅하는 것이다. 우리의 투자 접근 방식은 당황스러울 정도로 단순했다. 그것은 회사를 찾아 이렇게 묻는 것이었다.

"어떻게 하면 5년 이내에 투자금을 회수할 수 있을까?"

5년 안에 상환된다는 것은 투자금에 대해 매년 20퍼센트의 수익을 올린다는 것을 의미하는데, 이런 실적은 매우 뛰어난 편에 속한다. 그러나 사실은 10년이나 20년은 말할 것도 없고 5년 후를 예측하는 것도 거의 불가능했다. 현재 사용되는 기술 대부분은 10년 전

---

[4] 미국판 《벼룩시장》.

에는 발명도 되지 않은 것들이다. 안전하게 투자하려면 기술 회사가 5~10년 이내에 문을 닫거나, 적어도 상당히 위축될 수 있다고 가정하고 투자해야 했다.

우리는 샌드위치를 먹으면서 다음엔 무엇에 투자할지에 관해 이야기했다. 또한 포트폴리오에 있는 회사 중 수명이 다해 곧 사라질 사업이 없는지 살펴보았다.

"우리가 하는 모든 일은 너무 덧없어."라고 크리스에게 말했다. "가구를 만들어 생계를 꾸리는 사람은 얼마나 뿌듯하게 느낄지 생각해 봐. 견고한 가구를 만들면 한 100년은 가겠지? 나는 우리 회사의 대부분이 훌륭한 일을 한다고 생각하지만, 그중 몇 개나 20년 후에도 존재할지 의문스러워."

우리는 모래성처럼 위험하고 수명이 짧은 기업보다는 가구처럼 안정적이고 오래 지속되는 기업에 투자하고 싶었다. 이러한 관점에서 우리는 전통적인 오프라인 사업에 대해 깊이 파고들기 시작했다. 마을을 돌아다니며 성공적인 사업을 확인하고 각 산업을 들여다보았다. 난방 및 공조, 공병 반환, 엘리베이터 수리, 자갈 채취, 심지어 이동식 화장실 임대와 장례업까지 조사했다. 그런데 사업주를 만나 이야기해 보니 그들의 사업이 얼마나 운영하기 어려운지 놀라지 않을 수 없었다. 직원은 많고 업무는 복잡한데 수익은 쥐꼬리만 했으며 그것도 장비를 수리하거나 더 큰 설비를 구입하고 추가 인원을 고용하는 데 재투자해야 했다. 우리는 이러한 사업이 운영하기 어려울 뿐만 아니라 본질적으로 일반적인 상품과 다를 바 없다는 사실을 재빨리 깨달았다. 그들에게는 소비자에게 사랑받는 '해자'가 없었다. "에크미 골재에서 자갈을 구매할 겁니다. 그들의 자갈이 가장 훌륭하니까요!"라고 말하는 사람은 없다. 대신 "가능한 한 가장 저렴한 가격으로 자갈을 사고 싶어요."라고 말한다. 그게 어디서 오는지는 중요하지 않으며, 가장 저렴하기만 하면 된다. 그러니 투자하기에 좋은 사업은 아니었다.

우리는 시야를 더 넓히기로 했다. 전설적인 투자가 피터 린치Peter Lynch의 유명한 조언이 있다.

"자신이 아는 분야에 투자하라."

예를 들어, 매일 스타벅스를 마신다면 스타벅스 주식을 사는 것을 고려해 볼 수 있다. 이 말을 염두에 두고 투자할 만한 기업을 찾기 위해 우리의 삶을 들여다보았다.

좋아하는 것에서 찾는 투자 기회

나는 커피라면 사족을 못 쓰는 사람이다. 학교를 그만두고 카페에서 일할 때부터 그랬다. 커피 머신을 가지고 이것저것 시도해 보면 참 재미있었다. 아침을 훨씬 활기차게 시작할 수 있도록 원두와 그라인딩grinding 그리고 브루잉brewing의 완벽한 조합을 찾기 위해 노력했다.

그래서 커피 산업, 그중에서도 커피메이커를 연구하기 시작했다. 그리고 거의 모든 커피 제조 방법을 시도해 보았다. 승용차 한 대값에 달하는 최고급 라마르조코La Marzocco 에스프레소 머신을 사보기도 했다. 프렌치 프레스, 푸어 오버와 케멕스Chemex, 심지어 킥스타터Kickstarter가 펀딩하는 다양한 장치까지 구입했지만 원하는 커피 맛을 찾지 못했다. 집에서 여러 번 시도했지만 잘되지 않아 결국 동네 카페로 늘 가야 했다.

어느 날 사무실에 갔더니 동료 개발자 알리 보스워스Ali Bosworth 주위에 사람들이 모여 있었다. 커피 그라인더가 윙윙거리는 가운데 그가 에스프레소 분말이 담긴 용기를 꺼내어 카운터에 두어 번 가볍게 두드렸다. 그러더니 안약을 넣을 때 사용하는 것과 같은 작은 스포이드로 분말 커피에 물 한 방울을 떨어뜨렸다.

"이것이 정전기를 제거합니다."라고 그가 숨죽여 지켜보는 사람들에게 말했다.

그는 카운터에 있는 저울에 머그잔을 올려놓은 다음 커피 분말을 동네 철물점에서 파는 투명한 PVC 파이프처럼 생긴 것에 부었다.

"잘 갈아서 필터 두 개를 통과시키면 아주 좋습니다. 그리고 제 비법은 필터를 사용하기 전에 적시는 것인데 유튜브에서 봤어요."

정확하게 112그램의 물을 붓고 부드럽게 저어준 후 조금 더 작은 파이프를 위에 올려놓고 아래로 누르기 시작했다. 커피가 머그잔 바닥으로 똑똑 떨어지는 소리가 들렸고 우리는 홀린 듯 지켜보았다.

"이게 뭐죠?" 내가 물었다.

"이건 에어로프레스AeroPress[5]예요." 알리가 대답했다. "정말 멋진

---

5 주사기처럼 생겼으며 공기압을 이용해 커피 성분을 추출하는 커피 머신.

발명가가 만든 겁니다."

난 주방에 먼지를 뒤집어쓰고 있는 커피 기구들을 떠올리며 그냥 좀 더 나은 장치일 뿐이라고 짐작했다.

"한번 맛보세요." 그가 내 손에 머그잔을 내밀었다.

옛날에 카페에서 아르바이트할 때 사장 샘 존스에게 커피 맛보는 법을 배웠기 때문에 약간의 연출을 해보았다. 소믈리에처럼 컵을 살살 돌린 후 가장자리에 코를 대고 맛을 설명하기 시작했다.

"블랙베리…… 다크 초콜릿…… 그리고 약간의 인공적인 맛이 느껴지네요."

내 말에 다들 인상을 찌푸렸다.

"그냥 마셔봐요!" 알리가 약간 짜증 난 듯 말했다.

한 모금을 마셔보았다.

"와, 이건 놀랍네요." 정말 놀라서 말했다. "원두의 향이 그대로 맛으로 느껴져요. 정말 대단한데요?"

"그렇죠? 그런데 이게 29달러(약 4만 원)밖에 안 해요. 아마 세상에서 가장 저렴하지만, 제일 좋은 커피 메이커일 겁니다."

그날 오후 나는 알리가 에어로프레스를 샀다고 말한 지역 카페인 디스커버리 커피로 차를 몰았다. 그리고 직접 실험해 보기 위해 하나를 구입했다. 과연, 가격은 29달러였다.

더 믿기 힘든 것은 커피 맛이 일관되게 좋다는 점이었다. 압력 조정이나 습도 조절도 필요 없었다. 인공적인 맛이 없고 아주 간단하며 지금까지 마신 커피 중 최고의 맛이었다. 전통적인 프렌치 프레스의 거칠거나 쓴맛 없이 맑고 깊은 풍미가 있었다. 나는 쓴맛 때문에 블랙커피를 잘 안 마시고 보통은 라테를 마셨지만 이 커피는 너무 부드러워서 블랙으로 마셔도 전혀 거부감이 없었다.

나는 즉시 여러 종류의 원두와 다양한 단계의 로스팅으로 테스트를 했다. 카페인 때문에 약간 들뜬 상태였지만 이 저렴한 플라스틱 기구가 내 5,000달러짜리 에스프레소 머신보다 훨씬 우수하다는 확신이 들었다. 그때 문득 나는 단순한 소비자가 아니라, 투자자라는 사실을 떠올렸다. 나는 기업을 인수하는 사람이었다. 그때부터 이 훌륭한 커피 기계를 만든 사람이 궁금해지기 시작했다.

구글에 검색해 보니 에어로프레스의 발명가가 '에어로비Aerobie 플라잉 링flying ring'도 발명했다는 걸 알게 되었다. 그 링은 프리스비 원반처럼 매우 멀리 날아가는 장난감으로 내가 어렸을 때 아주 좋아했던 것이다. 그의 이름은 앨런 애들러Alan Adler였으며 스탠퍼드대학교 공학 강사 겸 직업 발명가였다. 커피를 만들다 잘 안된 경험을 한 후 새로운 커피 추출 방법을 연구하기 시작해서 이 기발한 제품을 고안해 냈다. 이 기계는 2005년에 출시되어 큰 찬사를 받았고 그 후로 에어로프레스는 전 세계 거의 모든 고급 카페에서 쓰이는 특별한 아이템으로 많은 팬층을 확보하고 있다.

나 역시도 투자자이긴 했지만 빌 애크먼이나 마크 앤드리슨Marc Andreessen처럼 유명한 인물은 아니었다. 그저 평범한 캐나다의 투자자일 뿐이었다. 따라서 이 사람과 대화를 나누는 것은 쉽지 않을 듯했다. 법률 사무소나 투자은행에 연락해 수만 달러를 주고 그와의 미팅을 알선해 달라고 부탁할까도 고민했다. 그게 내 수준의 전문가들이 하는 일이라고 생각했다. 만약 내가 8,000달러짜리 에스프레소 머신을 판매하는 라마르조코와 이야기하고 싶었다면 그렇게라도 할 수 있었다. 하지만 29달러짜리 플라스틱 튜브에 불과한 제품을 두고 변호사 그룹에 시간당 900달러를 내는 것은 과도하게 느껴졌다.

그래서 나는 가장 당연해 보이는 방법을 선택했다. 애들러의 이메일 주소를 찾아 세 줄짜리 이메일을 보냈다. 나 자신을 소개하고 에어로프레스가 내가 마신 커피 중 최고라고 칭찬했다. 그리고 회사를 팔 생각이 없는지 물었다.

다음 날 애들러로부터 답변이 왔다. 당연하게 나를 의심하는 것 같았고 애써 무시하려 했다. 하지만 나는 끈질겼다. 계속 이메일을 보내고, 부추기고, 칭찬했다. 결국 몇 달 동안 그를 괴롭힌 끝에 팔로 알토에서 만나기로 약속을 잡았다. 물론 표면적인 목적은 커피 한잔 하기 위해서였다.

애들러는 80대 초반으로, 친절하고 다정다감한 성격이었다. 그는 1960년대 나사NASA 관제센터에서 볼 법한 모습으로 흰 머리에 테가 가는 안경을 쓰고 있었으며 앞주머니에는 여러 개의 펜이 들어 있었다. 그는 수줍고 온화한 미소를 지닌 사람으로 어린 시절에 우리 할아버지였으면 하는 그런 사람이었다. 버기카나 모형 로켓 만드는 걸 도와주는 그런 할아버지 말이다.

스탠퍼드대학교 근처의 소박한 사무실에 앉아 에어로프레스로 만든 커피를 마시면서 우리는 그가 정말 똑똑하다는 것을 알 수 있었다. 나는 바리스타로서의 경력, 커피에 대한 집착, 그리고 에어로프레스에 대한 사랑 등 준비된 이야기를 풀어나갔다. 그는 정중하게 듣고 있었지만 내 말이 별 효과가 없는 것이 분명했다. 그가 점점 관심을 잃어가는 것이 느껴졌고 크리스 역시 마찬가지였다.

내 말이 끝나자 애들러는 조심스레 나를 위아래로 쳐다보더니 생각하는 금액이 있지만 내가 감당할 수준의 숫자는 아니라고 말했다.

"얼마인가요?" 그에게 물었다. "만약 에어로프레스를 판다면 얼마를 원하세요?"

"7,000만 달러(약 980억 원)입니다." 그는 눈도 깜박이지 않고 말했다. 그는 세상에서 가장 다정스러운 할아버지처럼 보였지만 협상에 있어서는 분명히 만만치 않은 상대였다. 그가 탐욕스러워서 그런 숫자를 부른 건 아니었다. 그는 자신의 발명품, 특히 이 에어로프레스를 진심으로 사랑하고 있었다. 그는 정중하게 "기분 나쁘게 하려는 게 아니라 이 회사는 당신이 생각하는 것보다 내게 훨씬 더 큰 가치가 있으며, 난 이미 부자입니다. 내가 회사를 판다면 그 유일한 이유는 내 많은 나이와 아내가 나의 은퇴를 원하기 때문입니다."라고 덧붙였다.

크리스와 나는 서로를 바라보았다. 우리의 사업과 투자는 지난 몇 년 동안 열 배로 성장했고 그 정도의 인수 금액을 감당할 능력이 있었다.

우리는 비행기를 타고 돌아오면서 계산해 보았다. 애들러는 당연히 두 명의 캐나다 애송이들이 커피를 만드는 플라스틱 튜브에 7,000만 달러를 지불할 리가 없다고 생각했을 것이다. 그러나 그는 엔지니어링, 발명, 협상에서는 분명한 천재였지만, 크리스와 나처럼 마케팅과 기술에 대한 배경지식이 있는 사람들의 시각에서는 약점을 가지고 있었다.

우리가 직접 조사해 본 결과 에어로프레스의 판매량 중 자사 웹사이트에서 이루어지는 비율은 단 3퍼센트에 불과했다. 대부분의 판매는 고급 카페에서 이루어지고 있었다.

디지털 세계에 깊이 몰입하는 힙스터족이나 프로그래머, 커피 애호가들을 주 고객층으로 하는 이 회사에서 매출의 3퍼센트는 상당히 적은 수치였다. 게다가 온라인 마케팅 전략도 전혀 없었다. 우리가 찾아볼 수 있는 마케팅 비용이라고는 회계 보고서에 적힌 5만 달러 미만의 소액 광고비밖에는 없었고, 단 한 명의 직원이 제품 리뷰와 언론을 담당하며 수많은 다른 일을 병행하고 있었다.

그의 사업은 완전히 입소문의 힘으로 운영되었고, 이는 그 제품의 놀라운 품질을 보여주는 증거였다. 알고 보니 전 세계 160개 국가에서 수천 명이 참가하는 세계 에어로프레스 챔피언십 대회가 열리고 있으며, 에어로프레스 레시피와 기술을 거래하는 온라인 포럼도 있고, 심지어 에어로프레스 문신을 새긴 사람도 많았다. 이것이야말로 진정한 고객 충성도였다. 크리스와 나는 우리가 전에 본 적 없는 해자를 발견했다는 걸 깨달았다. 수십 년 이상 지속될 수 있는 사업이었다. 더 깊이 조사하면서 에어로프레스는 이미 사람들이 커피를 내리는 주요한 여덟 가지 방식 가운데 하나로 자리 잡았다는 사실도 알게 되었다. 이 기술은 특허로 보호받고 있었지만 특허 여부와 상관없이 사람들이 검색하는 단어는 '프레스press 커피 메이커'가 아니었다. 대신 그들은 친구에게 들은 '에어로프레스'라는 키워드로 검색할 것이었다.

크리넥스처럼 에어로프레스는 일반명사가 되었다. 비록 누군가가 똑같은 것을 만들어 판매해도 사람들은 여전히 복제품보다 에어로프레스를 선택하고 싶어 할 것이다. 애드빌, 타이레놀, 코카콜라와 비슷하다고 보면 된다. 그게 전부가 아니었다. 그 기계는 실제로 건강에도 좋고 중독성 있는 제품인 커피를 만들어낸다. 나는 마치 처음으로 코카콜라의 연례 보고서를 읽고 '전 세계 사람들에게 코카콜라를 사주고 싶다'고 느낀 거물 투자자가 된 기분이었다.

크리스와 나는 다시 계산해 보았다. 만약 우리가 온라인 판매를 증가시키고 새로운 고객을 발굴할 수 있다면 애들러가 제시한 그 터무니없는 숫자는 어쩌면 그리 터무니없는 것이 아닐지도 몰랐다. 크리스와 나는 애들러의 사무실에서 그를 바라보면서 둘 다 분명히 그런 생각을 하고 있었고, 애들러는 아마도 우리가 겁먹고 떨어져 나갈 거라고 예상했을 것이다. 그러나 나는 애들러를 바라보며 자신감 있는 미소를 지으며 말했다.

"그 가격에 사겠습니다."

애들러는 말문이 막혔다. 그는 우리가 미쳤다고 생각하는 듯했지만, 우리는 에어로프레스의 가능성을 믿었다. 그것은 드리블을 인수한 경험에서 나온 자신감이었다. 드리블을 인수한 지 5년도 채 안 됐지만, 이미 여섯 배로 성장했다. 이 창조적인 사이트는 약간의 마케팅 노력과 요령 덕분에 거대한 플랫폼으로 발전했다. 열광적인 추종자를 가진 커피 메이커가 같은 기간 동안 어떤 결과를 낼지는 너무나 뻔했다.

우리는 부자가 되기 위해 멋진 스타트업 아이디어를 생각해 내야 할 필요가 없다는 사실을 깨달았다. 문제가 많은 사업체를 사서 어떻게 고칠지 고민할 필요도 없었다. 당신이 믿고 사랑할 수 있는 무언가를 찾아서 그걸 살짝 개선하는 것만으로도 충분했다.

몇 달 후, 우리는 거래를 체결하고 애들러에게 7,000만 달러를 송금했다. 그에게는 인생을 바꾸는 승리였지만 우리에게도 게임 체인저가 되었다. 우리는 새로운 투자 방법을 발견했다는 것을 깨달았다. 그리고 이제 막 그 여정을 시작했을 뿐이었다.

실제로 우리의 예측과 간단한 계산은 예상보다 더 나은 결과를 보여주었다. 에어로프레스를 인수한 뒤 2년 동안 우리는 온라인 판매를 500퍼센트 성장시켰다. 드리블도 계속 성장했고 우리가 인수한 모든 회사 역시 성장했다.

몇 달 후 나는 트레판타스티코 카페에서 크리스와 마주 앉았다. 늘 그랬듯 단골 자리에서 익숙한 샌드위치를 먹으며 말이다. 그 순간 나는 깨달았다. 10년 만에 처음으로 색다른 문제를 마주하고 있다는 것을.

나는 할 일이 없었다.

14장
상처는 깊어도
치명상은 아니다

NEVER ENOUGH

모든 창립자는 10억 달러짜리 거대 기업을 만들고
모든 걸 이루는 순간을 꿈꾼다.
그러나 아이러니하게도 이를 달성하면
맨 처음으로 다시 돌아가고 싶어 한다.
결국 시작할 때가 가장 좋은 법이다.

나는 아디론댁Adirondack 의자에 앉아 따뜻한 모래 속에 발을 집어넣은 채, 눈앞에 펼쳐진 호수에서 불어오는 바람을 즐기고 있었다. 고목의 투박한 향기와 젖은 이끼, 솔잎에서 나는 흙냄새 등 자연의 냄새를 들이마셨다. 두 아들은 모래밭에서 놀고 있었다. 이제 두 살과 네 살인 그들은 호수에서 진흙을 조금씩 양동이에 담아와 내가 파놓은 구멍 안을 채웠다. 시간이 천천히 흐르다 거의 멈춘 듯한 그 순간에 나는 자연 속에서 행복을 느꼈어야 했다. 주위 환경과 하나가 되고 수도사처럼 명상에 잠겼어야 했다.

하지만 문득 어떤 생각이 떠올랐다. 내가 소유한 회사 중 하나에서 일하는 디자이너가 만든 이메일 뉴스레터에 여백이 더 필요하다는 생각이 들었다.

우리가 더 많은 회사를 인수해서 그 회사를 사랑할수록 나는 더 많이 관여하고 싶어졌다. 때로는 너무 심하게 참견했다. 온라인 마케팅 캠페인을 제안하는 것으로는 부족했다. 직접 내 손으로 하고 싶었고 카피 작업과 디자인 작업에 깊게 관여하고 싶었다. 심지어 회의에 참석하지 않을 때도 그들의 프레젠테이션 자료와 회의 안건에 대한 피드백을 자세하게 보냈다. 나는 새 CEO와도 종종 만났지만 디자이너에게도 슬랙 메시지를 보냈다.

"홈페이지에 이 색상을 사용하는 것에 대해 생각해 봤어요?", "그 폰트는 아닌 것 같은데", "로고가 좀 작지 않아요?"

당연히 모두가 내 피드백을 듣고 혼란스러워했다. 나는 그들의 상사의 '상사'였기 때문에 그들은 반박할 수 없다고 생각했다. 그들의 아이디어가 더 나을 때마저 내 말을 거스르지 못했다.

내가 원하는 것(내 시간에 맞춰 투자할 자유)을 얻은 그 시점에서 나는 메타랩 초기 시절, 몇 안 되는 직원과 함께 컴퓨터로 이것저것 시험해 보던 시절을 회상했다.

그때 막 경력을 시작한 젊은 기업가와 커피를 마신 적이 있었는데 그가 호기심 어린 표정으로 물었다.

"이렇게 큰 사업을 운영하는 기분이 어때요?"

나는 솔직하게 대답했다. "뒷마당에서 나무를 자르는 것을 좋아한다고 해봅시다. 당신은 재미로 또는 휴식을 취하기 위해, 아니면 몰입하기 위해 나무를 자릅니다. 그러던 어느 날 이웃이 담장을 넘어 고개를 삐죽 내밀더니 20달러를 줄 테니 나무를 잘라달라고 부탁합니다. 갑자기 당신이 사랑하던 일이 사업이 되어버리는 겁니다. 자신도 모르는 사이에 당신은 이웃들을 위해 나무를 자르는 사람이 되었습니다. 그리고 트럭을 사서 방문판매를 시작합니다. 당신과 몇몇 친구들이 나란히 나무를 자르며 야외에서 일합니다. 사업은 성장하고, 또 성장합니다. 그리고 10년 후 정신을 차려보니 당신은 여러 개의 제재소 상단에 위치한 사방이 유리로 된 작은 사무실에 앉아 있습니다. 아래를 내려다보니 산업 장비를 조작하는 수백 명의 근로자가 보입니다. 거대한 나무가 기계 안으로 들어가 잘려 나옵니다. 완전 자동이죠. 바로 그런 겁니다. 당신은 정장 차림으로 작은 사무실에 고립되어 있고 에어컨에서 나온 찬바람에 등을 식히고 있습니다. 도끼도 없고, 신선한 공기도 없고, 친구 같은 동료도 없죠. 그저 사무실에 앉아 혼자서 서류 작업을 하고 있습니다. 이렇게 큰 사업을 운영하는 것이 바로 그런 느낌입니다."

그는 낙담한 것 같았다. 그냥 그에게 좋다고만 말할걸 후회가 되었다. 언젠가 그가 스스로 깨닫게 해주었으면 좋았을 텐데.

실수할 자유를 허하라

모든 창립자는 10억 달러짜리 거대 기업을 만들고 모든 걸 이루는 순간을 꿈꾼다. 그러나 아이러니하게도 이를 달성하면 맨 처음으로 다시 돌아가고 싶어 한다. 결국 시작할 때가 가장 좋은 법이다. 만약 앞에 높인 엄청난 시련을 미리 알았다면 우리 대부분은 아예 도전조차 하지 않을 것이다. 결과보다는 과정이 더욱 소중하다.

나는 도쿄의 여든다섯 살 초밥 장인 지로 오노Jiro Ono에 대한 다큐멘터리 〈초밥 장인: 지로의 꿈Jiro Dreams of Sushi〉을 보면서 눈물을 훔쳤다. 나는 사업을 확장하는 데 주력했지만 그는 자신의 기술을 연마하는 데 평생을 바쳤다. 열 살 때부터 75년 넘게 자신이 만드는 초밥의 모든 면을 거의 광적으로 개선해 왔다. 그는 너무나 엄격해서, 제자들은 쌀 씻기나 문어 치대기(60분 정도는 해야 효과가 있다) 같은 허드렛일만 수년 동안 해야 겨우 생선을 만질 수 있었다. 밥을 짓는 것은 오직 지로와 그의 아들(벌써 수십 년째 훈련 중)만이 할 수 있었다. 그의 레스토랑은 소박했다. 도쿄 지하철역의 허름한 구석에 있으며 좌석은 달랑 10개에 불과하다. 그럼에도 그는 미슐랭 3스타를 받았다. 요리사에게는 최고의 영예다. 나와 달리 지로는 여전히 나무를 자르고 있었고, 그걸 극한까지 밀어붙였다. 나와 정반대인 이 접근 방식이 그에게 더 행복한 삶을 가져다주었는지 궁금했다.

하지만 그렇게 머물러 있을 수는 없었다. 현실적으로, 지금의 비즈니스 단계에서 나는 간섭을 자제하고 내가 관리하는 CEO들이 독립적으로 운영할 수 있도록 놔두어야 했다. 자유를 누리는 것은 좋았지만, 간섭하고 싶은 충동을 참기 어려웠다. 나는 다시 직접 뛰어들고 싶었다. 실무를 하던 때가 그리웠다.

간섭하는 것은 내 습관이었다. 회사를 운영할 때는 거의 모든 사안에 대해 뚜렷한 주관을 가져야 한다. 그렇지 않으면 계속해서 결정할 수 없다. 메타랩은 내 자식과 같은 존재였다. 이 회사에는 나의 취향과 선호, 목표가 그대로 녹아들어 있다. 하지만 이제는 물러서서 입을 다물어야 한다.

또한 사람들은 자신의 아이디어가 아닌 일을 별로 좋아하지 않는다는 걸 배웠다. 특히 무언가 익숙하지 않은 일을 해야 할 때 이를 끝까지 실행할 동기가 약해질 수밖에 없다. 결국 당신은 자신이 고용한 기수騎手(제대로 된 기수면 더 좋겠지만)를 받아들여야 하고, 그들이 말 위에 올라타 경주하게 놔둬야 한다. 당신은 말, 건초, 수의사 비용, 그리고 기타 말에게 필요한 모든 것을 지불해야 하지만 직접 말을 타는 것은 당신이 아니다.

이런 상황에서 사람 관리의 가장 어려운 부분은 기수에게 실수할 자유를 주어야 한다는 것이다. 이것은 상사의 '상사'가 되는 데 가장 힘든 일 중 하나였다. 그리고 나는 이 교훈을 아주 힘들게 배워야 했다.

우리가 소중하게 여기는 사업 중 하나를 인수한 지 1년 정도 지난 후 그 회사의 CEO가 우리를 찾아왔다. 그는 고급 맞춤형 인재선발white glove recruiting에 초점을 맞춘 새로운 사업을 하고 싶다며 약 200만 달러가 필요하다고 했다. 크리스와 내가 들어보니 전혀 말이 되지 않았다. 그 CEO에게는 이미 수익성이 좋은 사업이 있었는데도 고객이 한 번만 비용을 지불하는 업계인 헤드헌팅 사업에 뛰어들려고 했다(한 번 인재를 선발하고 나면 채용업체는 더 이상 필요하지 않다). 이 산업에서 수익은 채용이 일어날 때만 발생한다. 더 안 좋은 점은, 채용 담당자 한 명이 상대할 수 있는 고객 수에 한계가 있으므로 직원을 더 고용해야 했다.

CEO에게 내 우려를 전달했다. 걱정되는 부분을 설명할수록 그는 점점 더 방어적으로 되었다. 내 비판이 오히려 역효과를 내면서 그는 자기 아이디어를 더욱 고집했다.

"이것이 올바른 일인지 확신하지 못하겠습니다. 투자하기에 적절한 분야가 아닌 것 같은데, 원한다면 우리 의견과 상관없이 해보기 바랍니다."라고 말했다. "당신을 지원하겠지만 나는 아직 이 사업에 의구심이 있습니다."

"걱정 마세요. 저는 100퍼센트 확신합니다."라고 그는 단호하게 말했다. "정말 열심히 할 겁니다."

비록 실패가 눈에 확연히 보여도 그의 아이디어를 막으면 그가 나를 원망하리라는 것은 불을 보듯 뻔했다. 그리고 그가 목표나 주요 지표를 달성하지 못하면 항상 "앤드루 때문에 그랬다."라는 이야기가 나올 것이다. 그게 내 잘못이고 그래서 달성하지 못했다고 말이다.

그래서 나는 그에게 한번 진행해 보라고 했다. 물론 그가 실패하기를 바라지는 않지만, 스스로 하고 싶은 대로 했다가 실패할 자유도 주어야 했다. 물론 이 결정으로 회사가 망하지는 않을 것이며 다만 당분간 손익이 좋지는 않을 것이다.

예상대로 그 프로젝트는 실패했다. 어려움을 겪다가 결국 사라지는 과정에서 우리는 100만 달러 이상이 날아가는 걸 지켜보았다. 이는 내가 몸소 겪은 뼈아픈 교훈이었다. 하지만 이 CEO가 직접 깨닫는 것이 무엇보다 중요했다. 그리고 그 이후 우리는 아무 말도 하지 않았지만, 그는 스스로 변하기 시작했다.

성장하는 회사를 만드는 기술

크리스와 나는 이러한 모든 교훈을 바탕으로 수많은 사업을 운영하는 방법을 배웠다. 아이러니하게도 아무것도 관여하지 않는 것이 회사를 운영하는 방법이었다. 내가 간섭했던 일이 잘 안되어

100만 달러를 허공에 날린 후, 우리는 꽤나 단순한 관리 철학을 수립했는데 간략히 말하면 다음과 같다.

'치명상은 안 되지만, 가벼운 상처는 허용한다.'

우리의 궁극적인 목표는 CEO들이 합리적인 방식으로 비즈니스를 자유롭게 관리할 수 있도록 하면서, 우리 자신은 거의 불필요한 존재가 되는 것이었다. 우리는 CEO들이 큰 도전을 할 수 있는 자유를 주고, 비록 금전적 손실이 따르더라도 그들이 실수를 통해 배우도록 했다. 우리는 이러한 실수가 시간이 지남에 따라 CEO들을 더 뛰어난 경영자로 만들어줄 거라고 믿었다. 다행히 그들의 아이디어가 성공한다면 그것은 사업 성장으로 이어질 테니 우리 모두에게 이익을 가져다줄 것이다. 반면에 실패하더라도 미래의 현명한 결정에 도움이 되니 소중한 흉터라고 할 수 있다.

물론 그렇다고 우리가 소유한 회사의 CEO들이 원하는 것은 무엇이든 할 수 있다는 뜻은 아니다. 브라이언을 통해서 신뢰는 시간을 두고 쌓아 나가는 것이지 단순히 카리스마나 이력서, 또는 겉모습만 보고 신뢰해서는 안 된다는 것을 처절하게 배웠다.

우리 CEO 중 누군가가 치명상으로 이어질 수도 있는 사업을 제안할 가능성이 조금이라도 있다면, 크리스와 나는 그에게 주저 없이 개입했다. 그것이 그를 기분 나쁘게 하더라도 상관없었다.

CEO에게 실패할 자유를 주는 데서 얻는 또 다른 장점은(그들이 실패로부터 배운다는 가정하에) 크리스와 내가 더 많은 회사를 인수할 수 있는 여유가 생긴다는 점이다. 누군가의 이메일 디자인에 간섭하지 않으면, 좋은 기회를 찾는 데 더 많은 시간을 할애할 수 있다.

찰리 멍거와 워런 버핏 덕분에 저평가된 기업(우리의 경우는 소셜 네트워크 회사, 커피 머신 제조 회사, 소프트웨어 회사 등)을 인수할 수 있었기 때문에 그들을 기리기 위한 청동 흉상을 만들어 우리 사무실 벽난로 위에 놓기로 했다.

사무실 거실에 앉아 세일리시해를 바라보며, 크리스와 나는 우리가 인수할 수 있는 다른 회사들에 관해 이야기했고 각 회사의 장단점을 정리했다. 그러자 벽난로 위의 워런 버핏과 찰리 멍거의 청동 흉상이 우리를 바라보는 듯했다.

그 당시 우리는 2,000킬로미터 떨어진 로스앤젤레스의 따뜻한 여름날에 진짜 찰리 멍거가 거실에 앉아 친구들과 함께 자신의 회사 중 하나가 겪고 있는 중대한 문제에 관해 이야기하고 있다는 사실을 전혀 알지 못했다. 그 자리에서 한 친구가 캐나다 빅토리아에 있는 두 사람과 이야기해 보라고 제안한 사실 역시 몰랐다.

"아, 그래?" 멍거가 그 친구에게 물었다. "그들이 누구지?"

"앤드루와 크리스라고 하는데 아주 똑똑한 친구들입니다. 그들은 '타이니'라는 꽤 성공적인 회사를 운영하고 있어요."

15장
허영심이 만든 돈의 모닥불

NEVER ENOUGH

내 주변의 모든 것이 무너지는 것처럼 보였다.
하지만 그것은 돈으로도 치유하지 못했다.
오히려 돈은 그런 상황을 더 악화시켰다.
나는 고통스러운 딜레마에 빠졌지만
아무도 나를 동정하지 않았고 그럴 이유도 없었다.
누구도 도로 위에 반짝이는 고급 스포츠카에 앉아
생각에 잠긴 채 한가롭게
허공을 바라보는 청년을 걱정하지 않았다.

커피를 내려다보면서 빨리 마시고 뇌를 깨워야겠다는 생각이 들었다. 다음 날 할 일을 생각하며 밤새 뒤척이느라 잠을 제대로 못 잤다. 일찍 잠에서 깼지만 다시 잠이 오질 않아 뒷마당에 나가 바다 위로 떠오르는 일출을 보기로 했다. 거기서 보는 풍경은 마치 커다란 캔버스에 그린 수채화 같았다. 나는 집 뒤의 해변이 정말 마음에 들었다. 그곳에서 아이들과 함께 여름 저녁을 모래사장에서 뛰놀며 보내기도 했다. 그 해변은 깨끗하고 호젓한 곳으로 보트를 타거나 울퉁불퉁한 바위를 1킬로미터는 걸어야만 접근할 수 있었다.

문을 열고 돌이 깔린 야외 마당으로 나가려던 찰나 나는 그만 얼어붙고 말았다. 해변 한가운데에 웬 커다란 남자가 서 있는 것이 아닌가. 그와 나 사이는 7~8미터밖에 되지 않았다. 나이는 서른쯤 되어 보였고 어두운색의 두건을 쓰고 간단한 민소매 옷을 입고 있었다. 그는 나를 똑바로 쳐다보고 있었다. 그가 누구인지 어떻게 여기에 왔는지 전혀 알 수 없었다. 나는 "저기요! 무슨 일인가요?"라고 소리쳤다.

그는 내게 잘 들리도록 양손을 입 주위에 모아 이렇게 말했다.

"당신에게 꼭 말하고 싶은 아이디어가 있어요. 아침 내내 여기서 기다렸답니다." 그러면서 활짝 웃으며 나를 뚫어지게 쳐다보았다.

나는 심장이 뛰기 시작했다. 그는 분명히 숲에서 길을 잃은 등산객이나, 보트를 타다 물에 빠진 사람이 아니었다.

"어떤 아이디어인지 말씀해 주실 수 있나요?" 내가 조심스럽게 물었다.

"세상을 바꿀 사업을 시작하려고 합니다. 당신의 팟캐스트를 들었고, 우리가 꼭 만나야 한다고 생각했어요."

나는 "와우!"라고 외치며 한 걸음 물러섰다. "정말 고마워요."라고 말하면서 마음속으로는 집으로 뛰어가는 데 얼마나 걸릴지 계산했다. "사실, 아침 커피를 마시려던 참이었어요."라고 말하며 뒷문을 잠그는 데 걸리는 시간을 생각했다. "이렇게 집에 오시지 말고, 우선 이메일을 주세요!" 나는 뒷걸음질하며 말했다.

"이메일 주소를 알려줄 수 있나요?" 그가 물었다.

나는 철자를 하나하나씩 불러가며 그에게 이메일 주소를 알려주었다. 그리고 "닷컴."이라고 외치는 동시에 안으로 들어가 재빠르게 문을 잠갔다. 각 층을 돌아다니며 모든 외부 문이 잠겨 있는지 확인했다. 창문 너머로 그가 여전히 해변에 서 있는 모습이 보였다. 그러다 바위 사이로 올라가더니 사라졌다.

그날 저녁 내가 겪었던 일을 머릿속으로 떠올리며 약간 긴장한 상태로 누워 있었다. 그는 정신적으로 불안정한 사람일까? 폭력적인 사람은 아니었을까? 만약 내 아이들이 집에 있었다면 어땠을까? 나는 이런 사태에 전혀 준비되어 있지 않다는 걸 깨달았다. 문을 잠그지 않거나 보안 시스템을 켜지 않은 적이 많았다. 그런 생각을 하며 불안하게 누워 있던 중 내 전화에서 '딩' 소리가 나며 이메일이 왔다고 알렸다.

그 사람의 이메일이었다. 이메일을 훑어보니 그의 아이디어가 아주 허황한 이야기는 아니어서 일단 마음이 놓였다. 그는 단순히 너무 기대에 차서 흥분한 것뿐이었을까? 단지 기업가의 열정과 행동이 극단으로 나타난 것이었을까? 내가 전에 드리블의 친구들을 계속 귀찮게 하던 기억이 났다. 나는 안도의 한숨을 내쉬었다.

다음 날 아침, 운전석 옆의 컵 홀더에 커피를 놓고 주차장 게이트를 열기 위해 리모컨을 클릭했다. 그런데 게이트 바로 뒤쪽 진출입로 한가운데에 그 남자가 서 있었다. 그는 눈을 커다랗게 뜬 채 주먹을 꽉 쥐고 있었다. 나는 잘못하면 칼에 찔릴 수도 있다고 생각하며 두근거리는 마음으로 창문을 내렸다.

"죄송하지만, 집에 오지 말라고 했잖아요? 지금 당장 나가요!"

"내 이메일에 왜 답 안 했어요?" 그는 나를 노려보며 내 차 쪽으로 다가오기 시작했다.

나는 가속페달을 힘껏 밟고 큰길로 빠져나갔다. 심장은 미친 듯이 뛰었고, 머릿속엔 오직 한 가지 생각만 맴돌았다. 대체 이게 무슨 일이지?

그 남자는 결국 떠났지만 그건 일련의 불안한 사건들의 시작에 불과했다. 그 직후 누군가가 내 집에 침입했다(다행히 집에는 아무도 없었다). 그다음 정신분열증 치료를 제대로 받지 못해 현실과 단절된 한 젊은 남자가 우리 사무실에 난입해 미출시 애플 제품에 대한 정보를 요구하며 우리를 협박했다. 그는 우리에게 정보가 있을 거라고 확신했지만 사실 그런 정보는 없었다. 가장 불안한 소식은 어떤 현상 수배범이 별로 받고 싶지 않은 '긴급한 개인 메시지'가 있다면서 내가 잘 가는 카페와 레스토랑이 어디인지 캐묻고 다닌다는 것이었다. 이러한 사건들에 불안감을 느낀 나는 24시간 경비서비스, 경비견 그리고 다양한 안전 조치에 투자했다.

놀랍게도 유명한 억만장자 친구와 비교하면 이런 경험은 거의 애교 수준이었다. 그는 유괴당할 뻔하다 살아난 후, 집의 최상층을 완벽하게 봉인하는 정교한 금속 방어막을 설치했으며 매일 밤 이 방어벽을 작동시켜 요새와 같은 은둔처를 만든 다음 침실의 강화 강철 문을 잠그고 그 안에서 잔다고 했다. 물론 이게 이상적인 잠자리 습관이라고 보기는 어려웠다.

이제 나도 이런 것들에 대해 생각해야 할 때가 된 것 같았다.

가질수록 빼앗기는 것들

이게 바로 '성공했다'는 느낌인가? 그 누구도 부자가 되면 이런 일도 있다고 말해 주지 않았다. 갑자기 모든 사람이 좋든 나쁘든 나에게 뭔가를 원하는 것처럼 느껴졌다. 어떤 사람들은 끝내주는 사업 기회가 있다거나 VIP 행사가 열린다며 내게 접근했다. 자기의 정신적 문제로 인해 나를 그들의 환상 속으로 끌어들이는 사람도 있었다. 이것이 내가 마주한 새로운 현실이었다. 나는 이 상황을 어떻게 받아들여야 할지 몰랐다.

이 일로 한 부자 친구에게 전화하자 그는 이렇게 대답했다.

"나도 그런 시기를 겪었어. 돈은 스트레스와 미친 사람들을 불러오게 마련이야. 어쩌겠어? 이건 우리가 치러야 할 대가야. 원래 모난 돌이 정을 맞게 마련이야. 대신 넌 30대에 부자가 되었으니, 무엇이든 할 수 있어." 그의 말이 귓속에 맴돌았다. "그만 불평하고 돈을 좀 써봐. 재미있는 일이 많잖아?"

그의 말은 내게 필요한 용기를 주었고 모든 복잡함과 위험이 있는 이 새로운 삶이 여전히 놀라운 기회로 가득한 놀이터라는 사실을 상기시켜 주었다. 왜 부유함에 따르는 문제들 때문에 그 혜택을 즐기는 것을 포기해야 한단 말인가? 나는 사고를 전환하기로 했다. 부는 삶을 더 복잡하게 만들긴 하지만, 동시에 더 많은 즐거움의 장을 열어주기도 했다. 만약 부자가 되는 것의 한 측면이 개인의 안전과 원치 않는 관심에 대한 우려라면, 그 반대편은 그 부가 제공할 수 있는 기회를 받아들이는 것이라고 생각했다.

나는 매우 부유한 친구들에게 돈을 어디에 어떻게 쓰는지 물어보기 시작했고, 곧 부자들은 일반적인 것들을 사지 않는다는 것을 알게 되었다.

한 벤처 자본가가 나에게 꼭 가봐야 할 식당 한 곳을 추천해 주었는데, 그곳에서는 셰프들이 1인당 몇만 달러짜리 개인 맞춤형 메뉴를 만든다고 했다(나는 이곳은 패스하기로 했다). 사업상 거래 중 만난 한 은행가는 수백만 달러의 보증금을 내면 스페이스X 로켓의 좌석 하나를 예약할 수 있다록 귀띔했다(나는 '예정에 없던 빠른 분해'의 일부가 될 수 있다는 생각에 썩 내키지 않았다). 나와 이야기했던 한 부동산 부호는 윙슈트를 입고 높은 곳에서 한번 뛰어보면 짜릿할 거라고 했다 (나는 다윈상Darwin award[1]을 받고 싶지 않다).

그런데 한 가지는 공통적으로 화제가 되었다. 어떤 이유에서인지 부자들은 배를 정말 좋아한다. 아파트 건물만큼 크면서 자체 운영 인원을 갖춘 크고 화려한 요트들이다. 금액도 엄청났다. 거대한 저택이 보통 2,000만 달러에서 1억 달러 정도 하지만 슈퍼요트는 그것보다 훨씬 비싸 5억 달러에 달하는 것도 있었다. 내가 보기에 궁극적인 부의 상징은 헬기 착륙장과 수영장 그리고 테니스 코트를 보유한 가장 크고 비싼 요트를 갖는 것이었다.

얼핏 보면 이것은 미친 짓처럼 보였지만 나는 부자들이 왜 그렇게 열광하는지 알아보기로 했다. 친구 10명을 모아 요트를 전세 내서 데솔레이션 해협Desolation Sound에 가기로 계획을 세웠다. 이 해협은 브리티시 컬럼비아의 험준한 해안선을 따라 펼쳐지는 고요하고 아름다운 수로로, 잔잔한 만과 태고의 상록수, 그리고 수정처럼 맑은 물로 유명한 곳이었다.

우리는 설레는 마음으로 아름다운 해안선을 비행하는 수상 비행기를 타고 날아가 어딘지 모르는 곳에 착륙했다. 날카로운 바위와 바다 갈매기, 푸른 하늘이 시야에 확 펼쳐졌고 바다 냄새와 편백나무 냄새가 났다.

우리는 요트로 가는 작은 배인 텐더 보트에 탑승했다. 요트가 가

---

1 멍청한 행동을 하다 사망하거나 생식능력을 상실한 사람에게 주는 상.

까워지자 그곳 승무원들이 열정적으로 우리에게 손을 흔드는 것이 보였다. 그들은 우리가 최고급 휴가를 즐길 수 있도록 모든 것을 보장하겠다는 서비스 정신으로 철저히 무장하고 있었다.

요트를 둘러보면서 우리는 감탄하지 않을 수 없었다. 배는 말 그대로 물 위에 떠 있는 궁전이었다. 30미터가 넘는 선체는 금속과 유리로 만든 조각품 같았으며 실크와 다듬어진 티크목재로 꾸며진 넓은 침실이 6개나 있었다. 우리의 시중을 들기 위해 10명의 승무원이 바쁘게 돌아다녔다. 거품이 일어나는 온수 욕조, 편백나무 사우나, 힘 좋은 제트 스키 등이 준비되어 있었고, 바에는 온갖 음료가 가득했다. 리츠칼튼 호텔보다도 화려했다.

객실에 짐을 풀고 나니 사람들이 왜 그렇게 요트에 열광하는지 알 것 같았다. 그건 마치 세계에서 가장 아름다운 곳에 띄워놓은 전용 별장 같았고, 사방으로 펼쳐진 풍경이 압도적이었다. 그날 저녁 우리는 배의 뒤쪽에 있는 테이블에서 특별한 만찬을 먹었다. 직원들은 정성 들여 조개로 'WELCOME(환영합니다)'이라는 글자를 만들어 보였다. 분명 성가신 일이었겠지만 그런 티를 내지 않았다. 우리는 샴페인 잔을 부딪치며 데솔레이션 해협 위로 해가 지는 모습을 바라보았다. 우리는 한 여직원에게서 탐험가 조지 밴쿠버George Vancouver 선장이 비 내리는 겨울에 이곳을 방문하면서 이 음울한 이름이 붙여졌다는 이야기를 들었다. 또 다른 설에 따르면 외부 방문자들을 오지 않게 하려고 현지인들이 의도적으로 붙인 이름이라고 했다. 우리는 잔을 들며 "맞아! 맞아!"라고 외쳤다.

그때 신선한 베리와 바닐라 빈 젤라토를 얹은 몰튼 라바 케이크가 디저트로 나왔다. 나는 그제야 모든 걸 이해했다.

"사람들이 요트를 좋아하는 이유를 이제야 알겠어."

다음 날도 같은 자리에서 식사하며 직원들의 완벽한 서비스를 받았다. 우리는 만족스러워하며 건배를 나눴다. 그리고 그다음 날에도 건배했다. 시간이 지나면서 초반의 흥분은 점차 희미해졌다.

단지 같은 장소에 계속 머물러서 그런 것만은 아니었다. 우리가 배에 있다는 사실 자체도 영향을 미쳤다. 모든 것이 부드럽게 좌우로 흔들렸고, 침대 밑에서 전화기가 진동하는 것처럼 계속해서 낮게 웅웅대는 엔진 소리가 들렸다. 그리고 모든 것이 배에 맞는 크기였다. 좁은 복도, 낮은 천장, 심하게 가파른 계단. 방은 분명히 괜찮았다……, 배에 있는 방치고는. 좋은 호텔 방보다 좁으면서 가격은 스무 배나 더 비쌌다.

아름답기는 하지만, 나는 바다 위에서 고립된 느낌이 들었다. 호텔에 머물 때는 바에 내려가서 이런저런 사람들을 만나고, 주위를 산책하면서 여기저기 둘러보는 걸 좋아했다. 솔직히 말해서, 나는 호화 요트가 슈퍼 리치들에게는 통할 수 있다고 생각했다. 사회와 완벽히 분리된 채 오직 가족, 친구, 그리고 비밀 유지 계약에 묶인 긴장한 승무원들만이 함께하는 공간이었다. 나는 모든 게 아주 낯설었다.

마침내 일주일의 마지막 날, 수상 비행기를 타기 위해 텐더 보트로 이동하면서 직원들에게 기쁜 마음으로 손을 흔들었다. 빨리 육지로 돌아가고 싶은 마음밖에 없었다.

며칠 후 점심을 먹으면서 친구에게 그 여행에 관해 이야기하다가 그게 정말 어떤 느낌인지 비로소 알게 됐다.

"정말, 정말, 정말 고급스럽고, 엄청나게 비싼 물 위의 캠핑카 같아. 바다 한가운데에 혼자 떠 있는 거지."

내 말을 오해하지 말기 바란다. 그것은 물 위에 떠 있는 거대하고 아름다운 캠핑카다. 새로운 경험이자 그 자체로 아름다움이 있다.

하지만 청구서를 보니 식은땀이 났다. 단 7일간 요트에 있었던 대가로 나는 성공적인 변호사가 1년 동안 벌 수 있는 금액을 썼다. 그건 완전한 고립에 대한 대가였다. 이런 형태의 격리감을 위해 억만장자들은 큰돈을 지불하는 거였다. 친구들과 함께 최고급 호텔에 가서 즐기는 데 드는 비용의 스무 배나 되는 금액을 보니, 나는 나 자신이 혐오스러워졌다.

요트 생활은 나와 맞지 않았지만, 이제 나도 '성공했다'고 느끼면서 다른 사치들을 실험해 보기 시작했다. 그리고 그중 일부에는 실제로 빠져들기도 했다. 크리스도 마찬가지였다.

우리는 바다가 보이는 곳에 새로 사무실을 구했다. 스포츠카를 샀고(나는 포르쉐 911 터보로 업그레이드했고, 크리스는 오래된 폭스바겐을 알파 로메오로 교체했다) 몇백 제곱미터의 참나무 바닥과 수제 가구를 갖춘 꿈의 집을 짓기 시작했다. 운동실, 게임룸, 작은 영화관, 엄청나게 비싼 맞춤 가구 등을 포함해서 상상할 수 있는 모든 편의시설을 갖춘 저택이었다. 그리고 곧이어 두 채의 집을 더 샀다. 호숫가의 대저택과 밴쿠버 시내에 자리한 펜트하우스였다. 나는 여전히 생활비에 수입의 10퍼센트 이상 사용하지 않겠다는 규칙을 따르고 있었지만, 사실 그 10퍼센트도 엄청난 돈이었다.

이상한 것은, 내가 사업을 시작한 지 얼마 안 되어 몇천 달러로도 성공했다고 느끼며 구매했던 신상 TV나 오디오 시스템, 비디오게임과 마찬가지로 이전에는 엄청나게 느껴졌던 것들이 곧 의미가 없어졌다는 점이다. 아무 고민 없이 새 차를 사거나 심지어 새집을 구매할 수 있게 되니 나는 허전하면서 찝찝한 기분이 들었다. 그건 마치 열심히 노력해서 올림픽 금메달을 따는 게 아니라 전자상거래 사이트 이베이에서 그냥 돈을 주고 금메달을 사는 것 같은 느낌이었다.

게다가 나는 이러한 생활 수준의 업그레이드가 내 삶을 개선하지 못한다는 사실을 발견했다. 사실, 그것들은 빠르게 그 반대로 작용해서 **내 일상적인 행복을 오히려 방해했다**. 나는 곧 그런 자산들이 유지 관리에 대한 결정, 그리고 배치 문제로 어쩔 줄 몰랐고, 죄책감에도 시달렸다. 내 휴대전화는 미술품, 집, 자동차 그리고 기타 모든 것을 관리하는 직원들이 던지는 질문들로 끊임없이 울려댔다.

"앤드루 대표님, 호수 집에 지붕을 새로 해야 할 것 같은데요."

"정원사들이 잔디를 다시 심어야 한다네요."

"데크가 갈라져서 교체해야 합니다."

"바닥을 새로 깔아야 할 것 같습니다."

내 삶은 결국…… 내 삶을 돌보는 데 소모되고 있었다.

가장 고약한 부분은 내가 가진 집들이 대부분의 시간 동안 비어 있다는 점이다. 나도, 내 가족도, 친구들조차도 이러한 사치스러운 집을 즐기지 못했다. 나는 단지 소유하기 위해 열심히 이 자산들을 유지하는 셈이었다. 그것은 내 두 번째 직업이 되었다. 그리고 가장 나쁜 점은 내가 그 괴물을 먹여 살리기 위해 더 많은 돈을 벌어야 한다는 압박감을 느낀다는 것이다.

이런 엄청난 생활 수준의 업그레이드와 관련해 또 다른 놀라운 사실이 있었다. 아무도 말해주지 않는 점은 화려한 차를 몰거나 인스타그램에 멋진 집을 자랑한다고 해서 누구도 감명받지 않는다는 것이다. 내 친구인 작가 모건 하우절Morgan Housel은 이를 이렇게 표현했다.

"사람들은 '와, 이 사람 정말 대단하다!'라고 생각하지 않아요. 그들은 '저 집이 내 거였으면 얼마나 좋을까'라고 생각합니다."

그게 아니면 '대단한 관종 나셨네'라고 생각한다는 것이다.

인상적인 것들을 가진다고 해서 더 많은 친구를 사귈 수 있는 것도 아니었다. 적어도 내가 원하는 친구들은 아니었다. 사실, 나는 점점 더 고립되었다. 갈수록 예전 친구들만 만나게 되었다. 내 세상은 내가 돈을 벌기 전부터 나를 알고 신뢰하는 사람들로 좁아졌다.

그때 미디어가 나를 부정적으로 묘사하는 문제가 발생했다. 내가 고향에서 지역 뉴스 매체를 시작하자 나는 곧 지역 저널리즘을 지원하려던 본래의 의도와는 다르게 지역 언론을 통제하고 왜곡하려는 악덕 테크 기업주로 낙인찍혔다. 내가 정작 막으려고 했던 그 일을 오히려 저지르는 주체로 그려진 것이다. 이것은 소셜 미디어에서 큰 논란으로 번져 나갔고, 내 개인 주소가 온라인에 공개되며 "부자를 타도하자Eat the Rich!"라는 외침 속에 내 집을 습격하자는 소동으로 이어졌다. 선한 의도로 시작한 일이 결국 지옥으로 가는 길로 포장되고 있다는 기분이 들었고 다른 부자들과 마찬가지로 좋은 일에 기부하지 않는다는 이유로 비난받기 시작했다.

이 모든 일을 겪은 후, 나는 부에는 무거운 대가가 따른다는 것을 깨달았다. 개인 안전에 대한 위험, 인간관계를 멀어지게 하는 질투심, 지인들과의 불화, 그리고 내 의도를 오해한 사람들의 분노가 내 마음의 평화를 깨트렸다.

그리고 돈 자체가 주는 부담감도 있었다. 나는 순자산이 계속 증가함에 따라 자산 관리를 해주는 '패밀리 오피스'를 만들었다. 내 돈을 관리해 줄 팀을 꾸린 것이다. 그들의 임무는 내가 바보 같은 재무적 결정을 해서 모든 걸 잃지 않도록 해주는 것이다. (믿기 어렵겠지만 10억 달러를 완전히 날려버리는 것도 가능하며 실제로 그런 사람도 있었다. 전용 비행기와 포뮬러 1 경주차에 전 재산을 탕진해 버린 브라질 억만장자도 그중 한 명이다.)

나는 돈을 날리지 않기 위해 매우 조심했지만, 지출이 많다는 것은 확실했다. 어느 날 오후에 뒷마당에 앉아 노트북으로 일하고 있었는데 내 패밀리 오피스를 운영하는 리안에게 전화가 왔다.

"대표님, 지출이 정말 터무니없이 커지고 있습니다. 계산해 보니 비워둔 집을 관리하느라 매일 최고급 호텔의 프레지덴셜 스위트룸 숙박 비용에 해당하는 금액을 지출하고 있더군요."

"아니 어떻게 그런 일이 발생할 수 있죠?" 너무 놀라서 대답했다.

"대표님이 좀 자제하셔야 할 것 같습니다."라며 리안은 집과 관련된 모든 비용을 나열했다.

실제로 사치를 누리고 즐긴다면 모르겠지만 나는 아무도(특히 나 자신조차) 살지 않는 빈집에 엄청난 금액을 지불하고 있었다. 게다가 한편에서는 몇십 년 만의 주택 부족 사태가 발생하는 시국에 내가 이런 일을 하고 있다는 사실에 더욱 기가 막혔다.

내가 어디에 지출하고 있는지를 살펴보면서 내 삶에 진정으로 변화를 가져온 것이 무엇인지 되돌아보았다. 전반적으로, 내가 구매한 거의 모든 것이 내 삶을 더 나쁘게 만들었다. 아름다운 호숫가의 집이 있고 멋진 차를 운전하는 것은 좋지만 나는 그것에 너무 빨리 적응해 버렸다. 사치스러운 것들이 얼마나 빨리 일상이 되어버리는지 놀라울 정도였다.

성공과 뒤바꾼 일상

사실 나를 행복하게 한 것은 보람 있는 순간들이었다. 공원에서 아들들을 그네에 태워 밀어주기. 오두막에서 호숫가의 일몰 감상하기. 오랜 친구들과 함께하는 즐거운 저녁 식사. 만만치 않은 상대와 벌이는 테니스 경기. 한편에서는 아이들이 웃고 뛰노는 가운데 차분하게 채소 기르기. 하지만 이러한 순간들은 점점 줄어들고 스트레스를 주는 문자, 화상회의 그리고 끝없는 이메일로 방해받고 있었다.

나는 수년간 일일 감사 일기를 작성해 왔다. 어느 날 밤 침대 옆 테이블에서 과거에 쓴 일기를 읽어보았다. 어떤 페이지를 보니 "카페 바닥을 청소하러 5시에 일어나지 않아도 돼서 감사합니다." 또는 "아무도 내게 이래라저래라 하지 않는 걸 고맙게 생각합니다."와 같은 메모들이 적혀 있었다. 나는 누군가의 부하 직원이 되어 그 사람의 일정에 맞춰 살아야 했던 기분을 기억한다. 나는 여전히 부모님의 잔소리를 듣기 싫어하는 어린아이였다(우리 모두 그런 아이인 건 아닐까?). 내게 최고의 사치는 그냥 내 기분에 따라 회의를 모두 취소하고 아이들과 놀 수 있는 능력이었다.

10년 동안 흥청망청 물건을 사들이고, 스포츠카와 대저택을 구입하기도 하며, 터무니없이 비싼 요트 여행 등을 체험한 후 나는 한 가지 근본적인 깨달음을 얻었다. 나의 궁극적인 목표는 시간에 얽매이지 **않고** 걱정에서 **해방되는** 것이었다. 하지만 아이러니하게도 비싼 장난감을 사고 관리하는 일이 내 시간을 빼앗고 걱정을 증대시켰다. 그것은 피로스의 승리Pyrrhic victory[2]였다. 승리라고 하기엔 그 대가가 너무 컸다.

진부하기는 하지만 오래된 격언은 하나도 틀린 게 없다.

"당신이 소유한 것들이 결국 당신을 소유한다."

이 모든 사치를 경험한 후, 나는 거의 모든 것을 줄여나갔다. 내가 그런 비싼 장난감들을 소유했던 것을 후회하지는 않는다. 그중 일부는 재미있었고 흥미로운 이야깃거리가 되는 경험을 주었지만, 결국 우리가 믿어온 것이 단지 하나의 거짓말이라는 걸 깨닫기 시작했다. 이는 매디슨 애비뉴의 광고 회사 사무실에서 어떤 임원들이 구상한 마케팅 계획에 불과하다. 당신이 TV 시리즈 〈부자와 유명인의 라이프 스타일Lifestyles of the Rich and Famous〉에서 보는 삶은 다른 평범한 사람들의 삶보다 나을 것이 없다.

---

2   이겼지만 많은 희생과 대가가 따르는 승리.

부자의 삶이 주는 압도적인 금전적 무게, 돈이 끌어들이는 비정상적인 사람들과 가짜 친구들, 수없이 챙겨야 할 세부 사항들, 복잡한 관리 등. 나는 내가 너무 멀리 왔다는 사실을 깨달았다.

게다가 내 결혼도 위태위태했다. 모든 말, 모든 행동이 마치 달걀 껍데기 위를 아슬아슬하게 걷는 것 같았다. 우리의 관계가 나빠지면서 곧 깨질 것만 같았다. 결혼 생활의 스트레스가 내 사업으로 인한 혼란과 얽히면서 피할 수 없는 재앙을 초래했다. 어느 날 통제할 수 없을 정도로 언쟁이 격화되는 가운데 '이혼'이라는 단어가 흘러나왔다. 그것은 마치 벽돌로 내리치는 듯한 충격이었고, 나는 시간이 지날수록 우리의 관계에 균열이 생기는 것을 느낄 수 있었다.

내 주변의 모든 것이 무너지는 것처럼 보였다. 하지만 그것은 돈으로도 치유하지 못했다. 오히려 돈은 그런 상황을 더 악화시켰다. 나는 고통스러운 딜레마에 빠졌지만 아무도 나를 동정하지 않았고 그럴 이유도 없었다. 누구도 도로 위에 반짝이는 고급 스포츠카에 앉아 생각에 잠긴 채 한가롭게 허공을 바라보는 청년을 걱정하지 않았다. 내가 고급 가죽 소파에 앉아 손에 리모컨을 쥐고 무엇을 볼지 고민하는 걸 신경 쓰는 사람은 아무도 없었다. 하지만 그것은 딜레마였다. 어린 시절 부모님이 끊임없이 돈 때문에 싸우던 성장 배경을 탓하고 싶지 않았다. 계단 꼭대기에 앉아 돈으로 모든 문제를 해결할 수 있다는 말을 반복해서 듣던 소년을 탓하고 싶지도 않았다.

더 나쁜 것은 지금 그렇게 외치는 사람이 바로 나 자신이라는 점이다. 홀리와 주방에서 또다시 고함을 치며 다투던 중 나는 아들이 계단 꼭대기에 앉아 우리의 싸움을 듣고 있는 모습을 상상했다. 나는 절대 과거를 되풀이하고 싶지 않았다. 그 순간 나는 우리의 결혼을 끝내야 한다는 것을 알았다.

내 개인적인 삶에서 이 힘든 시기를 끝내기로 결심하고, 내 경력에서 가장 큰 거래를 성사시키기 위한 다음 도전을 준비했다.

16장
작은 멍거 되기

NEVER ENOUGH

만약 당신이 대대손손 겨우 먹고사는
농부 집안 출신이지만 운과 타이밍을 잘 타고나
기계화 영농을 일구어 가난한 농부에서
백만장자가 되었다면, 당신의 아이들에게
땅을 갈고 뿌리채소를 재배하는 방법을
가르치는 것이 논리적일까?

몇 주가 몇 달로 바뀌고, 다시 몇 달이 몇 년으로 바뀌면서 크리스와 나는 적합한 사업체를 찾는 기술을 연마했을 뿐만 아니라 지난 10년 동안 배운 모든 것을 바탕으로 회사의 CEO를 육성하는 방법을 익히면서 투자 규모가 점점 더 커졌다.

그러던 중 난데없이 찰리 멍거에게서 전화가 왔다. 비즈니스 우상이었던 멍거가 우리를 만나고 싶다고 연락한 날은 내 비즈니스 인생에서 가장 중요한 날로 기록되었다. 그와 저녁 식사를 마치고 크리스와 나는 빅토리아로 돌아와 모든 중역을 투입하여 합병 서류 작성에 혼신의 힘을 기울였다.

그때 우리 사무실은 세일리시해의 조용한 해변 근처에 있는 베인스 해협의 낡은 1930년대 저택에 있었다. 명상 음악처럼 파도가 해안선에 부딪히는 소리와 만 주위에 울려 퍼지는 반복적인 갈매기 울음소리 덕분에 우리는 이 거래에 집중할 수 있었다.

내 사무실 창밖 풍경은 끊임없이 움직이는 그림엽서 같았다. 알루미늄 어선들이 천천히 지나가고, 산후안섬이 희미하게 수평선을 가르며 하늘과 바다를 나누고 있었다. 수많은 요트가 보이는 이 파노라마 풍경은 '살면서 가장 기쁜 날은 보트를 사는 날과 파는 날'이라는 사실을 상기시켜 주었다(몇 년 전에 충동적으로 요트를 구입했지만 곧바로 돈 먹는 하마라는 걸 깨닫고 손해를 보고 되팔았다).

수십 년의 비즈니스 경험을 통해 거래가 복잡해지는 것은 대부분 과시와 관료주의 때문임을 배웠다. 내가 즐겨 하는 말이 있다.

"모든 도시의 모든 공원을 뒤져보아라. 위원회의 동상은 찾을 수 없을 것이다."

직접 경험을 통해 나는 기업을 사거나 팔 때 위원회가 개입하면 며칠이면 될 일도 몇 달이 걸린다는 것을 알게 되었다. 한번은 사모펀드 투자자들이 우리 회사 중 하나를 사기 위한 결정을 하기 위해 위원회 위에 또 다른 위원회를 구성하는 것을 본 적이 있었다. 하지만 그들은 계약을 취소하고 몇 달 후에 핵심 조건을 재협상했는데 이는 우리에게서 모든 걸 짜내려는 속임수처럼 느껴졌다.

나는 구매자와 판매자, 또는 이번 거래처럼 합병하려는 당사자들은 사귈까 말까를 고민하는 커플과 다르지 않다고 믿게 되었다. 즉, 그들은 거의 즉시 쟁점이 무엇인지 그리고 거래가 잘될지 안 될지를 알 수 있다. 그러므로 나는 이 거래를 30일 이내에 마무리하고 싶었다.

먼저 멍거가 우리의 재무 상태를 보고 싶어 했으므로 회사의 재무 건전성에 대한 문서를 상세히 작성했다. 30개 이상의 회사로 구성된 포트폴리오에 대한 개요와 함께 쇼피파이 판매자를 위한 다양한 소프트웨어 회사로 구성된 위커머스WeCommerce라는 또 다른 지주

회사에 대해서도 강조했다. 빌 애크먼과 함께 픽셀 유니온을 재매수한 후 우리는 유사한 여러 회사를 인수해서 상장까지 시켰다. 또한 세인트루이스 호텔부터 테크 스타트업, 일론 머스크의 스페이스X까지 100여 개 이상의 다양한 회사에 소규모 투자를 했다.

멍거가 회사의 재무 상태를 검토하는 동안 우리는 협상 계약 초안을 작성하고 위임장 자료를 만들었으며 주주 승인 및 미국증권거래위원회 승인 획득과 같은 최종 단계를 추진하는 등 합병을 준비했다.

멍거 측과 거래와 관련된 문서를 주고받으면서 우리의 흥분은 점점 더 커져갔다. 우리는 마치 배드민턴 경기에서 셔틀콕이 된 듯한 기분이었고, 그 게임의 상대는 다름 아닌 찰리 멍거였다. 이 순간의 흥분은 모든 것을 압도했다. 멍거와의 거래가 가져다주는 아드레날린은 내가 이전에 경험했던 그 어떤 것보다 짜릿했다.

우리는 개인 회사였으므로 거의 모든 이익을 사업에 재투자했다. 이번 합병을 통해 현재 상장된 회사의 약 8억 달러에 달하는 주식을 확보함으로써 내 순자산을 유동자산으로 전환할 수 있을 뿐만 아니라, 기술 분야를 넘어 다른 분야로도 투자 범위를 넓힐 수 있게 되었다. 투자에는 바벨 전략barbell strategy[1] 이라는 것이 있다. 바벨의 한쪽에는 고위험 투자를 놓고, 다른 쪽에는 보수적인 투자를 두는 것이다. 예를 들어 데일리 저널 코퍼레이션은 수억 달러의 주식과 부동산을 보유하고 있는데 이는 내 바벨 전략을 보완하여 내가 상상했

---

1 중간 위험의 자산을 배제하고 위험자산과 안전자산 등 양극단에 놓인 자산을 서로 조합해 배분하는 투자 전략.

던 것보다 더 많은 안전성을 제공한다.

나는 곧 내게 쏠릴 대중의 시선에 대비했다. 상장회사의 CEO로서 경영계의 스포트라이트를 받을 것임을 알고 있었다. 특히 우리가 멍거와 지속적으로 연관될 것이기 때문에 더욱 그렇다. 나는 수익 보고서를 제출하고, 미디어 및 투자자들과 대화하며, 이사회 회의를 감독하고, 연례 회의에서 똑똑해 보이려고 애쓸 것이다. 이 모든 것들은 내가 이전에 한 번도 해본 적 없는 일이었다.

앞으로 다가올 미래에 대비해서 나는 크리스에게 이번 거래가 성사된 후 우리가 함께 일할 가능성이 있는 몇몇 투자가, 은행가 그리고 상장회사 CEO들과 미팅을 위해 함께 여행을 떠나자고 제안했다. 이들은 우리가 새로 상장한 주식에 투자할 수도 있는 사람들이었다. 무엇보다도 우리가 경영권을 인수했을 때 무엇을 얻을 수 있는지에 대해 이 비즈니스 리더들에게서 귀중한 인사이트를 얻을 수 있을 것으로 기대했다. 우리는 비행기를 타고 여행을 떠나면서 앞으로 배울 모든 것에 대한 기대감으로 들떴다.

'누가 더 많이 가졌나' 게임 속 사람들

처음 도착한 곳은 시애틀 데니 블레인 지역에 있는 1,000제곱미터의 현대적인 대저택이었다. 이 집에는 침실이 6개, 대리석으로 뒤덮인 욕실이 12개 있었다. 우리가 짐을 풀자마자 한쪽 벽에 걸린 대통령 공식 문서 서류에 손글씨로 적힌 "환대에 감사드립니다! —빌"

이라는 메모를 통해 과거에 빌 클린턴이 이 집에 머문 적이 있다는 사실을 알게 되었다.

크리스와 나는 워싱턴 호수가 내려다보이는 광활한 거실에 앉아 앞으로 진행될 회의를 검토했다. 이 회의는 시애틀에서 샌프란시스코, 팔로알토, 그리고 마지막으로 벨에어와 말리부로 이어질 예정이었다. 우리가 이야기할 사람들의 이름을 살펴보니 이상하고도 다소 우스꽝스러운 우연의 일치가 있었다. 회의가 뒤로 갈수록 앞 사람보다 더 부유한 사람을 만나도록 일정이 짜여 있었다.

예를 들어, 우리의 첫 점심은 초기 아마존에 투자한 은행가와 함께하는 것이었는데 그의 재산은 약 5,000만 달러(약 700억 원)였다. 그다음은 약 1억 5,000만 달러의 순자산을 가진, 좀 더 성공한 기업가와의 만남이었다. 그다음은 재산이 2억 5,000만 달러로 평가되는 벤처 자본가와의 만남이었고, 마지막은 약 100억 달러(약 14조 원)의 순자산 가치를 지닌 상장 회사 CEO와의 회의였다.

검은 리무진을 타고 첫 만남 장소로 가며 이 지역의 집 크기에 놀랐다. 이 집들은 누가 봐도 대저택이었고, 푸른 잔디가 쫙 깔려 있었는데, 단지 조경을 유지하는 데만 연 수백만 달러는 들 것 같았다.

"이 집들은 미쳤어." 크리스가 내뱉었다.

"얼마나 넓을까?" 나는 혼잣말처럼 물었다.

"이삼천 제곱미터는 되겠는데."

"웃기는 게 빅토리아에서 가장 큰 집을 여기로 가져와도 아마 이 동네 게스트하우스보다 작을 거야." 내가 대꾸했다.

"죽어서 다시 태어난다면 이런 집 자식으로 태어나고 싶다." 크리스가 웃으며 말했다.

알고 보니 이 지역의 저택에 대해 그런 생각을 하는 건 크리스와 나뿐이 아니었다. 우리가 처음 만난 투자 은행가는 약 5,000만 달러의 재산을 가지고 있었지만 그의 아름다운 해변 주택에서 우리를 맞이하면서 자신의 집을 '오두막'이라고 표현했다. 그게 농담인지는 알 수 없었다. 그의 집은 족히 1,000만 달러가 넘어 보였지만 하필 2,500만 달러짜리 다른 두 대저택 사이에 있어서 그를 괴롭게 했다.

우리는 커피를 마시며 그의 경력과 잠재적 투자 기회를 주제로 대화했다. 그는 쾌활하고 친절했지만 계속해서 그의 오두막을 언급했다. 마치 그의 집을 부끄러워하는 것 같았다. 그는 우리가 다음에 만날 사람이 누구인지 물어보더니 곧바로 우울한 표정을 지었다. 그는 리스트에 있는 사람들을 모두 아는 것 같았으며 그들이 모두 자신보다 더 부유하다는 것도 아는 듯 보였다.

"내가 에어비앤비에만 투자했어도 지금보다 두 배는 더 부유했을 거예요." 그는 슬픈 표정을 지으며 농담을 던졌다. "그러면 옆집의 주인이 내가 되었겠죠."

나와 크리스는 은행가의 우울한 말투가 기억에 남았다. 하지만 그만이 그런 게 아니었다. 그보다 더 비싼 집이 즐비한 샌프란시스코의 우드사이드Woodside에 도착했을 때도 비슷한 말을 들었다.

"내 이웃집 때문에 저 나무를 제거할 수 없어요."

재산이 2억 5,000만 달러가 넘는 스타트업 창업자가 2,500만 달러에 달하는 자신의 두 번째 집의 현관에서 우리에게 불평했다. "인근 부동산을 내가 다 사버리든지 해야지 정말……."

실리콘밸리의 또 다른 투자자는 자신의 거대한 저택을 안내하며 심각한 표정으로 이렇게 말했다. "아시다시피, 더 큰 집으로 갈 수도 있었는데 그냥 소박한 게 좋더라고요."

물론 우리가 여행 중 만난 모든 사람이 자신의 부를 과시한 것은 아니었다. 정말 좋은 사람들도 많았다. 하지만 각자 자신만의 독특하고 놀라운 행동과 불만이 있었다. 한번은 10억 달러가 넘는 재산을 가진 한 투자가와 아침 식사를 했는데, 그는 부를 쌓기 전부터 살던 교외 주택에 가족과 함께 그대로 살고 있었다. 우리는 그의 부엌에 앉아 마치 평범한 사람들이 그러듯 그가 동네 빵집에서 사 왔다는 베이글을 같이 먹었다. 그러면서 우리가 집 안에 있음에도 마치 누가 엿듣기라도 하듯이 우리 쪽으로 가까이 몸을 기울이며 자신의 재산을 속삭였다. 그는 사람들이 자신을 가난한 사람으로 생각하길 원했으며 부자가 되면 발생할 수 있는 문제를 피하고 싶어 했다. 예를 들어 만난 지 얼마 되지도 않았는데 허황한 아이디어에 투자해 달라고 요청하거나 먼 친척이 빚 문제로 도움을 청하거나 자신이 얼마나 부유한지를 아는 사람들로부터 다른 대우를 받는 것을 싫어했다. 그에게 부자라는 것은 세상에서 가장 끔찍한 부담처럼 느껴졌고 그는 늘 그런 생각을 안고 산 것처럼 보였다. 하지만 그는 이미 평생 먹고살 만큼의 부를 축적했음에도 불구하고 더 많은 부를 축적하는 데 집착했다. 계속해서 투자하고 기업을 인수하며 수익을 내는 데 몰두했다.

올해 초에 이러한 부담을 어느 정도 경험한 나로서는 고개를 끄덕이며 그들의 행태에 공감했다. 우리가 이들에게 들은 것은 조언이 아니었다. 자신들의 삶이 가진 특별함에는 눈이 먼 채 다른 사람들을 부러워하는 말만 들었다.

캘리포니아의 벨에어에 도착해 보니 집들이 거의 호텔만 했고 부자들의 모순된 생각 역시 대단했다. 거기서 만난 투자가나 CEO들은 대부분 두 번째, 세 번째, 심지어 네 번째 또는 다섯 번째 집에서 휴가를 보내고 있으면서 근처에 사는 극도로 부유한 사람들의 어리석음을 꼬집었다.

"베이조스가 열 번째 집에 1억 6,500만 달러를 썼다는데 믿어져요?" 한 CEO의 말이다. "정말 말도 안 돼요. 돈이 남아도나?"

"잠깐만요, 당신도 대략 10억 달러의 자산이 있지 않아요?" 너무 혼란스러워 내가 물었다. "베이조스는 사는데 당신은 못 사는 게 대체 뭐죠?"

그는 잠시 멈칫하더니 눈빛이 공허해졌다. "나는 좋은 요트를 살 수 있지만 베이조스는 슈퍼 요트를 살 수 있죠."

테크 스타트업 투자로 10억 달러를 벌어들인 또 다른 투자자는 9개의 침실과 16개의 욕실이 있는 집을 보여주었다. 그랬다. 왜 그런지 모르겠지만 욕실이 16개였다. 그 집에는 실외 수영장과 실내 수영장까지 있었는데도 이웃집은 수영장이 3개나 된다며 회의 내내 투덜거렸다. 그는 "왜 수영장이 3개씩 필요한지 이해가 안 돼요."라고 말하더니 아주 진지하게 돈 자랑하는 주제로 넘어갔다. "여러분은 여기 어떤 비행기를 타고 오셨나요?" 우리가 그의 4,400만 달러짜리 걸프스트림Gulfstream G650보다 20년은 더 된 챌린저 비행기를 전세 내서 타고 왔다고 했더니, 그는 "아…… 그렇군요." 하고는 휴대전화를 만지작거렸다. 그 뒤로 우리를 향한 관심이 뚝 떨어진 것 같았다.

그들 모두가 마치 '누가 더 많이 가졌나'라는 게임에 휘말려 있는 듯했다. 하지만 이미 모든 것을 다 가진 사람들이었다. 심지어 평범한 크기의 집에 사는 사람들조차도 요트를 일부러 덜 화려하게 꾸몄다는 식으로 은근슬쩍 자신이 얼마나 돈이 많은지를 '흘렸다'(크리스와 내가 만들어낸 말로 자기들의 재산을 암시한다는 의미). "선박 건조업자에게 요트를 기존 사양보다 30퍼센트 더 작게 만들어달라고 계속 말했어요."라고 한 억만장자가 건조 중인 주문 제작 요트의 사진을 보여주며 자랑스럽게 말했다. "우리 부부한테는 이런 것까지 필요 없어요. 선실 20개나 헬리콥터는 필요 없어요." 하지만 그는 1년 동안 단지 몇 주만 사용할 가능성이 큰 요트에 수천만 달러를 쏟아붓고 있다는 사실은 무시했다. 크리스는 이러한 흘리기를 '과시적 겸손grandiose humility'이라고 불렀다.

우리는 70억 달러를 소유한 최고 부자와의 마지막 회의를 앞두고 지난 며칠간 마주한 엄청난 부의 규모에 큰 충격을 받았고, 동시에 묘한 결핍감과 불쾌함을 느꼈다.

마지막으로 우리가 방문한 집은 여기저기서 집주인의 개성이 묻어났다. 그의 집은 웬만한 호텔보다도 컸으며 유리와 대리석, 그리고 거대하고 이상한 조각품들로 가득 차 있었다. 그의 집은 가족이 사는 집이라기보다는 광활한 복합 사무 단지 같았다.

이 CEO는 마치 호랑이 같았다. 그 호랑이는 최정점의 포식자로서 놀라운 능력을 지니고 있었다. 매력적이며 민첩하고 위엄이 넘쳤지만, 동시에 200킬로그램에 육박하는 체중에서 나오는 힘과 단단한 이빨, 그리고 예리한 칼날처럼 날카로운 발톱을 지닌 존재였다.

가까이 갈 수도, 만질 수도 없으며, 그를 가둔 울타리 안으로 들어가는 건 더욱 위험해 보였다. 왜냐하면 그 맹수는 본능적으로 당신의 목을 찢어버릴 것이기 때문이다.

그는 원하는 걸 모두 시중들어주는 하인들에게 둘러싸인 채, 가장 최근에 경쟁자를 제압하고 기업을 인수한 무용담을 들려주었다. 그는 또한 속물 티를 안 내면서도 모든 물건의 가격을 말하는 재주가 있었다. "그건 1982년산 라피트 로쉴드Lafite Rothschild입니다." 하인이 내게 따라주던 와인을 가리키며 그가 말했다. "한 병에 4,500달러죠."

나는 그 술에 대해 더 이상 무슨 말을 해야 할지 몰라 이렇게 말했다. "와, 정말 대단하네요." 그런데 그 와인은 그냥…… 와인 맛이었다.

식사 후에 나는 한 가지 색으로만 칠해진 거대한 그림을 바라보고 있었는데, 그가 내 시선을 방해하며 그 그림이 '바넷 뉴먼Barnett Newman'이 그린 진품이라고 알려주었다. 그리고 자랑스레 말했다. "그거 사느라고 2개나 썼어요. 2개라니 믿어져요? 지금은 약 20개 정도의 가치가 있어요." (그가 2,000달러를 주었는지 아니면 200만 달러를 주었는지 알 수 없었던 우리는 서로를 쳐다보며 어리둥절할 수밖에 없었다.)

저녁 식사 후에 그는 우리에게 가장 최근에 산 물건들을 보여주었다. 같이 집 안을 돌아다니다 그가 어떤 문을 열었는데 그곳에는 거의 손대지 않은 다양한 차량으로 가득 찬 넓은 차고가 있었다. 우리는 벤틀리와 주문 제작되는 테슬라 모델 X 블랙 에디션을 지나 내가 본 적이 없는 포르쉐 911 앞에 섰다.

"이건 무슨 모델이죠?" 나는 무엇에 홀린 듯 물었다.

"싱어Singer라고 하죠."

그가 문을 열더니 나보고 운전석에 앉아보라고 했다. 그가 보여준 것 중에서 내 욕망을 자극한 것은 없었지만 이건 달랐다. 꼼꼼하게 복원된 1990년대 중반의 맞춤형 포르쉐로 마치 보석처럼 반짝였다. 익히 아는 대로 그 차는 맞춤 양복처럼 특별하게 제작된 것으로, 탄소섬유로 몰딩된 차체, 한땀 한땀 손으로 꿰맨 가죽 시트, 그리고 희귀한 광택을 내는 금속으로 만들어져 마치 수공예품 같은 수동 변속기가 달려 있었다. 포르쉐 911 터보를 구입한 지 수년이 지났지만, 다른 차로 바꿔야겠다고 생각해 본 적이 없었다. 그때까지는 말이다.

"60만 달러밖에 안 해요." 그 CEO가 말했다.

"정말 멋지네요."

"그러네요." 크리스도 덧붙였다. "이런 건 처음 봐요."

'봐서 멍거와의 거래가 잘되면 나를 위해 하나 사야겠다.'라고 나는 생각했다. 60만 달러면 대부분 사람에게는 집 한 채 값이다.

CEO는 내가 무슨 생각을 하는지 알고 있었다. "제작자 전화번호를 알려드릴게요." 그가 우쭐해하며 말했다. "5년은 기다려야 하는데 내가 전화하면 더 빨리 받을 수 있을 겁니다."

아무도 말하지 않은 부자의 삶

다음 날, 크리스와 나는 침묵 속에 공항으로 가서 빅토리아로 돌아가는 전세기에 올랐다. 우리 둘 다 이 여행에 대해 깊은 생각에 잠겨 있었다. 우리는 비즈니스의 거물들에게서 지혜를 얻기 위해 나섰고, 실제로 얻었다. 하지만 그들이 끝없는 질투의 구렁텅이 속에서 몸부림치고 있다는 느낌을 지울 수 없었다. 이 사람들과 관련해 머릿속에서 지워지지 않는 것이 있었다. 그들은 아무리 많이 소유하더라도 점점 더 부유해지는 동료들과 자신을 비교하는 것 같았다. 위만 바라보고 아래는 보지 않았다. 한순간도 자신이 가진 것에 감사하지 않고, 끊임없이 더 많은 돈을 가진 억만장자들과 자신을 비교하며 더 많은 재산에 집착했다. 그것보다 더 비참한 삶이 있을까?

더 섬뜩했던 건, 나도 어쩌면 그들과 마찬가지일지도 모른다는 사실을 깨닫기 시작했다는 점이다. 사치스러운 요트를 비난하면서도 나 역시 전세기를 타고 여러 곳을 오가고 있지 않은가? 가식적 겸손과 다를 게 없었다. "나는 저런 부자들과 차원이 달라. 그들이 하는 짓은 정말 어리석어."

내 자산을 모두 정리하면 거의 9억 달러(약 1조 2,600억 원)는 되겠지만 여전히 더 많은 돈을 벌고 싶어 했다. 마음만 먹으면 지금보다 더 큰 비행기를 탈 수 있지만, 무엇 때문에 그렇게 해야 할까? 이 비행기에는 이미 빈자리가 10개나 있는데 말이다.

그리고 내 아이들에게는 어떻게 해야 할까? 그들에게 내 돈을 주는 게 맞을까? 꼭 주어야 할까? 이 문제에서 나는 갈등했다. 열다섯 살에 부모님은 좋은 옷이나 사치품 같은 물건을 사고 싶으면 직접 돈을 벌어서 사라고 말씀하셨다. 물려받을 재산이 없으니 돈은 벌어야 하는 것이었다. 그 덕에 정직한 직업윤리관을 키우기는 했지만 그 결과는 예상과 달랐다. 지금 현재의 나와 그때의 부모님이 다른 점은 부모님은 가난했다는 것이다. 부모님은 내게 무언가를 숨기고 주지 않으려 한 게 아니었다. 그냥 돈이 없었을 따름이었다.

최근에 장남에게 첫 저금통을 사주고 일상생활에서 금융 교육을 시작했다. 아들이 카페에서 물건을 사면 내 은행 계좌에서 돈이 빠져나가며, 그 돈은 일해서 버는 것이라고 설명했다. 그리고 내가 돈을 버는 여러 방법을 이야기해 주었더니 아들은 알겠다는 듯 고개를 끄덕였다. 레모네이드 가판대 설치를 도와주었더니 아들은 처음으로 45달러를 벌었다.

그렇다. 나는 아이들이 건강한 직업윤리를 가지고, 돈의 가치와 그것이 제공하는 특권을 이해하기를 원한다. 하지만 이미 많은 것을 가지고 있는데 내가 겪었던 때로는 고통스러운 그 길을 다시 겪도록 하는 것이 올바를까?

한 친구가 이 주제에 대해 흥미로운 질문을 던졌다. "만약 당신이 대대손손 겨우 먹고사는 농부 집안 출신이지만 운과 타이밍을 잘 타고나 기계화 영농을 일구어 가난한 농부에서 백만장자가 되었다면, 당신의 아이들에게 땅을 갈고 뿌리채소를 재배하는 방법을 가르치는 것이 논리적일까?"

답은 뻔하다. 그리고 분노를 불러일으킬 수 있다. 창고에 초콜릿 칩이 가득 차 있고 아이가 하나만 달라고 했을 때 직접 만들어 먹으라고 말한다면 이는 가혹할 뿐 아니라 심지어 사이코패스에 가까운 처사라고 느껴질 것이다. 이 모든 생각이 머릿속에서 복잡하게 교차할 때 비행기가 빅토리아로 하강하기 시작했다.

"이 여행에서 뭘 배운 것 같아?" 나처럼 우울한 심경으로 앉아 있는 크리스에게 물었다.

"꿀통이 되지 않는 방법을 배웠어."

나도 "우리는 이미 열 그루의 나무에 견과류를 잔뜩 모아놓고도 겨울에 먹기 위해 또 저장하는 정신 나간 다람쥐와 똑같아."라고 동조했다.

이야기해 보니 단순히 이 모든 사람을 만난 것만으로 우리가 이런 감정을 느낀 게 아니라는 것을 깨달았다. 지난 몇 주 동안 우리는 업계의 거물들과 투자가 및 변호사들을 만나고, 연속 회의에 참석하러 다니며, 합병과 상장 절차를 논의하느라 가족들과 함께할 시간을 거의 갖지 못했다. 성공하면 성공할수록 더욱 시간이 없어지는 것 같았고 메일함은 항상 가득 차 있었다. 지난주에는 놀이터에서 아이들을 지켜보면서도 문자 메시지로 거래할 정도였다.

나는 머릿속으로 계산해 보고 충격적인 깨달음을 얻었다. 크리스와 나는 각각 세 살과 다섯 살 된 아들이 있는데 그들이 대학에 입학해서 가족을 떠나기 전에 같이 보낼 여름이 겨우 열세 번밖에 남아 있지 않았다.

"내 말은 우리가 이미 성공했다는 거야. 그런데 더 이상 뭐가 필요하지? 지금부터는 모든 게 큰 의미가 없어. 상위 0.1퍼센트와 경쟁하는 0.2퍼센트가 되고 싶은 거야? 누구 요트가 더 호화스러운지 비교하면서?"

"최근에 어떤 설문 조사를 읽었는데……" 크리스가 말했다. "세계 최고의 CEO들에게 가장 중요한 것을 순서대로 나열해 보라고 했다는 거야. 그런데 많은 CEO에게 가족은 우선순위 목록에서 3위 또는 4위밖에 안 되었다고 해. 뭐가 1위인지 짐작이 가?"

나는 결과를 보지 않고도 답을 알고 있었다. "그들의 사업."

"맞아."

우리는 지난 한 주를 아쉽게 생각하며 남은 비행 내내 그저 침묵 속에 앉아 있었다. 그날 저녁 집에 도착해서는 아이들이 갑갑하다고 할 때까지 꽉 껴안아 주었다.

친구 파이잘에게 전화했더니 "어땠어?"라며 여행 이야기를 해달라고 했다.

"솔직히 말해줄까? 거의 악몽이었어."

"왜? 넌 그들을 엄청나게 만나고 싶어 했잖아?"

"마치 수정 구슬로 내 미래를 보고 온 것 같아. 그 사람들은 모두 엄청난 부자지만 0이 가장 많은 사람이 승리하는 숫자 문제로 치열하게 싸우고 있었어. 완벽한 비극이지."

나는 은행가, 투자가, CEO 등에 대해 이야기했고 그는 가만히 듣기만 했다.

"맙소사!" 내가 모든 이야기를 마쳤을 때 그가 한 말은 이게 전부였다.

전화를 끊고 나서 아이들과 잠시 놀아주다 책을 읽어준 다음 잠자리에 눕혔다. 나는 아들 방 침대 가장자리에 가만히 앉았다. 그리고 주위를 둘러보며 앞으로 어떻게 해야 할지 고민했다. 어린 시절 가난 때문에 우리 가족 사이에 분열이 생겼지만, 내 마음 한구석에는 언젠가 내가 성공하면 우리 가족이 다시 화목해질 거라고 생각했다. 하지만 결과는 반대였다. 잠깐 같이 일했던 두 동생과는 마치 가슴속에 응어리가 맺힌 사람들처럼 거리가 느껴졌다. 어머니는 내가 돈에 환장한 것 같다고 생각했고 내 성공이 우리 가족 관계를 더 복잡하게 만들었다고 역정을 내셨다. 그리고 나는 지금 가족을 거의 보지 못할 정도로 열심히 일하며 여기 있다.

나는 뭘 해야 할지 몰라 멍하니 앉아 있었다. 방금 만난 비참한 부자들처럼 되고 싶지 않았지만 지금 이렇게 계속 간다면 나도 그런 모습이 될 것만 같았다.

물론 내 우상인 멍거가 있었다. 나는 멍거와의 거래를 포기할 수 없었다. 하지만 동시에 나는 왜 이 거래를 진행하고 있는지 몰랐다. 보나 마나 원치 않는 주목을 받을 것이다. 그리고 회사를 합병하고 새로운 직원들과 신뢰를 쌓는 일로 스트레스를 받을 것이다. 아이러니하게도 더 유명해질수록 더 개인적인 삶을 원하게 된다. 그리고 내가 마침내 끝에 9개의 0이 붙은 그런 자산을 소유하게 되면, 다음 목표는 무엇일까? 나를 행복하게 만들어줄 또 다른 0을 찾는 것일까?

나는 내 일이 너무 좋았다. 투자해서 사업을 구축하고 똑똑한 사람들과 일하는 것을 좋아했다. 나는 그런 일을 멈추고 싶지 않았다. 하지만 방이 8개인 집이 좁다고 불평하거나, 초호화 요트를 살 수 없어서 스스로를 불쌍히 여기는 억만장자가 되고 싶지는 않았.

나는 60만 달러짜리 주문 제작 포르쉐도 원치 않았다. 심지어 그 순간에는 내 차고에 있는 포르쉐도 원하지 않았다. 나는 그것을 도로 끝의 해변으로 몰고 가 바닷속으로 빠트리고 싶었다.

그 순간 나는 우상과의 합병이라는 일생일대의 기회를 외면할 수 없다는 것과 동시에 어떤 일에도 만족하지 못하는 사람은 되고 싶지 않았다는 걸 깨달았다.

17장
억만장자를 혐오하는 그녀

NEVER ENOUGH

자본주의는 문제를 해결한 사람들에게
보상을 주는 시스템일 뿐이었다.
사람들이 좋아하는 무언가를 만들면
그 대가를 지불받는 구조다.
좋아하는 사람들이 많을수록
더 많은 돈을 벌 수 있는 시스템이다.

나는 벤쿠버 예일타운에 있는 조용하고 아담한 칵테일 바인 바르톨로메오에 도착해 설레는 마음으로 밖에서 기다렸다. 시간을 보려고 시계를 보았다가도 휴대전화에서 다시 시간을 확인했다. 이제까지 여러 차례 수백만 달러 규모의 거래를 체결해 왔지만 이렇게까지 떨린 적은 없었다. 칵테일 바의 창문에 비친 내 모습을 보며 옷매무새를 다듬었다. 집에 가서 다른 옷으로 바꿔 입고 올까? 하지만 시간이 없었다. 또다시 시계와 휴대전화 그리고 창문으로 시선 옮기기를 반복했다. 문득 이 데이트가 예정된 멍거와의 거래보다 훨씬 더 긴장된다고 느꼈다.

등 뒤에서 가벼운 손길이 느껴졌다. 급히 돌아보니 그녀가 서 있었다. 검은색 상의에 머리는 뒤로 묶었으며, 깊은 마호가니 빛 갈색의 눈동자와 가슴 뛰게 하는 미소를 지닌 그녀는 정말 여신 같았다.

"부스로 예약했어요." 그녀가 가볍게 포옹하며 말했다. 나란히 서 보니 그녀가 정말 작다는 것을 깨달았다. 대략 150센티미터 정도로 머리가 겨우 내 가슴께밖에 오지 않았다. 나도 그녀를 안으며 말을 하니 내 턱이 그녀의 정수리에 닿았다. 그녀에게 꽃향기가 났다.

우리가 바 건너편의 푹신한 부스에 자리를 잡으니 한껏 꾸민 웨이터가 다가와 무엇을 주문할지 물었다. 우리는 네그로니 두 잔을 주문한 뒤, 첫 데이트에서 보통 하는 대화들을 시작했다.

그녀의 이름은 조이Zoe였는데 지난 며칠간 머물렀던 호텔의 라운지 바에서 처음 만났다. 처음 그녀를 봤을 때 조이는 긴 검은 드레스를 입고 내게 다가왔다. 나는 무언가에 홀린 듯 그녀를 바라보았다. 지금까지 그렇게 아름다운 여자는 본 적이 없었다.

"안녕하세요, 뭐 주문하시겠어요?"

그녀가 우리 테이블 담당이라는 걸 알고 설레는 마음으로 초밥을 주문했다. 조이가 조금 후 초밥을 가져왔을 때 나는 어떻게든 말을 걸어보고 싶어서 그녀의 손목에 있는 작은 타투에 대해 물어보았다. 그녀는 몬트리올의 맥길대학교에 다닐 때 그 타투를 했다고 말했다. 그 학교는 캐나다의 '하버드'라고 불리는 명문으로 분명 조이는 똑똑할 것 같았다. 나는 그녀의 삶에 관한 질문하기 시작했고, 영화에 대해 한참 이야기하다 보니 20분이 지나 그녀의 매니저가 눈치를 주기 시작했다. 우리는 서로에게 추천할 영화 목록을 작성해서 교환했다. 그녀는 계산서를 주고 가면서 나를 돌아보고 미소를 지었다.

비영리단체에서 일하는 웨이트리스

우리는 서로 잘 맞는 느낌이었지만, 그녀에게 번호를 물어보는 것이 타인의 눈에 어떻게 비칠지 몰라 포기했다. 그녀는 늘 이런 대시를 받을 것 같았기에 나는 그런 남자가 되고 싶지는 않았다. 음식을 다 먹고, 계산한 다음 만나서 반가웠다고 말하고 쿨하게 나왔다. 그리고 나는 일 때문에 여기 왔다는 사실을 떠올렸다.

실제로 나는 밴쿠버에서 팬데믹이 끝난 후 처음으로 열린 연례 TED 콘퍼런스에 참석하기 위해 왔다. 언제나처럼 과학, 자선 활동, 예술, 비즈니스 분야의 최고 인재들이 모이는 행사였다. 나는 10년 넘게 이 행사에 참석하고 있었고 앨 고어Al Gore나 세르게이 브린Sergey Brin 또는 카메론 디아즈Cameron Diaz 같은 유명인들과 어깨를 나란히 하며 우쭐해하기도 했지만, 점차 커피 바에서 이러저러한 사람들을 만나 나누는 소소한 대화를 더 즐기기 시작했다. TED에 오는 사람들은 아주 흥미로워서 새로운 비영리 재단의 창립자나 고개를 숙인 채 자기 신발만 바라보는 괴짜 동물학자 등 다양한 사람들을 만날 수 있었다. 하지만 일론 머스크가 우주로 로켓을 보내는 이야기를 하고 빌 게이츠가 코로나19를 막기 위한 글로벌 전염병 대응 전략에 관해 이야기하는 것을 들으면서도 계속 조이가 생각났다.

그래서 다음 날 라운지 바로 다시 가 살펴보던 중 그녀를 발견했다. 그녀도 나를 바라보고 있는 모습을 보자 얼굴이 붉어졌다. 우리는 눈을 맞추고 서로 미소를 지은 뒤 마치 사랑에 빠진 고등학생처럼 부끄러워하며 시선을 돌렸다. 내가 어색하게 손을 흔들자 그녀도 손을 흔들어주었다. 그러고 나서 나는 망했다고 생각했다. "지금 내가 뭐 하는 거지? 그냥 가서 얘기해. 이 바보야!"라고 스스로에게 말했지만 차마 행동으로 옮길 용기가 없었다. 나는 잔뜩 후회하며 라운지를 나왔다.

다음 날, 마지막으로 그녀와 대화하기 위해 다시 라운지로 갔다.

"다시 만나면 좋겠다고 생각했어요." 그녀가 말했다.

"나도 그랬어요." 내가 미소 지으며 대답했다. 나는 그녀에게 매상이 어떠냐고 물었다. 라운지는 TED 관련 사람들로 붐볐다.

"솔직히, 이번 주는 별로였어요. 세 시간짜리 회의가 많아 손님이 별로 없었고 기껏해야 소다수만 팔았거든요."라고 그녀가 쓸쓸한 미소를 지으며 말했다. 나는 얼굴을 찌푸렸다. 어제 나도 그랬으니 미안한 마음이 들었다.

나는 좀 전에 그녀가 서빙했던 여자가 세계에서 가장 부유한 여성 중 한 명이고, 몇십억 달러의 재산을 가지고 있다고 알려주었다.

"말도 안 돼요! 그 여자는 가장 저렴한 와인을 주문했고, 팁을 겨우 15퍼센트밖에 안 줬어요!"

우리는 함께 웃었다.

"얼마나 더 여기 계실 건가요?" 그녀가 물었다.

"내일 오후에 떠납니다."

"아, 너무 아쉽네요……." 그녀가 말했다.

나는 아무 생각 없이 불쑥 이렇게 내뱉었다. "오늘 밤 파티에 가는데, 같이 가실래요?"

그녀는 잠시 생각하더니 씩 웃으며 영수증 뒷면에 전화번호를 적어주고 문자를 하라고 말했다. 나는 마치 잃어버린 고대 유물을 다시 찾은 인디애나 존스처럼 영수증을 소중히 손에 쥐고 나왔다. 내가 문자를 보냈고 우리는 먼저 바르톨로메오에서 한잔하기로 했다.

우리는 바에서 서로 살아온 인생 이야기를 나눴다. 그녀는 아버지가 아이슬란드 사람이고 어머니가 대만 사람이라고 했으며 캐나다 동부에서 학교를 다닌 기간을 제외하면 평생 밴쿠버에서 살았다고 했다. 나보고 뭐 하는 사람이냐고 묻자 나는 머뭇대다가 그냥 웹디자이너인데 몇 개의 사업에 투자한다고 했다. 그녀는 생활비를 벌기 위해 웨이트리스로 일하고 있지만 자신의 진정한 열정은 비영리단체에서 활동하는 것이라고 말했다. 수년 동안 여성들이 학대받는 가정에서 벗어나도록 지원하는 비영리단체에서 일했지만, 그 월급으로는 집세를 내기는커녕 밴쿠버의 생활비로도 부족해서 라운지 바에서 일한다고 했다.

"비영리단체 일을 하기 위해 웨이트리스로 일하고 있어요."라고 그녀가 농담처럼 말했다.

"우와! 정말 대단하시네요." 나는 감명을 받았고, 이제 더 많이 긴장했다.

그녀는 비영리단체에서 일하는 게 얼마나 힘든지 이야기했다. 그곳 직원들은 하루도 쉬지 않고 24시간 일하지만 민간 기업에서 벌 수 있는 금액의 절반밖에 받지 못했다. 그 결과 직원들이 자주 퇴사하는 등 이직이 끊이지 않았고, 직원들이 자신의 업무 외에 추가 일을 하면서 업무에 차질이 생기고 빈자리를 대체할 인력을 찾느라 수개월씩 걸리는 일이 많다고 했다. 나는 충격을 받았다. 매년 팀원 절반을 잃으면 성공적인 비즈니스가 불가능하다고 생각했기 때문이다.

"잠깐만요. 어떻게 그렇게 급여가 적죠?" 내가 물었다. "다들 미친 거 아니에요?"

"이유는 여러 가지인데 그중 하나는 문화적 요인이에요. 비영리단체의 직원으로서 많은 급여를 요구하는 것은 약간 금기시되거든요. 게다가 기부자들은 자신의 돈이 활동 자체에만 지원되길 원해요. 비영리단체의 운영비는 인정하지 않아요. 알다시피, 직원 없이는 비영리단체가 돌아가지 않는데도 말이죠."

나는 지역 자선단체에 몇 번 기부를 한 적이 있었고, 내가 옳은 일을 하고 있다고 생각했다. 더 많은 사람들을 돕고 있다고 믿었지만, 직원들의 존재는 잊어버렸다. 그 사실을 깨닫는 순간 가시방석에 앉은 듯 마음이 편치 않았다.

내가 더 정신을 차려야 한다는 듯 그녀는 자신이 만난 기이한 부자들에 관한 이야기를 계속해서 들려주었다. 그리고 한편으로는 화려한 호텔에서 부자들에게 캐비아를 서빙하다가 다른 한편으로는 당장 잠잘 곳도 없는 사람들을 돕기 위해 무질서한 비영리단체에서 일하는 게 어떻게 다른지 이야기해 주었다. 그녀는 전혀 다른 두 개의 세계를 살아가고 있었다.

"어제는 어떤 사람이 산딸기 차에서 히비스커스 잎만 따로 모아 달라고 했어요. 히비스커스 차를 마시고 싶다는 거였어요."

"말도 안 돼." 나는 손으로 입을 가리며 말했다. "그래서 어떻게 했어요?"

"절대 안 된다고 했죠! 그 차에는 재료가 열다섯 가지나 들어간다고요." 우리는 그 터무니없는 요청에 웃음을 터뜨렸다.

"그건 아무것도 아니에요." 그녀가 말을 이었다. "단골인 어떤 부자가 우리 라운지 바의 루이 13세 코냑을 모두 사버린 적이 있어요.

그 이유는 자기 혼자 두고두고 먹기 위해서였죠." 그녀는 눈을 크게 뜨고 이 기막힌 이야기를 전했다. 내가 황당하다는 표정을 짓자 조이는 계속 설명했다. "루이 13세는 말도 못 하게 비싼 코냑이에요. 그는 다른 부자들의 질투를 유발하려고 1만 달러나 냈고, 결국 자기 혼자만 마실 수 있게 됐죠."

억만장자는 다 악당일까

이런 대화를 나누는데 내가 어떻게 부자 축에 속한다는 사실을 털어놓을 수 있을까? 어떻게 계산하느냐에 따라 다르기는 하지만 서류상으로만 보면 나는 거의 억만장자에 가까웠다. 하지만 크리스와 나는 여전히 끊임없이 계속되는 문제를 해결해야만 했다. 우리는 수백 개의 메일과 그로 인한 문제로 하루를 시작했다. 그렇게 하루 종일 문제를 해결하고 나면 다음 날 또 수백 개의 문제가 발생했다. 누군가는 임금 인상을 대폭 원했고, 어떤 임원은 다른 임원과 갈등을 빚었고, 어떤 회사는 실적이 저조해 그 원인을 파악해야 했으며, 한 CEO는 회사를 떠나려고 했다. 그리고 인공지능은 또 다른 사업의 기반을 뒤흔들고 있었다. 이 모든 일들이 끝없이 반복되었다. 20년 이상 업계에 있다 보니 이젠 그러려니 하지만, 최근에는 내가 왜 이러고 사는지 회의감이 들었다.

초기에는 달랐다. 하나의 문제를 해결하면 그 끝에는 보상이 있었다. 새 차, 달콤한 휴식, 더 큰 목표를 위한 저축액의 증가 등. 하지만 이제 규모가 커지니 그런 게 무의미해졌다. 더 많은 돈은 단지 은행에 있는 숫자일 뿐이었다. 그것이 내 일상에 변화를 가져오지 않았다. 지난주 점심을 먹는데 나와 비슷하게 과중한 업무에 시달리는 한 친구가 존 D. 록펠러John D. Rockefeller가 한 말을 알려주었다.

"깨어 있는 모든 시간을 오로지 재산을 모으는 데만 집중하는 것보다 더 수치스럽고 불쌍한 것은 없다."

술집에 앉아 조이를 마주 보면서 나는 다른 사람들을 돕기 위해 투잡까지 하는 그녀의 헌신에 깊은 인상을 받았다. 그녀가 내린 인생의 선택에 경탄했을 뿐만 아니라 록펠러의 인용구가 나를 가리키는 듯한 느낌을 받았다. 그런 면에서 우리는 매우 달랐다. 나는 나 자신을 풍요롭게 하는 데에만 내 삶을 쏟아부었고 오로지 돈을 벌기 위한 일만 하고 있었다. 나 자신의 그런 삶을 조이에게 솔직하게 말하면 나를 이상하게 볼 것 같았다. 눈앞의 멋진 사람과 음료를 즐기는 내내 그런 생각에서 벗어날 수 없었다.

물론 내가 많은 사람들을 고용했기 때문에 그들은 집을 사고, 식탁에 음식을 올리며, 자신의 은퇴를 대비해 저축할 수 있었다. 또한 수많은 고객에게 소중한 서비스를 제공했으며 자본주의의 바퀴를 굴려 국가의 GDP를 증가시켰다. 즉, 아인 랜드Ayn Rand[1]가 말하는 그런 종류의 주장이다. 하지만 궁극적으로 내 삶은 이기적이었다. 나

---

1   미국의 소설가 겸 철학자로 자유시장주의를 옹호했다.

는 내가 사는 지역사회를 위해 그다지 많은 일을 하지 않았고, 전 세계를 위해서는 말할 것도 없었다.

나는 조이가 나와 같은 사람들을 매우 비판적으로 생각한다는 느낌을 빠르게 받았다. 정말 그랬다. 그녀는 자신이 좋아하는 팟캐스트 〈비하인드 더 바스타즈Behind the Bastards〉에 대해 이야기하기 시작했는데, 그 팟캐스트는 끔찍한 사람들만 다뤘다. 각 에피소드는 새로 권력을 잡은 독재자, 사이비 종교단체의 지도자 또는 노동자를 착취하거나 뇌물과 비리로 돈을 모은 억만장자의 윤리적 결함에 대해 몇 시간 동안 깊이 파고든다.

"모든 억만장자가 나쁜 사람이라고 생각해요?" 나는 이미 그 대답을 알고 있었기 때문에 우려스러운 마음으로 물었다.

"글쎄요. 특정 소수가 전 세계 배고픔을 끝낼 만큼 엄청난 양의 돈을 모을 수 있는 시스템은 결함이 있다고 생각해요. 그래서 처음부터 다시 시작할 필요도 있고요." 그녀가 재미있다는 듯 미소를 지으며 말했다. "그러니까 전 인류를 부양할 만큼 충분한 돈이 있으면서도…… 그렇게 하지 않는 것은 나쁜 일 아닐까요?"

부유한 사람들은 수십억 달러의 현금을 쌓아두고 있다고 오해받는다. 실제 대부분 억만장자의 재산은 회사 소유권이나 주식처럼 서류상에 존재할 뿐 스위스 은행에 실물 금괴로 보관되어 있는 게 아니다. 하지만 그렇게 말하면 분위기를 망칠 것 같았다.

"좋은 건 아니죠!" 나는 약간 긴장한 듯 웃으며 말했다.

그때부터 나는 일과 관련된 주제가 나올 때마다 조심스럽게 화제를 바꿨다. 다행히도 우리는 거의 모든 면에서 잘 맞았다. 그런 면에서 행운이 계속되는 느낌이었다. 우리 둘 다 열렬한 독서가였는데 이는 둘 다 어렸을 때 집에 케이블 TV가 없었기 때문이라고 결론 내렸다. 우리는 비슷한 성장 배경을 가지고 있었고 부모님의 재정적 스트레스로 인해 돈에 대해 항상 불안한 마음을 가지고 있다는 점도 같았다.

한번은 그녀가 최근에 읽은 책 내용을 말해 주었다. 내용인즉 아시아 요리에 흔히 사용되는 식품 첨가물인 글루탐산나트륨MSG은 1960년대의 《뉴잉글랜드 의학 저널New England Journal of Medicine》에서 한 악의적인 과학자가 몸에 해롭다고 주장한 이후로 안 좋은 조미료 취급을 받았다는 것이다. 나는 깜짝 놀라서 휴대전화에서 킨들 앱을 켜고 빌 브라이슨Bill Bryson의 최신작인 『바디』를 열어 확인해 보았다. 나도 하루 전에 같은 책에서 정확히 같은 내용을 읽었기 때문이다.

주문한 칵테일이 나오자 그녀가 내게 질문했다. "'사랑에 빠지기 위한 36개의 질문'에 대해 들어본 적 있어요?"

나는 다시 한번 깜짝 놀랐다. 혹시라도 데이트 중에 대화가 끊어질 때를 대비해 미리 대화 목록을 작성했는데 그중 다섯 번째가 바로 사랑에 빠지기 위한 36개의 질문이었다. 이는 심리학자가 만든 질문 시리즈로 낯선 남녀 간에 친밀감을 형성하도록 설계되어 있다.

나는 다시 휴대전화를 꺼내서 그녀에게 내 목록을 보여주었고 우리는 크게 웃었다. 정말 이상했다. 마치 우주의 어떤 힘이 우리를 연결하려는 것 같았다.

나는 결국 그녀에게 내 끔찍한 비밀, 그러니까 내가 그녀가 경멸하는 부류에 속한다는 것을 고백해야 한다는 걸 알았다. 나는 그녀가 듣는 팟캐스트에서 말하는 나쁜 놈 중 하나였다. 그러나 오늘 당장 말할 필요는 없겠지.

사실 크게 놀랄 일도 아니었다. 조이의 견해는 독특한 것이 아니었다. 매일 트위터의 글 타래와 풍자적 농담, 틱톡 비디오, 전 세계의 주요 뉴스 매체, 넷플릭스, 〈SNL〉, 각종 책에서 다뤄지는 흔한 소재였다. 심지어 지금 나 역시 바에서 조이와 데이트를 하며 부자들이 어떻게 나쁜 짓을 해서 부자가 되었는지에 관한 이야기를 듣고 있었다. 나는 빨리 화제를 바꿔야 했다.

"네그로니 한 잔 더 할래요?" 나는 그녀의 마호가니빛 갈색 눈을 바라보며 물었다. 오랜만에 느끼는 설레는 감정이었다.

카운터로 주문하러 가면서 나는 생각해 보았다. 이 데이트에서 대화 주제가 자본주의와 부자로 바뀔 줄은 전혀 상상하지 못했지만 어쨌든 그렇게 되었고, 그녀의 말이 다 맞았다. 어떤 억만장자들은 정말 끔찍하다. 그들 중 일부는 이기적이고, 자기중심적인 쓰레기들이다. 물론 부자가 아닌 사람 중에도 그런 쓰레기들은 많다. 하지만 내 경험상, 부자가 된 사람들은 대부분 사회에 어떤 종류의 서비스를 제공했기에 그 자리까지 올라갔다. 획기적인 신약을 개발하거나, 레스토랑 체인이 히트를 쳤다거나, 또는 아이폰을 발명한 사람들이다. 사회가 그 회사의 제품을 사용하기로 선택했기 때문에 그 회사의 소유자가 부자가 된 것이다.

물론 억만장자 가운데 재수 없는 사람들이 많다는 데 동의한다. 사기성 다단계 마케팅을 운영하는 사람도 있고 자기 회사 직원들을 착취하고 급여를 적게 주는 사람들도 있다. 일부는 부패에 가담하고 정치인에게 뇌물을 주기도 한다. 하지만 세계에서 가장 부유한 사람들을 만나본 결과 그들 대부분은 그렇게 단순한 사람들이 아니었다. 그들은 어릴 때 돈이 없었고, 선생님이 그들에게 아무 쓸모없는 녀석이라고 평가하곤 했다. 부모가 너무 엄격했거나 아니면 아무런 관심도 주지 않았다. 물론 그들은 강박적인 성격을 가졌을 수 있다. 도대체 누가 자신의 인생을 가능한 한 상품을 빨리 배달하는 데 바치겠는가? 미친 사람 아니면 그렇게 할 수 없다. 하지만 제프 베이조스Jeff Bezos를 싫어하는 사람들조차 아마존 프라임을 이용할 것이다.

투자가 조시 울프Josh Wolfe는 이렇게 말했다.

"억울해야 출세한다(Chips on shoulders put chips in pockets)."

《포브스》부자 리스트를 보면 대부분 부자들은 긍정적인 사람들이었지만 과거의 상처 때문에 억울한 마음을 가진 사람들도 많았다.

"네그로니 나왔습니다!" 바텐더가 진홍색 칵테일 두 잔을 내게 밀어주었다. 나는 음료를 가지고 다시 부스로 돌아와 깊은 한숨을 내쉬었다.

"그런데 조이네 가족은 어떤 사람들이에요?"라고 물으며 화제를 다른 쪽으로 돌렸다.

우리는 한 시간이 다섯 시간으로 바뀔 때까지(네그로니는 두 잔에서 여섯 잔으로) 대화를 나누고, 손을 잡고, 서로의 눈을 응시했다. 그리고 술집이 문을 닫을 때가 되자 나는 그녀에게 우버를 불러주었다.

작별 키스를 하며 "다시 만나고 싶어요."라고 말했다.

"나도 그래요." 그녀가 미소 지으며 대답한 후 택시 문을 닫았다.

조이의 차가 떠나는 것을 지켜보면서 나는 호텔로 걸어갔다. 나는 그녀에게 홀딱 반했지만 동시에 궁금했다. 이렇게 공통점이 많은데 어떻게 정반대의 관점을 가질 수 있을까?

내 생각은 우리의 논쟁으로 되돌아갔다. 그녀에게 하고 싶은 말이 너무 많았지만 더 깊이 생각하기로 했다. **자본주의는 개선될 수 있을까? 물론 가능하다!** 우리가 모두 지구온난화 때문에 소멸당하고 싶지 않다면 개선되어야 한다. 하지만 자본주의는 전 세계를 위해 놀라운 일들을 많이 해왔다. 나는 자본주의야말로 우리가 발명한 최고의 시스템이라고 확신해왔다. 그래서 처칠 Winston Churchill이 민주주의에 대해 이렇게 말하지 않았는가?

"민주주의에도 단점이 있지만 지금까지 경험한 정치 제도 중엔 제일 낫다."

내게 자본주의는 문제를 해결한 사람들에게 보상을 주는 시스템일 뿐이었다. 사람들이 좋아하는 무언가를 만들면 그 대가를 지불받는 구조다. 좋아하는 사람들이 많을수록 더 많은 돈을 벌 수 있는 시스템이다. 물론 모든 사람이 경제적 보상을 위해 사회 문제를 해결하는 것은 아니다. 그저 창의적인 일을 하는 게 좋아서 무언가를 만들고 혁신하는 사람도 많다. 한 사람이 대규모의 문제를 해결할 때는 대개 자본주의의 거대한 톱니바퀴가 작동한 결과다.

나는 사람들이 억만장자를 이상하게 바라본다고 생각한다. 만약 어느 지방에서 한 여성이 레스토랑을 개업하고 인기를 끌어 25만 달러의 수익을 올린다면 아무도 그녀를 악당이라고 생각하지 않는다. 하지만 그녀가 그 레스토랑을 체인점으로 발전시켜 억만장자가 되었다고 해서 갑자기 악당이 되는가? 단지 사업 규모가 커졌기 때문에? 만약 고객이 만족할 만한 합리적인 가격을 부과하고, 직원들이 공정하게 대우받고 적절한 보수를 받는다면 나는 아무런 문제가 없다고 생각한다.

다른 모든 사람과 마찬가지로 나도 아이폰에 중독되어 있다. 인스타그램으로 친구들의 생활을 보고 드라마 〈심슨 가족〉의 대사를 문자로 보낼 수 있고 아마존에 그래놀라 바를 주문할 수 있다. 조이도 마찬가지일 것이다. 혹시 그녀는 복잡한 성장 배경을 가진 억만장자가 없었다면 이러한 것들이 존재하지 않았을 수도 있다는 사실을 알까?

스티브 잡스, 마크 저커버그, 제프 베이조스, 루퍼트 머독Rupert Murdoch 같은 사람들 말이다. 아, 그런데 루퍼트 머독은 아닐지도 모른다.

이들은 내가 전적으로 좋아하거나 나와 의견이 같은 사람들이 아니었다. 오히려 복잡한 사람들이었다. 그리고 나는 이것이 우연이 아닐 것이라고 생각했다. 복잡한 사람들이 놀라운 작품을 만들어내지 않는가? 세계 최고의 예술 작품은 정신 질환을 가진 사람들에 의해 창조되는 경우가 많았다(에이미 와인하우스Amy Winehouse, 어니스트 헤밍웨이Ernest Hemingway, 빈센트 반 고흐Vincent van Gogh를 생각해 보라). 비즈니스 분야에서도 마찬가지로 때때로 과대망상이나 나르시시즘 또는 사이코패스적 성향이 섞여 있는 인물들이 많았다. 유명한 비즈니스 거물들의 전기를 읽을수록 나는 매우 슬프고 복잡한 이야기들과 마주친다. 스티브 잡스는 태어나자마자 다른 집에 입양되었으며, 오프라 윈프리Oprah Winfrey는 어린 시절 심한 학대를 당하고 열세 살 때 가출했다. 일론 머스크는 아버지에게 신체적·정서적 학대를 당했으며 자폐 스펙트럼 장애가 있었다. 그들의 복잡한 삶은 극단적인 성격을 형성했고 이는 세상을 발전시키려는 끊임없는 집착으로 이어졌다.

그날 밤 호텔 방에 들어가 침대에 몸을 누이며 오늘 했던 모든 이야기를 다시 떠올려보았다. 과연 조이가 내 현재 상황과 의견을 어떻게 생각할지 궁금했다. 두 번째 데이트를 과연 할 수나 있을까?

나는 여전히 속으로 고민하며 명확한 답을 찾지 못하고 있었다. 그 순간 내가 아는 것이라고는 내가 정말 조이를 좋아한다는 것과 멍거와의 거래가 몇 주밖에 남지 않았다는 것뿐이었다. 결국 나는 그녀에게 모든 걸 털어놓아야 하리라.

18장
왜 우리는 억만장자를 꿈꾸는가

NEVER ENOUGH

자본주의의 의도치 않은 부산물은
스스로 아무것도 가진 게 없다고
생각하게 만들거나,
아니면 모든 것을 가질 수 있다고
믿게 만드는 것이다.

"약 45분 후에 착륙 예정입니다."

파일럿이 인터컴으로 안내 방송을 하자 나는 크리스를 한 번 보고 이어 스티브에게 시선을 돌렸다. 우리 셋은 모두 흥분에 찬 미소를 지었다. 다시 멍거를 만나기 위해 로스앤젤레스로 가는 중이었고, 이번에는 스티브도 초대받았다. 창밖을 보니 우리는 캘리포니아를 지나고 있었다. 아래에는 격자 모양으로 깔끔하게 정리된 대지와 금빛 해안선이 반짝였다.

스티브는 아내 하이디가 구워준 신선한 크루아상과 슈트루델이 가득 담긴 종이봉투를 내밀었다. 그녀는 전문 제과사 출신으로 이런 여행이 있으면 늘 맛있는 간식을 챙겨주고는 했다.

"먹어봐. 구석기 다이어트는 며칠 있다 시작해도 돼. 네안데르탈인도 크루아상을 좋아했어."라며 스티브가 마치 마약 밀매상이 처음으로 거래를 틀 때 쓰는 말투로 말했다.

나는 슈트루델을 한 입 베어 물고는, 성인 남자가 페이스트리를 먹으며 내기엔 다소 과한 신음 소리를 냈다. 그리고 남은 페이스트리의 사진을 찍어, 아주 바삭하게 잘 구워진 간식을 부러워하라는 듯이 조이에게 보냈다. 밴쿠버에서의 데이트 다음 날 그녀는 나에게 문자 메시지를 보냈다. "좋아, 고백할게. 너를 검색해 봤거든. 모든 억만장자가 본질적으로 인간적이지 않으며, 나쁜 사람이라고 한 말, 사과할게."

나도 즉시 답장했다. "억만장자들은 위대하고 겸손한 사람들로, 화성을 향해 '남자 성기 모양 로켓'을 만들어 보내고 싶어 하는 단순한 욕망을 가진 사람들이란 걸 알아주길 바라."

우리는 두 번째 데이트에서 그 농담을 가지고 즐겁게 웃었다. 그러고 나서 세 번째, 네 번째 데이트로 이어졌다. 시간이 지나면서 우리는 같이 있지 않으면 끊임없이 문자 메시지를 주고받는 사이로 발전했다. 비록 전 세계 문제를 서로 다른 관점으로 바라보았지만 우리는 잘 맞았다. 그녀가 세상을 바라보는 방식을 내게 가르쳐준 것이 고마웠다. 그녀의 표현대로 내가 자본주의의 졸개라는 점을 달가워하지 않았지만, 어쨌든 그녀는 내 생각의 일부를 받아들였다. 우리는 많은 저녁 시간을 현재 경제 시스템의 장단점과 앞으로 내 재산으로 무엇을 할지를 이야기하며 보냈다.

욕망에 지지 않기 위해

로스앤젤레스로 가는 비행기에서 스티브는 멍거에 관한 질문을 하기 시작했다. 여러 면에서 스티브는 나와 정반대였다. 나는 디테일을 싫어했지만, 그는 디테일에 뛰어났다. 나는 가급적 회의를 안

하려 했지만 스티브는 더 효율적으로 회의를 진행하기 위해 맞춤형 소프트웨어까지 만들 정도였다. 나는 반바지와 티셔츠를 선호하지만 그는 짙은 회색 양복을 입어야 가장 마음이 편안하다고 했다. 그는 철저한 기업 운영자였다. 그는 코치 역할을 좋아했지만, 나는 운동장에서 멀리 떨어진 VIP 박스에 앉아 누구의 방해도 받지 않고 집중하고 싶어 했다. 그럼에도 불구하고 우리는 수년 동안 매우 가까워졌다. 10년 넘게 경영을 지원하는 자리에 있었고 거의 모든 회사 문제와 개인사를 겪으며 서로를 지켜봤다. 인정하고 싶지 않지만 우리는 상대방이 울먹이는 모습을 서로 많이 보았다. 이는 다른 남자 사업가들 사이에서는 좀처럼 보기 드문 모습이다. 나는 크리스를 제외하면 그 누구보다 그를 신뢰했다. 그리고 오늘, 비록 그는 깨닫지 못하겠지만 그의 인생은 엄청나게 변화할 것이다.

스티브는 자신이 만든 소프트웨어 회사를 몇 년 전에 사모펀드에 매각했다. 평소 해보고 싶은 꿈이었다며 가족과 함께 프랑스 남부로 이사하여 1년 동안 살더니 다시 일하고 싶어 안달이 났다. 그러나 스티브는 이미 충분한 재산을 모았다. 회사를 매각하기 전에도 그는 현금으로 집을 구매했으며, 꿈같은 삶을 살기 위해 연간 25만 달러 정도의 수입이면 충분하다는 계산을 마친 상태였다. 그는 매각 수익금을 매우 안정적인 주식과 채권에 투자했고 다시는 뒤를 돌아보지 않았다.

그가 수천만 달러에 회사를 매각한 날 나는 그에게 전화를 걸어 축하했다.

"자신에게 뭔가 대단한 보상을 해줬어요? 오픈카? 명품 시계?"

그는 오랫동안 눈여겨보았던 정원용 가위를 샀다고 했다. 그게 바로 스티브였다. 사용하는 데 지장만 없다면 약간 녹슬었다는 이유만으로 정원용 가위 따위에 돈을 낭비하지 않는 사람이었다.

나는 그때를 떠올리며 스티브를 힐끗 쳐다보았다. 그리고 문득 어떻게 하면 그의 사고방식을 배울 수 있을까 생각했다. 그는 멍거를 정말 존경했으므로 그를 만날 기회가 오자마자 바로 수락했다. 그런 기회를 얻을 수만 있다면 내게 자신이 새로 산 정원 가위라도 기꺼이 주었을 것이다.

하지만 나와 크리스에게는 약간의 문제가 있었다. 멍거와 함께 사업한다는 이 놀라운 기회가 현실적으로 정말 좋은가에 대해 우리는 의구심을 갖게 되었다.

우리가 데일리 저널 코퍼레이션과 합병하면 내가 삶의 주요 목표라고 생각하는 자유를 잃을 수도 있다는 사실을 깨달았다. 그렇게 되면 타이니는 더 이상 우리의 회사가 아니게 된다. 타이니는 20년 넘게 신중한 결정이 쌓이고 쌓여 이룩한 우리의 정체성이 담긴 회사였고 우리가 사랑하는 사람들과 함께하며 열정을 쏟아온 결과였다. 그러나 데일리 저널은 멍거의 회사였다. 130년 된 대기업으로, 수십 년을 같이한 주주들이 있었다. 그리고 우리가 선택하지도 않았고, 완전히 이해하지도 못하는 여러 분야의 다양한 사업들을 포함하고 있었다. 물론 소프트웨어에 대한 투자로 인해 무궁무진한 가능성과 뛰어난 인재를 보유한 훌륭한 회사임은 틀림없었다. 그러나 마치 이혼 경력이 있는 두 사람이 합치려고 할 때처럼 복잡하고 불행한 결과를 초래할 것 같은 느낌이 들었다.

게다가 여전히 다른 사람을 부러워하는 억만장자들과의 대화, 조이와의 만남, 그리고 지난 몇 년 동안의 스트레스와 공허함이 나에게 모든 것을 의심하게 만들었다.

"내가 이걸 왜 하는 걸까? 돈을 위해서? 내 이름 뒤에 'b'로 시작하는 타이틀을 얻기 위해서? 존경하는 사람과 비즈니스 거래를 한다는 소망을 달성하기 위해서?"

지난 몇 주간 나는 박수 칠 때 떠나자는 마음과 계속하자는 마음 사이에서 끝없이 갈등했다. 그 후 다음 날이 되면 현실이 나를 휩쓸곤 했다. 신문 사업을 운영하는 방법을 배우는 데만 몇 년이 걸리고 내가 선발하지 않은 주주, 이사회, 임원들과 씨름해야 한다는 생각이 들었다. 그건 마치 대형 크루즈의 방향을 바꾸는 것과 같았다. 나는 더는 계속할 이유가 없다며 이젠 끝내자고 생각했다. 그러다 스물네 시간이 지나면 다시 스스로를 꾸짖었다.

"하지만 이건 찰리 멍거잖아!"

우리는 모두 이런 종류의 난제로 힘들어한다. 한 CEO 친구가 내게 들려준 말이 있다.

"어떤 날은 아침에 일어나 밤낮으로 열심히 해서 스티브 잡스 같은 사람이 되겠다고 다짐하다가도, 또 어떤 날에는 작은 집을 사고, 헌 차를 타더라도 책임과 스트레스 없는 삶을 보내고 싶다는 꿈을 꾼다네."

자본주의의 의도치 않은 부산물은 스스로 아무것도 가진 게 없다고 생각하게 만들거나, 아니면 모든 것을 가질 수 있다고 믿게 만드는 것이다. 우리는 가만히 있어도 행복하다는 걸 깨닫지 못하고 쓸데없이 앞으로 나아가서 새로운 스트레스를 키울 때가 너무 많다. 나는 지금이 바로 그런 순간인지 아직 확신할 수 없었다.

돈이 해결하지 못하는 끝없는 불안감

데일리 저널은 안정적인 신문 및 출판 사업을 운영하고 있었고, 수억 달러의 주식을 보유하고 있었으며(멍거가 재투자한 수익금으로 구매), 세계 곳곳의 기업과 계약을 맺고 있는 성공적인 법률 기술 소프트웨어 회사인 저널 테크놀로지Journal Technologies라는 회사도 보유하고 있었다. 그러나 그들은 힘든 싸움을 해야 했다. 그들의 가장 큰 경쟁자는 극도로 공격적인 수십억 달러 규모의 상장회사인 타일러 테크놀로지Tyler Technologies였다. 멍거는 고객인 정부에 과다 청구하는 것으로 유명한 경쟁사와 달리 매우 공정한 계약을 체결하고 작업이 완료될 때까지 고객에게 요금을 청구하지 않는 등 윤리적 관행을 통해 다윗과 골리앗의 접근 방식을 구현하고 싶어 했다.

그 방법이 불가능한 것은 아니었지만 상당한 노력이 필요할 터였다. 우리는 정부 기관에 복잡한 소프트웨어를 판매하는 방법을 아는 CEO를 고용해야 했다. 장기적으로 생각할 줄 알고 찰리 멍거가 운영하는 특별한 방식을 이해하는 사람이어야 했다.

"스티브가 적임자야. 100퍼센트 스티브야!" 크리스가 숨을 헐떡이며 말했다.

나도 대찬성이었다. 스티브가 가장 최근에 운영했던 회사는 놀랄 만큼 저널 테크놀로지와 유사했다. 게다가 그는 멍거를 우상처럼 생각했다. 하지만 여전히 의문은 남아 있었다. 이것이 의미가 있을까? 우리가 정말 하고 싶어서 그러는가 아니면 그저 모방하려는 것인가? 업계에서 인정받고 싶어서 그러는가 아니면 우리 자신을 위해서인가?

다음 날 아침 크리스와 나는 사무실에 있는 정원에 앉아 잔잔한 바다를 바라보며 갈매기 소리를 들었다. 고요하고 사색이 깊어지는 순간이었다.

내가 먼저 말을 꺼냈다. "조금 황당하게 들리겠지만 나는······."

크리스가 갑자기 내 말을 마무리했다. "······이 거래를 하고 싶지 않다는 거지."

그에게 내 우려 사항을 모두 이야기했다. 우리는 멍거가 임명한 이사회와 주주들, 그리고 전통 언론사를 인수해서 성장시켜야 하는 실질적인 문제를 떠안아야 했다. 몇 년 전이라면 나는 앞뒤 따지지 않고 그 혼란에 뛰어들었을 것이다. 하지만 이제는 이성적으로 생각하려고 노력했다. 지난 몇 주 동안, 나는 멍거와의 합병을 그동안 다른 CEO들을 설득해 회사를 인수했던 방식과 같은 접근법으로 고민해 왔다.

나는 스스로에게 반대목표 전략을 적용해 보았다. 억만장자가 되면 내 어린 시절 돈에 대한 불안감이 완전히 사라질 것 같았다. 그러나 부자가 된 지금도 내겐 여러 문제가 있었다. 여전히 아이들을 걱정하고 있으며, 사업과 인간관계, 친구 관계, 일상의 여러 문제에 대해 불안감이 가시지 않았다. 그리고 물론 자아^{ego}의 문제도 있었다. 아마도 크리스와 내가 서부 해안 여행에서 만났던 모든 억만장자를 보면서 가장 힘들었던 부분도 바로 내 내면의 자기 과시 욕구였다. 사실은 그것 때문에 거절하기가 무척 힘들었다. 바로 내 자존심이자 멍거를 따라 하고 싶은 욕망, 즉 '작은 멍거Mini Munger'가 되고 싶어 하는 마음이었다.

"내가 미친 걸까?" 내가 크리스에게 물었다.

"아니. 내가 널 안 뒤 처음으로 안 미친 짓을 하고 있어."라고 크리스가 대꾸했다.

마침내 몇 주간의 혼란 끝에 우리는 결정을 내렸다. 그 순간 나는 온 세상의 무게가 어깨에서 떨어져 나간 듯한 기분이 들었다.

우리는 멍거에게 이 사실을 전했고, 그는 우리의 결정을 충분히 이해하고 존중했다. 우리는 회사 합병을 원하지는 않지만 그 회사를 운영할 완벽한 CEO 후보가 있다고 말했다. 다행히도 스티브와 멍거는 즉시 서로 잘 맞았고, 로스앤젤레스에서의 점심이 끝나기도 전에 멍거는 스티브를 데일리 저널 코퍼레이션의 차기 회장 겸 CEO로 지명하기로 결정했다.

"그럼, 다음은 뭐야?" 크리스가 물었다. "이제 은퇴할까? 겨우 30대인데? 해변에서 마가리타를 마시며 뒹굴뒹굴할까?"

우리 둘 다 며칠 동안 아무것도 하지 않고 해변에 누워 있을 수 있는 성향이 아니라는 사실을 잘 알고 있었기에 크게 웃었다.

나는 "잘 모르겠어."라고 대답했다.

며칠 후 아이들과 함께 침대에 누워 『캡틴 언더팬츠의 모험 Adventures of Captain Underpants』을 읽고 있는데 전화가 울렸다. 우리 회사 중 하나를 수억 달러에 사겠다는 제안이었다. 머릿속으로 빠르게 계산해 보니 적어도 서류상으로는 이제 내가 억만장자가 되었다는 것을 깨달았다. 나는 혼자 조용히 웃다가 다시 책에 집중하며 언더팬츠 선장의 최신 모험을 더 읽어야겠다고 생각했다.

19장
부자로 살아남기

NEVER ENOUGH

"전쟁에서 배를 태우면
후퇴할 선택지가 없어지고 무조건 이겨야 해.
나는 내게 결정권이 주어진다면,
매일 똑같은 문제를 해결하고 또 해결하면서
회사라는 세계를 벗어나지 못할 것 같았어.
말하자면 나는 중독자였으니까.
마약을 끊고 싶은 중독자가
집 안의 모든 마약을 없애야 하는 것처럼
그렇게 해야 했어."

늘 듣던 알람보다 부드러운 코리마코 새의 노랫소리를 들으며 잠에서 깼다. 조심스레 침대에서 빠져나왔다. 어슴푸레한 침실을 가로질러 걸으니 마룻바닥이 삐걱거렸다. 새벽 6시라 아직 잠들어 있는 조이를 깨우고 싶지 않았다.

우리는 만난 지 1주년을 기념하기 위해 뉴질랜드의 앤더슨 코브Anderson's Cove로 여행을 와서 작은 오두막에 머물고 있었다. 이 오두막은 40제곱미터 면적의 화분 작업실을 개조한 것으로 노스랜드Northland의 깨끗한 자연에 둘러싸여 있었다. 작은 방 2개가 있는 오두막은 지난여름에 빌렸던 요트와는 극명한 대조를 이루었다.

나는 데크에 앉아 정원과 나무에 매료된 채 장미색과 귤색으로 물든 새벽이 밝아오는 하늘을 바라보았다. 키 큰 나무들이 바람에 흔들리며 지저귀는 새들에게 쉼터를 제공했다. 토종 양치류와 화사한 포후투카와pohutukawa 꽃으로 가득한 정원은 햇살이 이슬 맺힌 나뭇잎을 비추자 물방울 하나하나가 작은 프리즘처럼 반짝이며 새로운 날의 생기를 되찾았다.

하루에 한 갑씩 피우는 흡연자가 담배를 찾듯 갑자기 나는 몽상에서 깨어나 주머니를 뒤져 휴대전화를 찾았지만 '서비스 불가 지역'이라고 적힌 화면만 보였다. 설정 메뉴로 들어갔지만 와이파이도 찾을 수 없었다. 그런 다음 캘린더를 확인했지만 어떤 일정도 없었다. 나는 불안과 안도감 사이를 빠르게 오갔다. 혹시 무언가를 놓친 건 아닐까? 누군가가 나에게 연락하려고 했으면 어떡하지? 내 회사 중 한 곳에 사고가 터진 건 아닐까? 그리고…… 완벽한 행복감과 함께 혈압이 떨어지는 것이 느껴졌다. 더 이상 골치 아픈 이메일도 없고 문자 메시지도 없다. 아무도 내게 연락할 수 없다. 나는 휴대전화를 툭 던져버리고 옆에 놓인 낡은 책을 집어 들며 온화하고 향기로운 공기를 깊이 들이마셨다.

이렇게 지낸 지 열흘이 되었다. 지구 반대편의 숨 가쁜 일상생활과 완전히 담을 쌓았다. 내 자동응답기가 휴가 메시지를 반복하며 나를 보호해 준다고 생각하니 흐뭇했다. 그리고 타이밍상으로도 최적이었다. 나에게 시간을 두고 오래 고민해야 할 문제가 있었기 때문이다.

지난 1년 동안 나는 삶의 의미에 대해 고민해 왔다. 마침내 그전부터 늘 하고 싶었던 일을 해냈다. 그러자 "이제는 뭐하지?"라는 의문이 깊은 곳에서 울려 퍼졌다. 사람들은 못 믿겠다는 표정으로 "아, 난 안 그럴 거야. 내가 그렇게 돈이 많다면 마냥 좋을 것만 같은데."라고 말하지만, 나는 절대 그렇지 않을 거라고 확신한다.

돈은 내게 부담을 주는 존재가 되었다. 그것도 매우 빠르게. 너무나 압도적이어서 아무런 기쁨도 느낄 수 없었다. 돈을 쓰려고도 해봤지만 결국 남는 것은 공허함뿐이었다. 그래서 돈을 불리려고도 노력해 보았지만, 그것도 의미가 없는 것 같았다. 나는 이미 원하는 삶을 영원히 살 수 있을 만큼 돈은 충분했다. 내가 왜 계속 돈을 벌어야 할까? 두려움? 불안감? 수십 년 동안 내 모토였던 '미쳐야 살아남는다'는 앤디 그로브Andy Grove의 인용구마저 아무 의미가 없는 것처럼 느껴지기 시작했다. 나는 영원히 앞으로만 나아가는 게 아닌가 걱정되었다. 늘 이메일을 확인하고, 오직 일하기 위해 일만 하는 일 중독자가 될지 모른다는 생각이 들었다.

전에 '집 없는 억만장자the homeless billionaire'라는 별명을 가진 남자를 만난 적이 있다. 그는 집이 없었고, 사실상 개인 제트기를 타고 전 세계를 돌아다니며 살았다. 그는 직원들이 한 도시의 여러 호텔을 예약하도록 한 다음 마지막 순간에 어느 호텔에서 잘지를 결정했다고 한다. 그 나머지 시간에는 걸프스트림 G650 제트기에서 잠을 잤다.

나는 '목적 없는 억만장자the aimless billionaire'가 되어가는 것 같았다. 부자가 되는 방법에 관한 책을 100권 넘게 읽었지만, 실제로 부자가 되면 어떤 일이 발생하는지를 설명하는 책은 없었다. 이제 나는 롤모델을 찾고 있었다. 이 문제를 해결한 사람을 찾아야 했다. 그런데 성공한 사람들을 더 많이 만나면서 내가 발견한 것은 그들 대부분이 상어와 같다는 것이었다. 앞으로 계속 헤엄쳐 나가면서, 운 없게도 그들의 길을 막는 모든 것을 먹어치우는 로봇 같은 사람들, 단 한 순간도 자신의 삶을 돌아보지 않는 사람들이었다. 어떤 사람들은 불안이나 어린 시절의 트라우마가 원인인 것 같았고, 또 어떤 사람들은 그냥 성격 장애 같았다. 둘 다 가진 사람도 많았다.

5억 달러짜리 호화 요트와 11만 명의 목숨

나는 새벽에 일어나 이 모든 문제를 생각하며 답을 찾고 있었다. 그리고 항상 그런 느낌이 들 때 하던 것처럼 책을 읽었다. 바로 그 순간 내 생각에 불을 지피고 모든 것에 의문을 품게 만든 책 한 권을 발견했다.

한 시간쯤 후 조이가 가운을 걸친 채 커피 두 잔을 들고 나왔다. 그녀가 내게 머그잔을 건네자 나는 책을 내려놓고 그녀를 보았다.

"자, 상상해 봐. 아름다운 옷과 명품 구두를 신고 있는데 연못에서 아이가 물에 빠져 죽는 걸 본다면 어떻게 할 거야?"

"와! 좋은 아침이네." 그녀가 대답했다. "당연히 뛰어들어서 아이를 구해야지."

"맞아. 당연하지. 비싼 명품 신발이 망가지더라도 그래야겠지." 내가 말했다. "아이의 생명은 디자이너 신발보다 더 중요하잖아."

"와우! 정말 기분 좋게 하루를 시작하게 해주네. 아침부터 물에 빠진 아이에 관한 질문으로 시작한 이유가 뭐야?" 조이가 물었다.

나는 조이에게 피터 싱어Peter Singer라는 호주 철학자가 쓴 『기근 풍요 도덕』에 대해 이야기했다. 그는 재산이 있는 사람이라면 누구나 도움이 필요한 사람들에게 기부할 도덕적 의무가 있다고 주장했다. 그는 불필요한 물건에 돈을 쓰는 것과 도움이 필요한 사람을 돕기 위해 같은 금액을 기부하는 것 중에서 선택해야 한다면, 도덕적으로 올바른 선택은 분명하다고 말했다. 그러나 이러한 고통이 눈에 보이는 곳이 아닌, 예를 들어 저 먼 개발도상국에서 발생한다면 문제는 달라진다. 아이가 바로 당신 눈앞에서 물에 빠졌다면 당연히 아이를 구하러 뛰어들 것이다. 하지만 신문에서 그런 기사를 읽으면 당신의 뇌는 그것을 추상화하고 무시한다.

조이에게 책에 나온 문장을 읽어주었다.

"만약 중요한 것을 희생하지 않고도 우리 힘으로 나쁜 일이 일어나는 것을 막을 수 있다면, 우리는 도덕적으로 그렇게 해야 한다."

우리는 즉시 과잉 소비 목록을 검토하기 시작했고, 우리 역시 같은 잘못을 저지르고 있음을 깨달았다. 우리에게는 구두만 많은 게 아니라 편안하게 살고도 남을 만한 것들이 많았다. 여러 채의 집과 여러 대의 자동차, 디자이너 가구 그리고 전용기까지.

우리는 그저 멋진 신발을 지키기 위해 익사하는 사람들을 그저 바라보고만 있는 건 아닐까? 얼마나 많은 아이들이 익사했을까? 수백 명? 아니, 어쩌면 수만 명? 모든 것을 포기하고 작은 아파트로 이사한 뒤 나머지는 자선단체에 기부해야 할까?

나는 지난 1년 동안 만난 모든 부유한 사람들을 되돌아보았다. 그들의 호화로운 저택, 헬리콥터와 전용기 그리고 요트가 떠올랐다.

조이에게 제프 베이조스가 5억 달러(약 7,000억 원)짜리 초호화 요트를 주문했다고 말한 적이 있다. 기부자가 지원할 효과적인 자선단체를 찾기 위한 연구를 수행하는 기관인 기브웰GiveWell에 따르면 개발도상국에서 한 사람의 생명을 구하는 데 드는 비용이 약 4,500달러(약 630만 원)라는 사실도 함께 전했다.

나는 아이폰 계산기에 숫자를 입력하고 크게 놀랐다.

"5억 달러면 개발도상국에서 11만 1,000명의 생명을 구할 수 있는데, 그 돈으로 1년에 고작 몇 번 12명이 휴가를 보내기 위해 초호화 요트를 건조하는 것이 윤리적으로 옳은가?"

11만 명이면 대략 콜로라도주 볼더시의 인구와 비슷하다. 둘 다 할 수 있다면 어떨까? 만약 초호화 요트를 위한 5억 달러를 남겨두고 남은 돈을 모두 기부한다면, 그 사람은 나쁜 사람일까? 싱어에 따르면 그럴 수도 있다.

요트와 굶주린 사람을 비교하니 약간 불쾌했다. 베이조스는 초호화 요트의 선수에 서서 "빵이 없으면 케이크를 먹어라!"라고 외치는 현대판 마리 앙투아네트에 불과할까? 아니면 그 요트는 아마존 제국을 건설한 데 따른 허황된 보상일까?

이를 단순하게, 성공한 변호사가 로펌에서 파트너가 된 것을 축하하기 위해 화려한 연두색 람보르기니를 사는 것과 같다고 볼 수 있을까?

우리 모두 그런 남자를 알고 있다. 반짝이는 대머리와 선글라스를 자랑하며 차 지붕은 열어젖힌 채 엔진 소리를 크게 내며 질주하는 남자 말이다.

아무도 그 남자나 그의 차를 좋아하지 않지만 그렇다고 해서 그가 그 어리석은 차를 사는 것이 불법이라고 생각하지 않는다. 불만이 있지만 그냥 넘어간다. 다른 사람들이 보기에 아무리 터무니없어 보일지라도 우리는 개인이 원하는 대로 돈을 쓸 수 있는 사회에 살고 있으므로 이를 받아들인다.

"어느 정도 보상이면 괜찮을까?" 조이에게 물었다. "달성하고 싶은 목표가 있는 건 좋은 일인 것 같아. 직장에서 큰 폭의 임금 인상을 받으면 새 차나 더 좋은 소파를 사고 싶은 건 당연한 일이야. 부자의 경우 나머지를 전부 기부한다면 어느 정도 사치를 즐기는 것도 괜찮지 않을까?"

조이와 나는 한 시간 넘게 이 문제로 의견을 주고받았다. 하지만 만족스러운 결론에 도달하지 못했다. 싱어의 프레임에 따라, 우리가 사치품을 사려 할 때마다 그 돈으로 구할 수 있는 아이들을 생각한다면 마음이 매우 불편할 것이다.

우리는 매일 아침 이런 식으로 다소 장난기를 섞어 억만장자와 자본주의 그리고 자선 행위 등에 대해 토론했다. 조이는 내가 놓친 몇 가지 사실을 깨닫게 해주었고, 반대로 나도 그녀에게 몇 가지를 알려주었다. 그리고 피터 싱어의 책을 읽으면서 자선 활동에 대한 절실함을 다시 한번 느꼈다. 익사하는 아이의 이미지는 마치 따귀를 맞은 듯한 충격이었다.

얼마 안 지나 일주일 전에 나눈 대화를 다시 떠올렸다. 조이와 내가 뉴질랜드에 처음 도착한 수도 웰링턴은 언덕이 많고 바람도 세차게 부는 곳이었다. 이곳에 사는 데릭 시버스Derek Sivers라는 친구는 몇 년 전 뉴질랜드로 이주해 왔는데, 나는 그에게 이메일을 보내 만나자고 했다.

10년 넘게 데릭을 직접 보지 못했기 때문에 그를 만나는 것이 무척이나 기대되었다. 우리는 타라나키 거리에 있는 작고 세련된 카페

오거스트에서 만났다. 나는 일찍 도착해서 이메일을 확인하고 몇 가지 작업을 했다. 강렬한 빛을 발하는 푸른 눈을 가진 데릭이 카페 안으로 들어왔다. 그는 목폴라 티셔츠와 함께 우아해 보이는 회색 맞춤 정장을 입고 왔다. 늘 그랬듯 평온해 보였다. 그는 누구와 이야기하든 상대방이 세상에서 유일하게 대화할 가치가 있는 사람처럼 느끼게 했다. 10년이 지났지만, 그는 여전히 내가 기억하는 그대로였고, 주름살이 이마에 몇 줄 더 생긴 것 외에는 변함이 없었다.

나는 그간 주로 이메일 대화로 또는 데릭의 책과 뉴스레터를 읽으면서 그의 소식을 들었다. 그는 말하자면 자기주장이 뚜렷한 반골 스타일로서, 자기 뜻대로 살면서 지난 몇 년 동안 수십만 명의 독자들에게 글을 쓰고 철학을 설파하는 데 집중해 왔다. 그의 저서 『어떻게 살 것인가 How to Live』는 타인에 대한 의존을 피하고, 너무 많은 것을 소유하지 않으며, 그리고 역설적이게도 스스로를 밀어붙여 고통스러운 경험을 하는 것이 중요하다고 주장한다.

모든 성공과 명성에도 불구하고 나는 그가 얼마나 소탈한 사람인지 항상 감탄했었다. 데릭과 나는 2009년 TED 콘퍼런스에서 만났다. 당시 내 회사 직원은 한 손에 꼽을 만큼 적었던 데 반해 그는 이미 수천만 달러에 회사를 매각한 상태였는데도 나를 동등하게 대해주었고 나에게 관심을 보였다. 그때 그가 나를 점심 식사에 초대하고 그의 친구들에게 소개해 주었는데, 나는 막 회사를 시작한 20대 괴짜였고 그는 유명한 기업가였다. 당시의 성공 수준이나 지위와 상관없이 나를 대하는 그의 태도는 나에게 귀감이 되었다. 거의 15년이 지난 지금, 그는 전과 마찬가지로 나를 성공한 기업가로서 존중하며 친절하게 대했다. 그는 내게 아무것도 요구하는 것 없이 그저 안부를 묻고 싶어 했다.

"그래, 이제 그동안 어떻게 살았는지 이야기해 봐." 그가 커피를 마시며 따뜻한 미소로 말했다.

중독에서 벗어나려면 배를 태워라

나는 가장 노련한 셰익스피어William Shakespeare 연극 배우도 말하다 지칠 정도로 기나긴 독백을 시작했다. 지난 몇 년 동안 나 자신과 나누었던 모든 생각, 걱정, 스트레스 그리고 실존적 논쟁을 구토하듯 쏟아냈다. 회사를 시작한 것부터 브라이언에게 거의 모든 것을 잃을 뻔한 사건, 형제들과의 긴장 관계 그리고 지금의 내 모습인 불안한 억만장자에 이르기까지 그동안 겪은 모든 경험을 그에게 털어놓았다. 그는 커피를 홀짝홀짝 마시며 기나긴 이야기를 집중하며 참을성 있게 들었다. 그가 내 이야기가 끝이라고 생각할 때쯤 나는 다시 얼마나 많은 돈을 벌었고 사업의 정상에 있는 것이 얼마나 만족스럽지 않은지를 계속 떠들어댔다. 그리고 "정말 어떻게 해야 할지 모르겠어."라고 끝을 맺었다.

"와. 그렇게 많은 돈을……." 그는 마치 말 조련사가 놀란 야생마를 진정시키려는 것처럼 차분히 고개를 끄덕이며 말했다. 잠시 후 그는 이렇게 덧붙였다. "하지만 나도 딱 그랬어. 회사를 매각한 후에 너 같은 생각을 했어."

"그랬어?" 나는 몸을 그에게 기울이며 물었다.

오랫동안 데릭과 연락해 왔지만 사실 그의 배경에 대해 많이 알지는 못했다. 물론 그가 독립 음악 회사인 CD베이비CDBaby를 설립했는데 이 회사는 '안티 뮤직 레이블anti-music label'이라는 이름으로도 불렸다는 것 정도는 알고 있었다. 또한 그가 엄청난 돈을 받고 회사를 팔았다는 이야기를 다른 친구에게서 들었지만, 나는 주로 그의 글을 통해 그를 알았고 함께 시간을 보내는 것이 즐거울 따름이었다.

데릭에 따르면 자신은 결코 기업가가 될 생각이 없었다고 했다. 그는 결손 가정에서 힘든 어린 시절을 보냈다. 그러다 16세에 고등학교를 중퇴하고 서커스단에 광대로 들어갔다. 이는 그가 밴드에서 연주하며 세계를 투어하는 전문 음악가가 되는 계기가 되었다. 1998년이 되었을 무렵 음악 산업을 영원히 바꿀 아이디어를 우연히 떠올렸다. 자신의 CD를 온라인으로 판매하려던 중 그는 다른 독립 음악가들이 인터넷에서 음악을 쉽게 판매하는 방법이 없다는 사실을 알게 됐다. 그렇게 CD베이비가 탄생했다. 그의 웹사이트는 온라인 독립 음악 판매의 선두 플랫폼으로 빠르게 성장하여 1억 달러의 수익을 창출하고 15만 명 이상의 뮤지션을 끌어들이면서 핵심 고객을 확보했다. 이는 CD 및 DVD 제조업체인 디스크 메이커스Disc Makers를 포함한 업계의 관심을 끌었고 디스크 메이커스는 2008년에 CD베이비를 인수하겠다고 제안했다.

"2,200만 달러에 사업을 팔려고 하는데 이상하게 그 어느 때보다 비참했어. 회사 매각이 너무 부담스러웠어. 그리고 모든 것을 다시 시작하고 싶은 충동을 느꼈어."

나는 '충분하지 않다는 말이지'라고 생각했다.

그가 계속 말을 이어 나갔다. "그때 이게 단순한 운이 아니라는 것을 증명하고 더 크고 더 나은 새로운 회사를 만들겠다는 생각이 들었어. 나는 다양한 사업 아이디어를 떠올렸지만 이것이 결국은 불안감의 표출임을 깨달았지. 같은 욕구를 좇아 내가 이미 성취한 것을 복제하려고 한 거야. 궁극적으로 그것은 내가 원하는 것이 아니라 다른 사람들에게 인정받으려는 욕구였어."

"그래서 어떻게 했어?" 내가 그에게 물었다.

"사업을 그만두고 새로운 일을 시도하기로 결심했지. 그리고 음악과 글쓰기에 집중했어."

"그래, 하지만 돈은 어떻게 했어? 이제 엄청난 돈이 생겼으니 관리하고 불려야 하잖아. 그래서 투자했어?"

"배를 불태웠지." 그가 마치 바이킹처럼 말했다.

"그게 무슨 말이야?"

"전쟁에서 배를 태우면 후퇴할 선택지가 없어지고 무조건 이겨야 해. 나는 내게 결정권이 주어진다면, 매일 똑같은 문제를 해결하고 또 해결하면서 회사라는 세계를 벗어나지 못할 것 같았어. 말하자면 나는 중독자였으니까. 마약을 끊고 싶은 중독자가 집 안의 모든 마약을 없애야 하는 것처럼 그렇게 해야 했어."

"그래서 어떻게 끊었어?" 그 순간 실제로 2,200만 달러를 불태워 버린 건 아닐까 생각했지만, 다행히도 그는 그렇게 하지 않았다.

"생각해 보면 회사 매각 대금 같은 엄청난 돈은 필요도 없고 원하지도 않았어. 내겐 그냥 편안하게 살 만큼의 돈만 있으면 된다고 생각했지. 돈 자체는 목적이 아니었어. 진짜 중요한 건 자유롭게 무언가를 만들어내는 즐거움이었어."

"그래서 돈을 다 기부한 거야?"

"그렇다고 할 수 있지." 그가 말했다. "회사를 매각하기 몇 달 전에 회사 소유권을 신탁회사에 넘겼어. 내 전 재산은 영구적으로 더는 내 소유가 아니고 자선 신탁에 위탁됐어. 내가 죽으면 모든 재산이 음악 교육에 기부되지만, 살아 있는 동안에는 매년 자산 가치의 5퍼센트를 받지. 하지만 공식적으로 나는 재산이 거의 없어. 엄청난 돈의 무게에서 벗어나 이 정도면 충분하다고 할 만한 수준만 가진 거야. 더 이상 돈은 필요 없다고 생각한 거지."

나는 이 말을 곰곰이 생각했다. 지금까지 수백 번은 그런 방법을 떠올렸지만, 나는 그렇게 할 수 없었다. 그가 어떻게 불가능한 일을 해냈는지 알고 싶었다. "자존심 상하지 않았어? 다른 부자들과 어울릴 때 기분이 어땠어?" 내가 물었다.

"마치 재활 치료를 받고 중독에서 벗어난 사람이 마약 중독자들과 어울리는 그런 기분이야. 그들의 모든 삶은 마약을 중심으로 돌아가지만, 내가 지금처럼 거리를 두고 보니 그들이 전부 미쳐 보이는 거야."

내 볼이 붉어졌다. 나도 그가 말한 중독자 중 한 명이었다.

"요즘은 한 달에 한 번 정도는 너 같은 사람이랑 이런 이야기를 하곤 해. 많은 사람이 내가 한 것처럼 부담에서 탈출하는 것을 이야기하지만, 실제로 행동에 옮기는 사람은 많지 않아. 작은 집에서 소박하게 살겠다는 생각은 누구나 동경하지만 실제로 그런 선택을 하는 사람은 거의 없는 것과 마찬가지야." 그가 웃으며 말했다.

"그래서 지금은 뭐 해? 회사를 판 지 벌써 13년이 됐잖아?"

그는 책과 블로그를 쓰기 시작했으며 전 세계 수십만 명의 구독자를 보유한 이메일 뉴스레터를 작성하고 음악을 만드는 데 전념한다고 말했다. "생각하고, 글을 쓰고, 여행하고, 아들과 시간을 보내고, 곡을 연주하지. 인도에 가서 3일 동안 내 뉴스레터를 구독하는 흥미로운 사람들을 만나 그들의 삶에 대해 배우고 지금 막 돌아왔어. 하이킹도 많이 하고, 뭐 그냥 바쁘게 사는 거지." 그는 무언가를 할지 말지 결정할 때 사용하는 판단 근거에 대해 이렇게 말했다. "정말 좋아하는 일이 아니면 절대 선택하지 않아. 좋아하는 일만 하기에도 인생은 너무 짧아. 이게 진정한 자유지."

나는 웃었다. 나 역시 캘린더를 보면서 수많은 일정에 힘들어하는 만큼 이런 전략이 절실히 필요했다.

"그럼 이제 모든 게 완벽해?"라고 내가 물었다.

"물론 그렇지는 않아!" 내 어리석은 질문에 그가 웃으며 답했다. "나도 스트레스를 받지. 이혼도 했고, 가족 문제도 좀 복잡하고, 가끔은 내가 왜 사는가 하는 생각도 들어. 내가 삶을 완벽하게 통달한 건 아니야. 여전히 힘들고 복잡하기는 하지만, 내가 비즈니스에 종사하는 다른 친구들과 다른 점은 다양한 문제를 해결하기 시작했고 돈에 대한 욕망에서 벗어나기로 선택했다는 거야."

나는 다소 혼란스러워하며 앉아 있었다. 머릿속에서는 계속 배를 불태워 버리겠다는 생각만 들었다. 마치 내가 어떤 비밀 종교 집단에서 자랐는데 지금은 웰링턴의 아담한 카페에서 그 종교에 속했다가 탈퇴한 사람에게서 사이비 집단의 실체를 교육받는 듯한 기분이 들었다. 하지만 내 뇌는 상대방의 말을 즉각적으로 거부했다. 마치 『반지의 제왕』에 나오는 골룸Gollum에게 소중한 반지를 버리라고 권유하는 것과 다름없었기에 도저히 상상할 수 없는 일이었다.

"그립지 않아?" 내가 물었다.

"뭐가?"

"회사를 운영하는 거라든가 자신을 평가할 수 있는 돈이나 지위 같은 거 말이야."

"난 돈도 충분하고, 세상에 내 능력을 이미 증명했어. 왜 다시 해야 하는지 모르겠어. 올림픽 금메달을 한 번 딴 사람을 보고 '왜 두 번 못 땄지?'라며 이상하게 보는 사람 있어? 없잖아. 그런 잣대는 더 이상 쓸모없어. 생각해 봐. 왜 그렇게 사업하는 걸 좋아하지?" 그가 물었다.

"글쎄, 더 나은 걸 만드는 게 좋아. 항상 어떻게 해야 더 잘될지, 세상의 문제를 어떻게 해결하고, 어떤 아이디어를 구체화할지 생각했어. 난 그게 재미있는 거야."

"나도 여전히 그런 걸 해. 다만 돈만 바라보고 하는 건 아니지." 그는 최근에 작업한, 금전적 보상이 없는 몇몇 디지털 프로젝트에 대해 말했다. "돈 대신 아이디어를 실현하고 그 과정에서 흥미로운 사람들과 교류하는 즐거움을 얻는 거야."

"주위의 사업가들은 너를 어떻게 평가해? 안 좋게 보나?"

"두 가지를 깨달았어. 첫째, 그들은 내가 그만둔 사실을 대부분 부러워하면서 비슷한 꿈을 꾸지. 그들 중 누군가가 나를 이상하게 생각한다면, 글쎄, 그런 사람들과는 친구로 지내고 싶지 않아. 둘째, 최근 런던에 갔을 때 아주 세련되고 비싼 양복을 몇 벌 사서 마치 유니폼처럼 매일 입고 다녀봤지." 그는 자신의 멋진 회색 양복을 가리키며 말했다. "옷이 날개라고 멋진 옷을 입으니 사람들이 나를 보는 눈이 달라졌어." 그가 어깨를 으쓱하며 말했다.

나는 웃고 나서 잠시 침묵을 지켰다. 카페 창밖을 바라보며 데릭의 말을 곰곰이 생각해 보니 그가 인생을 해킹했다는 걸 깨달았다.

그는 충분히 가졌고, 나도 그렇게 되고 싶었다.

20장
재수 없는 놈

NEVER ENOUGH

이제 나는 좋은 차를 타는 부유한 아빠였다.
원하는 것을 얻었지만
뭔가 잘못되었다는 느낌이 들었다.
마치 자신을 팔아 세상과 야합한 느낌이었다.

뉴질랜드에서 돌아온 지 몇 주가 지난 어느 날 나는 침대에 누워 이메일을 무심히 훑어보다 몇 년 만에 연락한 사람이 있어 메일을 열어 읽기 시작했다.

안녕, 앤드루. 오랜만이야. 저녁이나 커피 한잔 할 수 있을까?
—브렌트로부터

브렌트는 메타랩 초기 시절의 옛 동료였다. 그는 재능 있는 디자이너였고, 회사 전체에 직원이 스무 명밖에 없던 10년 전쯤 내 밑에서 일했다. 우리는 그때 친구처럼 지냈다. 어려운 디자인 프로젝트를 완성하면 함께 술집에서 승리를 자축하곤 했다. 하지만 세월이 흐르면서 연락이 끊겼다. 옛 동료와 함께 고생했던 이야기를 나누고 싶어서 기쁜 마음으로 저녁 약속을 잡았다.

브렌트는 키가 173센티미터 정도에 웨이브 있는 갈색 머리를 하고 있었고, 몇 년 만에 봤지만 전혀 늙지 않은 것 같았다. 나는 특별한 날을 위해 밴쿠버의 고급 스테이크 하우스를 예약했다. 레스토랑은 마호가니 벽과 검은 가죽 소파로 장식되어 있었으며 유리로 된 뒤편의 육류 보관실에는 고기가 가득했다. 나는 샴페인을 한 병 주문하고 업무 관련 이야기를 하는 즐거운 저녁을 기대했다. 주식이 아닌 디자인 이야기를 나누고 싶었다. 유저 인터페이스UI와 유저 익스피어리언스UX, 색상 구성표, 서체 등 내가 좋아하는 것들에 대해 이런저런 대화를 나눌 수 있기를 바랐다.

우리가 메뉴를 보고 어떤 스테이크를 주문할지 망설이는 동안 브렌트는 뭔가 불안한 표정으로 안절부절못했다.

"와, 여기 정말 좋네." 그가 말했다. "자주 오나 봐?" 그의 눈은 반대편 유리장 안에 걸린 차가운 고깃덩어리들을 응시하고 있었다.

"응, 가끔 맛있는 스테이크가 먹고 싶을 때 오지." 나도 모르게 미안한 듯한 말투로 답했다.

웨이터가 와인을 따르자, 브렌트는 잔을 잡더니 최고급 카베르네 소비뇽 와인을 음미하기는커녕 얼음물 마시듯 벌컥 들이켰다. 그 모습을 보면서 이 자리가 내가 바라던 옛 친구와의 반가운 만남이 아닐 수도 있겠다는 생각이 들었다. 그리고 그가 잔을 내려놓을 때 보니 그는 오랫동안 하고 싶었던 말을 하기 위해 마음을 굳게 먹은 것처럼 보였다. 나도 마음의 준비를 했다.

핑계는 필요 없다

"생각해 봤는데 메타랩에 있을 때 내가 공정한 대우를 받지 못한 것 같아." 그가 말을 꺼냈다.

"무슨 말이야?" 내가 물었다. 10년 전에 내가 뭘 잘못해서 그가 화가 난 건지 기억을 더듬었다.

"넌 날 이용했어." 그가 말했다. "내 가치에 맞는 급여를 주지 않았어. 회사에 여유가 없으니 항상 절약해야 한다고 말했지만, 지금 봐봐. 네 집에는 영화관이 있잖아?"

그걸 어떻게 알았을까?

"우리가 하는 일에 대해 클라이언트에게 얼마나 청구했는지 난 다 알아. 그리고 네가 얼마나 남겨 먹었는지도 알지."

나는 말을 끊고 그게 그렇게 단순하지 않다는 사실을 말하고 싶었다. 그가 일하던 당시에는 회사가 망하기 일보 직전이었고, 겨우겨우 연명하던 시절이었다. 하지만 아무 말 하지 않았다.

"이건 공평하지 않아." 그가 와인을 따르며 말했다. "너와 크리스는 수억 달러를 벌었는데, 나는 월급만 받았어." 나는 한동안 아무 말도 하지 않고 무슨 말을 해야 할지 생각했다. 그는 우리가 타이니에서 하는 일을 지켜보고 있었고, 회사의 현재 가치에 대한 소문을 들었음이 분명했다.

"아, 네가 그렇게 느낀다니 미안해. 네 마음 이해해. 초창기 멤버로 열심히 했다는 거 알아. 네가 없었더라면 메타랩을 성장시킬 수 없었을 거야."

"그래, 내가 그렇게 중요하다면서 왜 지분은 안 줬지? 왜 직원들한테 안 줬어?" 그가 눈을 부릅뜨며 외쳤다. 그는 조금 전보다 더 화가 난 듯했다.

아, 이게 문제였구나.

"너에게 두 번이나 지분을 제안했어. 내가 대형 스톡옵션 패키지를 들고 너한테 간 거 기억 안 나? 네가 거절했잖아." 그리고 스톡옵션을 제안한 이유도 덧붙였다. "넌 월급을 더 달라고 했지만 우리는 그럴 능력이 안 되어 너한테 지분을 제안했던 거야."

"그땐 당장 돈이 필요했었어." 그가 대답했다.

"그래서 어렵게 돈을 구해 네 임금을 올렸지. 하지만 네 선택을 이해했어. 그 당시 사업은 잘되지 않았고 나도 솔직히 사업 성공에 의구심이 있었어."

그가 여전히 나를 노려보았지만 말을 계속 이어 나갔다.

"그리고 2012년에 또다시 네게 다른 옵션 패키지를 제안했지. 하지만 너는 대부분 거절하고 큰 폭의 임금 인상을 원했어. 다시 말하지만 널 이해해. 주식보다는 현금이 더 좋지. 사업이 실패하면 지분은 휴지 조각이 될 수도 있어. 너는 청구서를 갚을 돈이 필요했고 집도 사고 싶었을 거야. 그런 상황에서 위험을 감수하기는 힘들지. 그래서 또 임금을 인상해 주었어. 그런데 지금 와서 내 사업은 잘되었는데, 너는 월급밖에 못 받았다고 화를 내는 거야?" 나는 그에게 생각할 시간을 주었다. 그리고 계속 말을 이어 나갔다. "네가 원하지 않았던 그 옵션들이 지금은 엄청난 가치가 있다는 걸 알아. 하지만 시간을 되돌려 네가 그걸 받게 할 수는 없어. 그건 내 잘못이 아니야."

나는 그가 어떻게 반응할지 몰라 마음의 준비를 했다. 하지만 곧 내 실수를 깨달았다. 그의 잘못된 판단을 상기시킨 것이다.

"넌 정말 나쁜 놈이야, 앤드루. 아직도 잘 모르겠어? 넌 내가 월급을 받거나, 회사의 지분을 얻는 것 중 하나를 선택하게 했잖아. 그래서 난 내가 해야 할 선택을 한 것뿐이야. 그런데 넌 회사를 통째로 가져갔어. 우리의 노력 덕분에 성장한 회사를 말이야." 그는 숨을 가쁘게 몰아쉬며 계속 떠들었다. "그렇게 넌 클라이언트에게는 더 많은 비용을 청구하면서 우리에게는 쥐꼬리만큼 월급을 올려주며 착한 사람인 척한 거야."

"이봐, 우리 회사는 네가 입사하기 한참 전에 설립되었어." 내가 목소리를 높이며 말했다. "그리고 우리는 너에게 연봉 15만 달러를 줬어! 그 당시 디자이너에게는 엄청난 급여였어. 너는 스톡옵션을 거절하고 후한 보수를 원했어! 회사가 망했으면 어떻게 됐을까? 네가 스톡옵션을 받았는데 회사가 없어져 주식이 휴지 조각이 되었다면 네가 나한테 못 받은 급여를 달라고 할 수 있었을까? 어차피 넌 둘 다 가질 수 없어."

그는 씩씩거리며 테이블만 노려보았다. 나는 회사 설립 초기에 《포춘》 500대 기업들과 맺었던 수십 개의 가혹한 계약서를 떠올렸다. 그건 나를 순식간에 파산시킬 수 있는 그런 계약이었다. 내가 개인적으로 보증한 사무실 임대 보증금과 대출 한도도 마찬가지였다. 제때 비용을 지불하지 않는 고객들과 거친 말싸움, 브렌트와 직원들의 급여를 주기 위해 개인 대출을 받아 회사를 위기에서 구한 일 등. 하지만 그 모든 노력은 그에게 보이지 않았다. 그저 당연한 일이라고만 여겼다.

나는 그때 모든 것을 다 걸었다. 모든 자금을 직접 조달하고 개인 돈까지 투자하면서 계속해서 사업을 확장하고 더 많은 직원을 채용했다. 모든 직원과 고용주는 이런 식의 거래 계약을 맺게 마련이다. 물론 장기적으로 우리는 이익을 얻었지만, 엄청난 손실도 겪었다. 우리가 (자주는 아니지만) 손실을 보았을 때도 나는 직원들 급여를 빼먹은 적이 없었다. 그리고 우리가 '플로'라는 앱을 만드느라 1,000만 달러의 손실을 보았을 때는 내 개인 돈으로 메꾸기도 했다.

우리는 여러 차례 직원들에게 스톡옵션을 제안했지만 반응이 좋지 않았다. 그들의 생각을 이해하지 못하는 것은 아니다. 그건 마치 카지노에서 칩 더미를 받는 것과 같으니까. 현금으로 바꾸어 사용할 수도 있고, 아니면 룰렛 테이블에서 사용할 수도 있다. 그들의 눈에는 현금으로 바꾸는 것이 논리적인 선택이었다. 대부분 사람은 수십 년 후에 결실을 보는 위험한 베팅보다 꾸준한 급여를 더 중요시한다. 브렌트는 끊기지 않고 나오는 급여를 선택했다. 마치 괘종시계처럼 2주에 한 번씩 나오는 안전한 월급을 선택한 것이다.

크리스와 나는 이런 대화를 수백 번도 더 했다. 스톡옵션을 받아들이는 사람 중에서 위험을 감수하고 끝까지 버틴 사람이 큰돈을 벌게 마련이다. 나는 브렌트에게 그 모든 것을 설명하고 싶었지만 이내 그것은 시간 낭비임을 깨달았다. 그의 주장은 너무나 확고해서 그렇게 해봐야 별 소용이 없었다. 한마디로 내가 나쁜 놈이라는 거였다. 그래서 나는 아무 말도 하지 않고 그가 마음대로 화를 내게 놔두었다. 시간을 되돌려 그의 선택을 바꿀 수도 없는 일이니 나를 경멸하도록 놔둘 수밖에 없었다.

우리는 스테이크를 주문하지 않았다. 어차피 식욕을 잃었다. 얼마 지나지 않아 레스토랑 주인이 우리 테이블에 조심스럽게 계산서를 밀어 넣었다. 레스토랑에서 소리 지르지 말고 나가라는 노골적인 신호였다. 나는 주위를 둘러보았다. 다른 테이블의 손님들이 숨을 죽인 채 우리를 쳐다보고 있었다. 그들도 내가 나쁜 놈이라고 생각하는지 궁금했다.

　우산도 없이 차가 있는 곳으로 걸어가면서 나는 머릿속에서 우리의 대화를 곱씹어보았다. 브렌트가 당시 상황을 잘 모른 채 그런 생각을 하고 있다는 것은 확실했다. 하지만 나는 다음에 또 누가 나타나 자신의 기여분을 달라고 할지 궁금해졌다. 그들에게 얼마를 주어야 할까?

금 수저는 결코 모를 감정

　다음 날 아침 아이들을 학교에 보내기 위한 통학 전쟁이 시작되었다. 아이들의 홀쭉한 팔과 다리를 교복에 쑤셔 넣어 옷을 입히고, 구운 베이글에 크림치즈를 듬뿍 바른 다음 각종 크래커와 과일, 채소를 두 개의 도시락통에 나누어 넣었다. 애들은 과일과 채소를 안 먹을지 모르지만 그렇게라도 해야 내 마음이 편했다. 학교 앞 주차장에 차를 세우자 어떤 남학생이 오래된 스테이션왜건에서 내리는 모습이 보였다. 군데군데 칠이 벗겨진 차에서 내린 초췌한 모습의 엄마가 소년을 끌어안고 뺨에 입을 맞춘 뒤, 재빨리 다시 차를 몰고 떠났다. 소년은 지저분한 금발 머리에 한 치수 작은 재킷을 입고 있었으며 얼굴에는 근심 어린 표정이 가득했다. 나는 백미러로 최고급 검은색 BMW SUV에 앉아 있는 두 아들을 바라보았다. 둘 다 새로 산 파타고니아Patagonia 재킷을 입고 있었다. 그리고 내 옷차림을 내려다보았다. 카키색 바지와 비싼 신발. 그 소년이 학교 안으로 들어가는 모습을 보는데 가슴속을 울리는 무언가가 느껴졌다. 한눈에 그 소년이 느끼는 감정을 알아볼 수 있었다. 그건 바로 '옛날의 나'였다.

내 아들들은 결코 알지 못할 감정이었다. 이제 나는 좋은 차를 타는 부유한 아빠였다. 원하는 것을 얻었지만 뭔가 잘못되었다는 느낌이 들었다. 마치 자신을 팔아 세상과 야합한 느낌이었다.

"아빠!" 막내아들이 깊은 생각에 빠진 나를 깨웠다. "뭐 해요? 빨리 가요!"

차에서 내려 아이들의 안전벨트를 풀어주고 짧게 입을 맞췄다. 아이들이 천진난만하게 운동장으로 뛰어가는 모습을 보며 소리쳤다. "사랑해! 잘 다녀와!"

차에 다시 탔지만 아무 데도 가고 싶지 않았다. 그저 순간의 침묵 속에 가만히 앉아 있었다. 브렌트가 한 말을 떠올리며 그 어린 소년과 초기 직원들을 생각했다. 그들이 없었다면 절대 성공하지 못했을 것이다. 적은 보수로 일하면서 진정으로 희생했던 사람들이 떠올랐다.

리암도 생각났다. 인턴에서 CEO로 성장한 리암은 허접한 부수적 프로젝트였던 픽셀 유니온을 불과 몇 년 만에 700만 달러의 가치 있는 회사로 키웠다. 리암 역시 회사 지분 10퍼센트를 거절하고 더 많은 연봉을 원했다. 따라서 회사가 팔렸을 때 그에게 돌아간 것은 아무것도 없었다. 브라이언은 고맙다는 인사 대신 그를 내쫓았고 우리는 기업을 경영하다 보면 그럴 수도 있다고만 생각했다.

나는 웹 개발자(사원 번호 3)로 입사한 후 15년 이상 회사에 남아 있던 알리를 떠올렸다. 엄청난 재능이 있었던 그는 함께 일하기에 즐거웠으며, 그의 유머 감각은 회사의 문화적 DNA가 되었다. 상당 기간 그는 우리가 설립한 여러 스타트업을 옮겨 다녔지만 운이 나빴는지 결국 실패한 스타트업의 지분만 갖게 되었다. 물론 그는 매년 더 많은 급여를 받기는 했지만 그 정도로는 그의 공헌을 제대로 반영하지 못했다. 그는 과묵한 사람이었지만 최근 회사를 떠났다고 들었다. 그가 나와 타이니에 대한 기사를 보며 어떻게 느꼈을지 궁금했다.

또한 나는 가장 친한 친구이자 첫 직원이었던 루크를 떠올렸다. 그는 다른 곳에서 경력을 펼치기 위해 회사를 떠났고 최근에 연락해 보니 나에 대해 안 좋은 감정이 있다는 걸 바로 느낄 수 있었다.

나는 이런 상황을 바로잡고 싶었다. 그들에게 빚을 져서가 아니라, 감사를 표하기 위해 내 성공을 나누고 싶었다. 그냥 그렇게 해야만 할 것 같았다. 이건 단지 '사업상'이라는 이유를 댈 수 없었다. 이들은 내 친구이기 때문이었다.

제기랄! 난 정말 나쁜 놈이었다. 다 떠난 학교 주차장에 혼자 남아 휴대전화의 메모 앱을 열고 이름을 적기 시작했다.

21장
워런 버핏의 제안

NEVER ENOUGH

워런 버핏이었다.
그는 그냥 친절한 할아버지 같았다.
전 세계 37만 5,000명이 넘는 직원과
60개 이상의 사업체를 거느리고,
순자산이 1,000억 달러가 넘는 제국을 감독하는
그가 네브래스카의 작은 사무실에 앉아
창밖을 내다보며 내 삶에 관해 물어본 것이다.

차는 야생화가 지천으로 널린 들판을 가로질러 자갈길을 내달렸다. 중간중간 보이는 미국 참나무와 개솔송나무가 생동감 있는 색으로 풍경을 아름답게 수놓았다. 창문을 내리고 바깥 공기를 깊게 들이마셨다. 그건 생명의 냄새였다. 손은 가볍게 운전대에 올려놓은 상태로 부드럽게 주행하면서 자갈길 위를 지나갈 때마다 나는 경쾌한 소리를 들었다. 이런저런 회의나 돈, 미래에 대한 계획 등 그동안 고민했던 모든 것이 허망한 꿈처럼 사라지는 것 같았다. 그때 갑자기 맷 데이먼Matt Damon이 머릿속에 떠올랐다.

바로 그날 아침 나는 맷 데이먼과 그의 절친한 친구 벤 애플렉Ben Affleck이 〈굿 윌 헌팅Good Will Hunting〉으로 아카데미상을 받았을 때의 이야기를 담은 팟캐스트를 들었다. 당시 데이먼은 스물일곱 살, 애플렉은 스물다섯 살이었다.

그 화려하고 환상적인 밤에 데이먼은 자신이 어린 나이에 상을 받아서 다행이라는 이상한 안도감을 느꼈다고 회상했다. 그것은 최연소 수상자로 기록되었기 때문이 아니라 다른 이유에서였다. 데이먼에 따르면 오스카상은 거의 모든 배우와 각본가가 열망하는 영예로운 상이지만 할리우드에서 실제로 수상하는 사람은 0.002퍼센트에 불과하다고 한다. 스물일곱의 데이먼은 많은 사람이 평생을 바쳐 쫓는 영예로운 트로피(대단한 업적을 상징하는 금박 입힌 인물상)를 손에 쥔 것이었다.

그러나 밤이 깊어 갈수록 그 상의 매력은 퇴색했다. 집으로 돌아와 여자친구가 잠들자 데이먼은 혼자 남아 35센티미터 높이의 오스카상을 손에 들고 생각에 잠겼다. 그러다가 그는 비교적 어린 나이에 상을 받은 것이 행운이라는 사실을 갑자기 깨달았다. 평생을 갈망하다 아흔에 상을 받았을 때의 공허함을 상상해 봤다. 그것은 단지 갈망의 대상일 뿐, 그 이상의 의미는 없었다. 데이먼은 자신이 앞으로의 삶을 작은 금빛 트로피에 집착하는 대신, 자신의 연기력을 연마하고 스토리텔링을 공유하는 등 진정으로 중요한 곳에 집중할 수 있어서 얼마나 감사한지 모르겠다며 이야기를 마무리했다.

잠깐은 좋아도 공허함이 찾아온다

나는 맷 데이먼의 사고방식을 이해했다. 나는 서른일곱 살이었고, 나만의 오스카상을 타기는 했지만 데이먼과 마찬가지로 아흔이 되기 훨씬 전에 상을 받아서 다행이라고 여겼다. 나와 맷 데이먼의 명백한 차이점(얼굴 모양이 다르고 근육량이 다른 것 말고도)이 하나 있다. 그것은 오스카상은 한 번 타면 영원히 자기 것이라는 점이다. 보통은 벽난로 위나 책장에 놓아둔다. 하지만 돈은 이야기가 다르다.

몇 달 동안 나는 벌어들인 돈을 어떻게 써야 할지 고민하며 이 딜레마에 빠져 있었다. 막다른 주차장에서 조심스럽게 차를 돌려 빅토리아를 향해 다시 남쪽으로 향하면서 나는 모든 선택지를 곰곰이 생각했다.

물론 호화로운 파티 같은 것을 즐기며 돈을 쓸 수도 있다. 리처드 브랜슨Richard Branson[1]은 자신의 생일 파티에서 영화배우 로버트 드 니로Robert De Niro가 케이크에서 튀어나오게 했다(이 글을 쓰는 것만으로도 오글거린다). 스티븐 코헨Steven Cohen[2]은 자신의 사무실에 놓으려고 4미터 30센티미터 길이의 포름알데히드 용액에 담긴 상어를 1,200만 달러를 들여 구입했다(마치 영화 〈007〉의 악당 소굴에서 막 튀어나온 듯한 상어였다). 마크 저커버그는 경쟁자이자 마찬가지로 세계에서 가장 부유한 사람 중 한 명인 일론 머스크와 격투기 대결을 벌일 뻔했다(놀랄지 모르겠지만, 팜 파일럿이라는 내 별명은 신체적 능력이 뛰어나서 붙여진 게 아니다). 하지만 그건 아니었다. 사소하고 전반적으로 무의미한 것들에 돈을 쓰는 것이 어떤 기분인지 나는 이미 알고 있었다. 잠깐은 재미있지만, 그 후에는 공허함이 찾아온다.

차가 마을로 들어가기 전에 바리스타로 일했던 카페를 지나가며 열아홉 살의 내가 서른일곱 살의 나를 어떻게 생각할지, 그리고 기업과 자본주의에 대한 내 생각에 동의할지 궁금했다. 어쩌면 그는 일하러 가는 버스에서 나를 보고 주먹 감자를 날렸을지도 모른다.

---

1   영국 버진그룹의 회장.
2   미국의 억만장자 헤지펀드 매니저.

집에 도착해 차고에 차를 세운 다음 집 안으로 들어가자마자 네 살과 여섯 살인 두 아들을 껴안아 주었다.

거실에 앉아 아이들과 함께 그림을 그리며 창밖을 내다보았다. 배들이 만 안쪽으로 항해하고 갈매기들이 울어대고 있었다. 그리고 아이들이 내가 평생 번 돈으로 한 일을 이해할 만큼 나이가 들면 나를 어떻게 생각할지 궁금했다. 돈 때문에 우리 작은 가족이 분열되는 일이 없어서 다행이라고 생각했다. 다만 다른 점이 있다면 내 어린 시절에는 돈이 없어서 그랬지만 지금은 돈이 너무 많아서 문제였다. 우리 아이들이 부자라는 것을 친구들이 알게 되었을 때 학교에서 어떤 대접을 받을까? 내 아들도 직업을 구하고 자신의 길을 개척하려고 노력할까? 나처럼 사업을 해야겠다고 느낄지, 아니면 자신의 관심사를 따를지 궁금하다. 나 때문에 너무 많은 것을 받았다고 원망할까? 아니면 너무 적다고 분노할까? 아이들이 그림을 그리는 동안 이런저런 생각들이 내 마음을 무겁게 했다. 나는 아이들이 상상력을 발휘하여 아이디어를 종이로 옮기고, 열정적으로 집중하는 모습을 보면서 그들의 재능에 감탄했다.

몇 달 전, 이 거실에 앉아 비슷한 풍경을 바라보며 우리의 새로운 비즈니스 파트너가 된 빌 애크먼과 통화했다. 애크먼은 수십 년 동안 일해 왔고 수십억 달러의 재산이 있었지만, 매년 더 열심히 일하는 것 같았다.

"당신을 움직이게 하는 원동력은 무엇인가요?" 내가 물었다. "설마 돈은 아니겠죠? 돈은 의미 없어요. 왜 아직도 일하는 건가요?"

"중요한 건 내가 모든 걸 기부한다는 겁니다." 그가 대답했다. "전에는 오직 나 자신만을 위해서 일했어요. 하지만 이제 나는 나 자신을 세계 최고의 기금 모금가라고 생각합니다. 그래서 열심히 일해서 사회에 환원하기 위해 최대한 많은 돈을 벌려고 합니다."

그는 10년 전 빌 게이츠, 멀린다 프렌치 게이츠Melinda French Gates[3], 워런 버핏이 수백 명의 억만장자를 설득해 참여하게 한 '더 기빙 플레지The Giving Pledge'에 자신도 서명했다고 말했다. 방법은 간단했다. 서명자들은 생전이나 사후에 대부분 재산을 기부하기로 약속하면 되는 거였다. 실제로 버핏, 게이츠, 프렌치 게이츠와 여러 억만장자는 죽기 전에 대부분 순자산을 기부하기로 약속했다.

"당신도 서명해야 합니다. 오늘 당장."

"오늘이라니, 무슨 뜻이죠?"

나는 결코 대단한 자선가는 아니었다. 물론 돈을 기부한 적은 있었지만, 내 순자산의 아주 작은 비율에 불과했다. 내가 흥미롭다고 생각한 연구를 한 과학자들과 몇몇 지역 자선단체에 기부한 것이 전부였다. 빌 애크먼은 급히 회의에 가야 한다며 "이메일을 확인해 봐요."라고 외치곤 전화를 끊었다.

나는 테이블 위에 놓인 노트북을 열었다. 거기엔 정말로 내 머리로는 도저히 이해가 안 되는 한 줄짜리 이메일이 있었다.

"워런, 앤드루를 만나보세요. 그도 기빙 플레지에 서명해야만 해요."

---

[3] 빌 게이츠의 전 부인.

몇 분 후, 버핏의 비서에게 "오늘 오전 중 언제든지 버핏 회장님에게 전화하시면 됩니다. 이게 개인 전화번호입니다."라고 적힌 이메일을 받았다.

믿을 수 없었다. 오마하의 현인에게 연락을 받다니……. 번호를 누른 다음 통화 연결 버튼을 눌렀다. 신호음이 몇 번 울리더니 익숙한 목소리가 대답했다. "만나서 반가워요, 앤드루. 빌이 당신 칭찬을 많이 하더군요. 하는 사업에 대해 말해봐요."

워런 버핏이었다. 그는 그냥 친절한 할아버지 같았다. 전 세계 37만 5,000명이 넘는 직원과 60개 이상의 사업체를 거느리고, 순자산이 1,000억 달러(약 140조 원)가 넘는 제국을 감독하는 그가 네브래스카의 작은 사무실에 앉아 창밖을 내다보며 내 삶에 관해 물어본 것이다. 이게 도대체 무슨 일인가? 사람들은 실망할 수 있으니 꿈꾸던 영웅을 만나지 말라고 하지만 버핏은 내가 기대하던 모든 것이었다. 그는 귀 기울여 내 말을 듣고 TV에서 그랬던 것처럼 속담에 빗대어 말했다. 그는 실제 존재하는 사람이었고, 내 귀에 대고 속삭였다.

버핏이 한 시간 동안 내 사업과 여러 문제에 대해 질문하더니 말을 시작했다. "당신이 자식들에게 모든 것을 물려주면 그들을 망쳐놓을 겁니다. 그들은 무언가를 할 수 있을 만큼의 돈은 있어야 하지만 아무것도 하지 않아도 될 정도로 많아서는 안 됩니다. 내 인생에서 내가 쓴 돈은 내가 번 돈의 1퍼센트도 되지 않아요. 나머지 99퍼센트 이상은 다른 사람들에게 돌아가기로 되어 있습니다. 내게는 아무런 소용이 없으니 세상과 나누는 게 낫지 않겠어요? 내가 살아 있는 동안은 계속 사업을 할 겁니다. 하지만 내가 죽으면 모든 것이 사회로 돌아갈 겁니다. 전부 다."

그의 이러한 사고방식은 깊은 곳에서 나를 움직였다. 나는 어릴 때부터 특권층 부잣집 아이들을 혐오했다. 내 아이들도 부유한 환경에서 자라고는 있지만 내가 어릴 때 본 부잣집 아이처럼 되지 않도록 최선을 다했다.

"그런데 혹시 자녀들이 원망하지는 않았나요?"라고 내가 물었다.

"그러지 않았어요. 나는 항상 사회에 환원해야 한다는 의무가 있다는 것을 분명히 했습니다. 그들은 먹고사는 데 문제가 없다는 걸 알아요. 나는 그들 또한 기부 활동에 꾸준히 참여시켰습니다."

버핏은 각 자녀에게 거액을 주어 재단을 만들도록 한 뒤 사회에 환원시켰지만, 그들은 그것 말고는 평범하게 살고 있다고 말했다. 그는 자신의 자녀들이 대를 이어 부를 세습하는 가족과는 거리가 멀다고 강조했다. 그의 계획대로라면 100년 후에 열다섯 채의 집을 가지고 호화롭게 사는 억만장자 버핏의 6대 후손은 없을 것이다. 그의 돈은 모두 어려움에 처한 사람들을 돕는 데 쓰였을 테니 말이다.

나는 그의 접근 방식이 마음에 들었다. 공정하고 좋은 방식이라고 느꼈다. 버핏이 그의 집과 생활방식, 그리고 전용 제트기에 쓴 1퍼센트는 꼭대기에서 걷어낸 약간의 크림처럼 여겨졌다. 80년에 걸친 엄청난 노력에 대한 보상이었다. 그 나머지는 모두 그의 자선 재단을 통해 생명을 구하고 사회를 개선하는 데 쓰이게 되어 있었다.

하지만 그는 내게 경고했다. "수십억 달러를 기부하는 것은 절대 쉬운 일이 아닙니다. 80대가 되어서야 그 방법을 깨달았어요." 그가 웃으며 말했다. "그런데 아직도 어려워요."

새로운 인생 목표 세우기

그날 늦게 소파에 앉아 조이에게 전화 내용을 이야기했다. 돈을 기부할까 말까에 대한 갈등, 기부한다면 누구한테 해야 할지, 아이들의 반응에 대한 걱정, 그리고 엄청난 노력 끝에 마침내 큰 성취를 이룬 후 모든 재산을 기부하는 게 이상한 일은 아닌지 등에 관해 이야기했다.

"그걸로 뭘 더 하려고 해?" 조이가 이렇게 물었다. "우린 충분히 많아."

'충분히'. 그 단어가 내 마음에 와닿았다.

하지만 우리는 정말로 충분히 가졌을까?

휴대전화를 꺼내 계산기를 두드렸다.

내 사업이 수십 년 동안 계속 성장한다면 지금도 이미 상당히 큰 규모이지만, 나중에는 상상조차 하기 어려운 수준에 이를 것이다. 수십억 달러, 아니 잘하면 수십조 달러도 될 수 있다. 그리고 그중 단 몇 퍼센트만 쓰더라도 평생 상상할 수 있는 거의 모든 라이프스타일을 누리기에 충분할 것이다.

데릭이 배 어쩌고 했던 말이 떠올랐다.

"좋아, 배를 태워버리자고." 조이에게 말했다.

어린 시절부터 집착해 왔던 돈을 내놓는다는 건 이상한 기분이

들게 했다. 수십 년간의 피와 땀, 그리고 눈물이 응축되어 있기 때문이었다. 하지만 망설이면 안 될 것 같았다. 용기를 잃을까 봐 두려웠다. 당장 크리스에게 전화했다.

"타이니를 상장시켜야겠어. 그리고 앞으로 50년 동안 내 주식을 모두 기부할 거야."

그는 내가 미쳤다고 생각하지도 않았고, 고양이 가구 사업을 시작하거나 피자 가게를 창업하는 것처럼 기이하고 수준 떨어지는 아이디어를 냈다고 생각하지도 않았다. 이번에는 설득이 필요 없었다.

"좋아, 그렇게 하자." 크리스가 말했다. 전화 너머로 그의 미소가 보였다.

돈을 버는 일이 얼마나 공허한 것인지를 느끼면서 점차 깨닫게 된 것은 결과가 아니라 과정이 중요하다는 사실이었다. 무언가를 창조하고, 원하는 삶을 설계하며, 욕구를 충족하고, 문제를 해결하는 것. 창의력을 발휘하고, 다른 사람이 잠재력을 실현하도록 돕고, 몰입 상태를 경험하는 것. 결국 과정 그 자체가 중요하다는 것을 깨달았다. 돌이켜보면 이 모든 것이 너무도 명확해 보였다. 100만 달러가 내게 기쁨을 주지 못하는데, 1,000만 달러는 과연 줄 수 있을까?

우리는 모두 이 교훈을 알고 있다. 아마 수백만 번도 더 들었을 것이다. 그럼에도 불구하고 나 자신을 포함해 모든 사람이 큰 대가를 치르고 나서야 이 교훈을 배운다.

그래서 G. K. 체스터턴 G. K. Chesterton[4]은 이렇게 말하지 않았던가?

---

4 영국의 작가 겸 기자, 신학자.

> "그렇게 많은 돈을 원할 만큼 어리석지 않고서는 절대 부자가 될 수 없다."

그다음 몇 주간 나는 휴가 중이라고 이메일을 설정해 놓았다. 그리고 조이와 크리스와 함께 앉아 목록과 편지를 작성하기 시작했다. 막상 해보니 둘 다 엄청나게 어려운 일이었다. 기빙 플레지에 가입하기로 했다면 왜 가입하는지, 그리고 기부 활동을 통해 무엇을 이루고 싶은지를 편지에 써야 한다. 오늘날 가장 성공한 CEO 중 일부도 이러한 편지를 작성하고 서명했다. 나는 이러한 비즈니스 리더들이 어느 분야에 흔적을 남기고 싶었는지 알기 위해 호기심을 가지고 그들이 쓴 모든 편지를 읽었다.

빌 게이츠와 멀린다 게이츠 부부는 첫 번째 서약자였으므로 당연히 첫 번째로 편지를 썼다. 그들은 전 세계의 의료 서비스 개선과 극심한 빈곤 감소를 위해 대부분 재산을 기부하겠다고 약속했다. 워런 버핏은 인도주의적 대의에 기초해 기부한다고 이야기했다. 인도의 억만장자인 아짐 프렘지Azim Premji는 인도의 농촌 교육 개선을 위해 헌신하겠다고 약속했다. 다른 사람들은 생화학 무기나 인공지능으로부터 세계를 보호할 대책을 강구하는 등 보다 야심 찬 프로젝트에 집중하는 사람들도 있었다. 각자 열정을 가진 분야를 찾아 수십억 달러를 쏟아붓고 있었다.

나는 그동안 내가 배운 교훈을 적어 나갔다. 철학자들과 소설가들이 쓴 책에서 내가 가장 좋아하는 구절들을 발췌하고 내가 전 세계의 어떤 지역 사람들에게 도움을 주고 싶은지 메모했다. 편지를 쓸수록 내가 옳은 일을 하고 있음이 더욱 확실해졌다. 단지 도덕적으로 옳아서가 아니라 우리가 현대의 마리 앙투아네트가 아니라는 것을 사회에 보여줄 필요가 있기 때문이었다. 우리는 케이크를 다른 사람들과 나눌 수 있다고 생각했다.

어느 밤 노트북 앞에 앉아 조이와 함께 기빙 플레지에 제출할 편지를 작성했다.

> 존 롤스John Rawls[5]의 인용문에 우리의 기부 원칙이 간결하게 나타나 있습니다.
> "누구든 자연으로부터 혜택을 받은 사람이라면 그 혜택을 받지 못한 사람들의 여건이 개선될 때 비로소 자신의 행운을 온전히 누릴 수 있다."
> 우리는 인생에서 엄청난 행운을 누렸으며 그 대부분은 우리가 통제할 수 없는 상황들 덕분이었습니다. 운이 없었던 사람들을 도와줄 수 있는 지금 이 기회를 절대로 우리가 놓쳐서는 안 된다고 생각합니다.
> 우리는 우리가 돕고자 하는 사람들과 협력하고, 그들의 경험에 귀 기울이며, 그들의 조언을 진지하게 받아들일 것입니다. 또한 겸손한 태도로 우리의 자선 활동을 펴나가겠습니다. 죽기 전에 우리의 재산 대부분을 사회에 환원할 것을 약속합니다.

---

5 『정의론』을 저술한 미국의 정치철학자.

편지를 발표한 후 나는 개인적인 기부 약속을 실천했다. 그로부터 며칠 후 크리스와 나는 회사가 성장하는 동안 함께 일했던 몇몇 초기 직원에게 연락하여 그들에게 수천만 달러를 기부하겠다고 통보했다. 우리가 회사를 시작했을 때는 어떤 결과를 맺을지 아무도 예상할 수 없었다. 그러나 그들이 보여준 회사에 대한 헌신과 충성심을 생각해 보면 그들은 당연히 보상받을 자격이 있었다. 그들의 반응은 충격과 기쁨 그리고 감사로 가득했다. 그 금액은 그들 대부분에게 인생을 바꿀 만큼 엄청난 것이었다.

한편 어머니와 아버지 그리고 두 동생에게는 전화가 아니라 직접 얼굴을 보고 이야기하고 싶었다. 그들은 각기 다른 방식으로 나의 성공에 중요한 존재였다. 가족들과 한 사람씩 만나 차를 마시며 이야기했다. 우선 어린 시절 내가 자란 집의 담보대출을 전부 갚았다. 그 집은 내가 계단 꼭대기에 앉아 돈 때문에 부모님이 싸우는 걸 들었던 집이다. 그리고 "부족함 없이 은퇴할 수 있을 만큼 넉넉한 돈을 드리고 싶어요."라고 말했다. 그런 다음 동생들을 만나 똑같은 말을 했다. 물론 나는 이것으로 가족 문제가 해결되지 않는다는 걸 알고 있었다. 돈은 그저 돈일 뿐이지만 가족은 그보다 훨씬 복잡하다. 하지만 과거의 상처를 조금이나마 치유할 수 있기를 바랐다.

그렇게 마음의 빚을 덜었다. 그 빚은 여덟 살 때 아버지에게 내가 아버지의 401K[6]라는 농담을 들었을 때부터 마음속에서 떠나지 않던 짐이었다.

---

6   미국의 퇴직연금제도.

모든 사람이 만족할 수는 없었다. 크리스와 나는 그 사실을 받아들였다. 하지만 우리는 초창기에 가장 큰 기여를 한 이들이 정당한 보상을 받을 수 있도록 최선을 다했다.

결국 나는 죽기 전에 대부분 재산을 기부할 계획이다. 하지만 나머지 재산에 대해서는 내가 뭐 테레사 수녀처럼 성스러운 사람도 아니니 워런 버핏처럼 열심히 일한 대가로 약간의 사치를 누릴 생각이다. 초호화 요트나 비싼 우주여행까지는 아니더라도 좋은 집 두세 채와 편안한 옷과 가구 그리고 가끔 휴가나 출장 갈 때 전용기를 이용할 정도의 비용까지는 괜찮을 것이다. 그러나 앞으로 수십 년 동안 나머지 재산은 모두 재단으로 이전되어 사회 전반을 위한 자선 활동에 사용될 것이다. 이것이야말로 내가 내릴 수 있는 가장 도덕적인 해결책이라고 생각한다.

이제 나는 생각할 수 있는 모든 판을 다시 짜고 있다. 더 이상 억만장자가 되려고 노력하는 것이 아니라, 억만장자가 되지 않기 위해 노력하고 있다. 시간이 갈수록 더 많은 기부를 통해 의도적으로 재산을 줄이는 것을 목표로 하고 있다. 실제로, 나는 더는 억만장자가 아니다. 타이니를 상장하고 몇 달 후 주식시장이 폭락하여 순자산이 절반으로 줄었다.

그 결과 가장 이상한 일이 일어났다. 예상과 달리 아무런 일도 발생하지 않았던 것이다. 나는 여전히 같은 침대에서 일어났고 같은 일상을 보냈다. 아이들을 매일 학교에 데려다주었고 맥주 한 잔의 맛은 여전히 같았다. 삶은 계속되었다. 다만 회계사에게서 받는 보고서의 숫자가 매달 더 작아질 뿐이었다. 그 숫자는 기부를 계속하다 보면 결국 줄어들 수밖에 없다.

그것은 단지 숫자에 불과했다. 물론 엄청난 숫자이긴 하지만 여전히 숫자일 뿐이다. 그 숫자가 얼마나 크든 당연히 삶은 완벽하지 않고 또 완벽하게 변하지도 않을 것이다. 여전히 삶에 대한 불안감은 남아 있을 것이고 "다음엔 또 뭐 하지?"라는 목소리가 들릴 것이다. 10년 전보다는 약간 덜하지만 다른 사람들처럼 나도 힘들게 아침에 일어나고, 때때로 삶의 의미를 생각하며 두려움을 느끼기도 한다. 주위 사람들과 갈등을 겪고, 너무 힘들 때도 있으며, 혹시 내가 아이들을 망치고 있는 건 아닌지 걱정도 한다. 돈은 삶의 작은 조각이지만 아이러니하게도 새로운 문제를 일으켜 삶을 더 복잡하게 만드는 조각이다.

물론 나는 여전히 돈을 벌고 있다. 재산이 조금씩 불어나지만 이제는 사회를 위한 기금이 늘어난다는 시각으로 이를 바라본다.

나는 어린 시절 불안감을 동력 삼아 여전히 좋은 일을 하려 하고,

여전히 사업에 집착하고,

여전히 돈은 복리로 늘어나고 있고,

여전히 인공지능 스피커에게 내 생각을 녹음하고,

여전히 불안감을 이용해 생산적인 일을 하고 있다.

이제 거의 다 왔다.

감사의 말

이 책을 집필하는 과정에서 운 좋게도 내 주위의 뛰어난 사람들에게서 전폭적인 지지와 격려 그리고 비판을 받을 수 있어 혼자 만들 때보다 훨씬 더 좋은 책이 되었다.

먼저 매트 홀트 출판사의 케이티 딕먼과 맷 홀트에게 심심한 감사를 드린다. 이분들의 편집력과 통찰력 그리고 뛰어난 편집 기술 덕분에 여러 부분에서 더 나은 책이 나올 수 있었다. 그리고 책의 출간을 도와준 버브사의 에이전트 리즈 파커에게도 큰 감사를 전한다. 그녀의 세심한 조언이 없었다면 이 책은 빛을 보지 못했을 것이다.

책을 쓴다고 긴 시간 자리를 비웠지만 잘 견뎌준 크리스에게도 감사를 표한다. 또한 은행에 계속 있었으면 누렸을 편안함을 버리고 우리의 사업에 헌신해 준 것에도 고맙다는 말을 전하고 싶다.

특히 이 책의 출판을 지원하고 내용의 일부가 되어준 가족에게 특별한 감사를 표한다. 내 두 아들, 그들의 끝없는 에너지와 호기심은 내게 일상에서 정말 중요한 일이 무엇인지를 상기시켜 준다. 그리고 가장 어려울 때 함께 있어준 전처 홀리에게도 특별한 감사를 전한다. 그녀가 없었다면 사랑스러운 두 아들을 가질 수 없었을 것이다. 초판을 읽고 피드백과 수정을 해주고 내가 어느 부분에서 바보 같았는지 알려준 친구 스티븐, 빌, 리암, 트로이, 라지브, 모니시, 파이살, 닉, 그리고 다른 친구들에게도 깊은 감사를 전한다. 그들의 솔직함과 사려 깊은 조언은 대단했다.

찰리 멍거와 워런 버핏에게도 감사드린다. 그들은 크리스와 내게 오늘 우리가 하는 모든 것의 청사진을 제시해 주었으며 비즈니스 세계에서 우리 모두에게 놀라운 본보기가 되어주었다.

여자친구 조이에게도 고맙다는 말을 전한다. 그녀는 이 책을 읽고 또 읽으며 멋진 글이 될 수 있도록 많은 시간을 할애해 주었다. 함께 이 과정을 헤쳐 나갈 수 있어 정말로 감사하게 생각하며 사랑한다는 말을 전하고 싶다.

마지막으로 이 책을 읽어주신 모든 분께 깊은 감사의 마음을 전한다. 다섯 시간에서 열 시간 동안 내가 여러분의 머릿속에 머물도록 허락해 주셔서 진심으로 감사드리며 그 시간이 꽤 즐거웠기를 바란다.

옮긴이 조용빈

서강대학교에서 영문학과 경제학을 공부하고 현대자동차에서 전략, 마케팅, 상품, 내부감사, 캐나다 주재원 등 다양한 경험을 했다. 『변화하는 세계질서』 『세금의 세계사』 『레인보우 맨션』 『결국 회복하는 힘』 『트러스트』 등 20여 권의 책을 번역했다.

나는 거인에게 억만장자가 되는 법을 배웠다

초판 1쇄 발행 2025년 4월 28일

지은이 앤드루 윌킨슨 **옮긴이** 조용빈

발행인 윤승현 **단행본사업본부장** 신동해
편집장 김예원 **파트장** 김보람 **책임편집** 강혜지
디자인 this-cover **교정교열** 남은영
마케팅 최혜진 이인국 **홍보** 반여진
국제업무 김은정 김지민 **제작** 정석훈

브랜드 갤리온
주소 경기도 파주시 회동길 20
문의전화 031-956-7351(편집) 031-956-7089(마케팅)
홈페이지 www.wjbooks.co.kr
인스타그램 www.instagram.com/woongjin_readers
페이스북 www.facebook.com/woongjinreaders
블로그 blog.naver.com/wj_booking

발행처 ㈜웅진씽크빅
출판신고 1980년 3월 29일 제406-2007-000046

한국어판 출판권 ⓒ ㈜웅진씽크빅, 2025
ISBN 978-89-01-29431-5 (03320)

- 갤리온은 ㈜웅진씽크빅 단행본사업본부의 브랜드입니다.
- 저작권법에 의해 한국 내에서 보호를 받는 저작물이므로 무단 전재와 무단 복제를 금지하며, 이 책 내용의 전부 또는 일부를 이용하려면 반드시 저작권자와 ㈜웅진씽크빅의 서면 동의를 받아야 합니다.
- 책값은 뒤표지에 있습니다.
- 잘못된 책은 구입하신 곳에서 바꾸어드립니다.